엔지니어와 개발자의 가치를 높여 주는

스마트 마케팅

| 이의훈 |

Smart Marketing for Engineers

도서출판 창명

이 책을 감수해 주신 분

이경진 (전 SAP consulting 아시아 태평양 일본 COO, 부사장)
이미경 (서울과학기술대학교 교수)
김용준 (광원중기공업사 대표, 전 현대 산업기계 근무)

이 책에 정독하고 조언을 주신 분

이성호 (유니테크 회장, 안성 상공회의소 회장)
최낙의 (팀누비즈 대표) 및 회사 임원
이청대 (큐에스아이 대표) 및 회사 임원진
이부호 (전 소재부품 투자기관 협의회 전무)
선용욱 (KAIST 박사과정)
이상철 (삼영 S & C CTO)
최광진 (삼육대학교 교수)
최익훈(전 환경관리 공단, 연세대학교 교수)

저서 개발에 도움을 주신 분

카이스트 부품소재 최고경영자 과정 원우
카이스트 고급경영자 과정 원우
카이스트 미래 및 전략 경영과정 원우
카이스트 중견기업 최고경영자 과정 원우
카이스트 IT AMP 원우
카이스트 및 ICU 지도학생 및 수업 참여 학생
세종대학교 지도학생 및 수업 참여학생

이 책의 편집을 해주신 분

도서출판 창명 편집진

지금 모두에게 필요한 것은 스마트 마케팅

현재 우리 주변에 많은 일들이 벌어지고 있다. 코비드 19라는 팬데믹을 전 세계가 이제 겨우 빠져 나오려고 하는데, 세계의 헤게모니를 정치적, 경제적으로 쥐려는 나라들이 많은 문제를 일으키고 있다.

기업은 특히 어려움을 겪고 있다. 그러나 항상 그렇듯이 문제는 해결하면 기회가 된다. 문제가 크면 클수록 문제를 해결할 역량이 있으면 기회도 커진다. 이제는 기존의 기업 간 글로벌 협력체계를 다시 정비해야 할 시점이다. 그리고 기업의 운영 방향도 적절하게 조정이 필요한 시점이다. 오천만 국민이 더 나은 삶을 누릴 수 있도록 기업들이 현명할 결정을 해야 한다.

오천만 국민의 삶의 질을 끌어올리기 위해서는 필요한 자원을 충분히 만들어야 한다. 그 역할은 기업이 담당한다. 같은 일을 같은 시간에 하더라도 더 많은 "가치"를 만들어 내면 자원을 더 많이 만들어 낼 수 있다. 기업이 창출하는 가치는 주로 제품 개발 및 제조 부분과 판매 영역에서 창출된다. 마케터들은 기존에 하던 방식을 디지털을 활용하여 판매 영역에서 더 많은 가치를 만들어야 한다. 아마존, 구글, 메타, 애플 등의 성공적인 마케팅을 우리 마케터들도 구현해야 한다.

우리나라의 경우 제조업은 전 산업의 거의 30%를 차지하고 세계에서 제일 높은 수준이다. 따라서 우리가 기대하는 것은 제품 개발과 제조 부분에서 가치를 지금보다 더 많이 만드는 것이다. 4차 산업혁명의 발전 방향대로, 기존 하던 개발 생산방식을 디지털을 활용하여 개발에 걸리는 시간을 줄이고, 제조는 자율화 제조 시스템을 활용하여 구매자들에게 개별화된 제품을 공급하도록 해야 한다. 이러한 노력은 이미 많은 기업에서 추진하고 있다.

여기에 더하여 마케팅에서 고객 및 시장 정보를 제공받아 제품을 목표고객에 맞추어 개발하고, 고객맞춤형으로 제조가 이루어지면, 시장에서의 판매는 용이해지고, 고객만족도를 높여 더 많이 팔게 되고, 고객이 인식하는 제품가치가 높아 가격을 높게 설정해도 고객이 받아들인다. 애플이 잘하는 방법이다. 이런 접근방법을 활용하기 위해서는 엔지니어와 마케터가 보다 긴밀히 협력해야 한다. 다만 두 집단은 특성이 많이 달라 상대방을 잘 이해하도록 하는 노력이 요구된다.

이상과 같이 개발 및 제조 부문이 디지털로 무장하여 더 "스마트"하게 마케팅과 협력하여 움직인다면 오천만 국민들이 잘 살기 위한 자원을 많이 공급할 수 있게 된다. 물론 엔지니어와 마케터들이 창의적이고 혁신적으로 생각하고 행동할 수 있도록 "자유"가 주어져야 하고, 시장도 기능을 잘 할 수 있어야 한다. 다른 어느 나라보다 제조업의 역할이 중요하므로 제조업의 중심인 엔지니어들이 "스마트 마케팅"을 효과적이고 효율적으로 활용하여야 한다.

엔지니어들이 이 책을 통하여 마케팅과 마케터들을 이해되면 마케터와 일하는 것이 더 쉬워질 것이다. 물론 엔지니어들이 성과를 더 높이는 방법과 방향도 파악할 수 있을 것이다. 귀중한 시간을 할애하여 이 책을 읽어 주기를 진심으로 바란다.

누가 왜 이 책을 읽어야 하나?

기업이 가치를 만들고 전달하는 핵심 역할을 하는 두 축은 엔지니어(개발자는 특별한 구분이 필요할 경우를 제외하고 엔지니어라고 표현)와 마케터들이다. 전자는 제품 개발 및 제조를 담당하고, 후자는 마케팅을 실행한다. 따라서 이 두 집단이 어떻게 협력을 해서 최고의 가치를 만들어 내느냐가 기업 성공의 핵심이다. 이 책은 엔지니어가 마케팅을 이해하여 마케터와의 협력을 성공적으로 수행함으로써, 본인들 일의 가치를 높이는 것은 물론 기업 전체의 성과를 향상시키는 것을 목표로 한다.

이 책은 일은 제일 열심히 하는데 과실은 충분치 않다고 억울해 할 공학도와 현장 엔지니어들을 위한 것이다. 이 책을 통하여 공학도들은 기술 개발은 물론, 제품 개발에 있어서 가치를 높이는 방법을 이해하게 될 것이다. 물론 자신의 분야에서 열심히 해서 성과를 내는 그 자체가 만족을 줄 수도 있겠지만, 비즈니스와 연관되거나 사회에 공헌하려는 의도가 있다면, 가능하면 노력의 성과를 높이는 방향으로 일을 하는 것이 더 바람직하다.

현장 엔지니어들은 기업에서 주로 제품 개발과 제조 분야에서 일을 하게 된다. 개발, 제조한 제품의 최종적인 가치는 최종 시장에서의 구매자가 결정한다. 보통 엔지니어들이 일하는 현장과는 최종 시장에의 거리가 멀어서 어떻게 해야 더 성과를 높일지, 그리고 어떤 일을 더 해야 하는지 체감하기 어렵다. 이때 필요한 것은 시장에 가까이 있는 마케터와 협력하는 것이다.

이 협력을 위해, 마케터들이 실행하는 마케팅은 어떻게 작동하는지 큰 그림을 이해하면, 엔지니어는 어떻게 해야 마케터들과 성공적으로 협력할지를 이해할 수 있게 된다.

엔지니어 출신 경영자들, 마케팅의 내용과 저변의 원리를 알고 싶은 현재 및 예비 경영자들, 이미 실무적인 마케팅은 잘 알고 있지만 엔지니어와 협력이 너무 어렵다고 생각하는 마케터들, 우리 사회의 현재의 모습과 미래에 나아가야 할 내용을 알고 싶은 사람들, 그리고 대한민국의 과거와 현재를 이해하고 앞으로의 방향을 현재와는 다른 시각으로 보고 싶은 사람들에게도 물론 도움이 될 것으로 믿는다.

현대 사회에서 가치를 만드는 주체는 기업이며 발생한 가치의 크기(총액)는 시장에서 제품/서비스가 판매되었을 때 계산이 가능하다(물론 다른 의견도 존재한다). 즉, 그 가치는 구매자에 의해 결정되고 있다. 가치 창출은 다양한 기업들이 참여하여 가치 네트워크(원재료 생산 → 소재와 부품 생산 → 완성품 생산 → 유통 → 구매자의 네트워크)를 통하여 일어나게 된다. 물론 제품 개발과 생산에 참여하는 기업의 노력이 많이 들어가지만, 가치가 가장 많이 창출될 가능성(그 반대도 존재한다)은 최종 단계에 있다.

최근 각광받는 기업들인 아마존, 애플, 페이스북, 구글 등은 최종 구매자 시장(혹은 소비자 시장)에서 직접 교환을 책임지거나 시장정보를 가지고 있고 최종 소비자 시장에 밀접해 있다. 가치 창출로 인한 파이도 가장 많이 가져가고 있다. 제품 개발이나 엔지니어들도 최종 구매자들이 원하는 제품을 개발하고 생산하는 데 집중하지만, 그 과정에서 발생되는 가치의 파이를 더 키울 수 있도록 협력하여 노력하고, 그에 상응하는 보상을 받도록 해야 한다.

차례

1절 엔지니어와 마케터, 마케팅으로 뭉쳐라 1

1장 마케팅이란 무엇일까? 4
2장 엔지니어들에게 마케팅이 필요한 이유 13
3장 엔지니어와 마케터 24
4장 엔지니어를 넘어서 기업가로: 비즈니스와 비즈니스 모델의 이해 30

2절 독일 그리고 미국 기업의 성공 방정식과 엔지니어의 역할 41

5장 참 대단한 독일, 독일 기업 43
6장 파괴적 가치의 미국 기업 51

3절 마케팅과 구매자 55

7장 진짜 마케팅, 유사 마케팅, 그리고 사기 마케팅 58
8장 인간과 사회에 대한 깊은 이해가 고객 중심 마케팅의 기본 67
9장 구매자의 구매 의사결정 과정에 관여하는 것이 마케팅이다 86

4절 가치 창조와 핵심역량의 역할 91

10장 마케팅은 프로세스이며 기업의 활동을 통합하여 가치를 높이는 것 93
11장 인식된 가치가 교환의 기준 101
12장 핵심역량을 만들어 내자 – 핵심역량에 기본을 둔 사업과 제품이 성공의 키 112
13장 핵심역량은 고객지향성과 연계하면 더 큰 성과가 나온다 116

5절 시장과 시장 세분화, 목표시장의 선정 123

14장 시장의 의의 125
15장 마케팅과 환경 변화에의 선행적 대응 133
16장 진짜 마케팅을 위한 전략적 마케팅 프로세스 141
17장 목표시장의 선정 155

6절 포지셔닝의 결정과 최적 마케팅 믹스의 구성 161

18장 가치 명제와 제품/서비스 포지셔닝 163
19장 포지셔닝의 설정과 전달 169
20장 차별화의 실행과 최적 마케팅 믹스의 발견 181

7절 협력을 통한 승리가 필수 187

21장 마케팅은 "win–win"을 만들어 내는 최고의 철학이다 189
22장 좋은 파트너와의 협력은 필수 196
23장 가치 증가에 기여할 수 있는 네트워크에 참여하라 202

8절 엔지니어가 참여하는 마케팅 I:
B2B(Business to Business) 마케팅 207

24장 엔지니어는 B2B 마케팅에 적극적 참여해야 209
25장 B2B Digital marketing의 활용 215

9절 엔지니어가 참여하는 마케팅 II:
신제품 개발 및 시장 진입 221

26장 R&D와 신제품 개발 프로세스, 그리고 시장 진입 223
27장 신제품 개발을 위한 시장 조사 234

10절 엔지니어가 참여하는 마케팅 III:
개별 고객 맞춤형 생산 시스템 243

28장 개별 고객 맞춤 제조 시스템으로의 진화 245

11절 엔지니어와 마케터 협력과 기여 269

29장 엔지니어와 마케터의 협업 전략 271
30장 브랜드 구축과 엔지니어의 역할 284
31장 인구 노령화에 솔루션 제공 288
32장 지속 가능성을 위한 공동의 노력 297

찾아보기 303

1절

엔지니어와 마케터,
마케팅으로
뭉쳐라

기업은 고객에게 필요한, 가치 있는 것(주로 제품과 서비스)들을 만들어 제공하고, 대신에 고객은 자신들이 가진 가치 있는 것(주로 돈과 시간)을 기업에 제공한다. 따라서 기업은 고객에게 가치 있는 것을 개발하고 만들고 전달하여야 한다. 이러한 중요한 일을 하는 두 축이 엔지니어와 마케터이다.

엔지니어의 특성과 마케터의 특성은 많이 다르다. 각자는 각각의 임무를 열심히 수행하지만, 기업 전체로 볼 때는 각각 열심히 특성대로 일을 열심히 하면 심각한 문제가 발생할 수 있다. 엔지니어는 누가 봐도 훌륭하고 혁신적인 제품을 만들고, 마케터는 고객이 원하는 것을 이상적으로 반영하는 제품을 원하는데 이 두 가지 유형의 제품은 항상 갭(gap)이 있다. 엔지니어는 최선을 다해 제품을 만들고, 마케터는 고객 이해를 바탕으로 고객을 설득하여, 자사의 제품을 선택하도록 하는데, 각각의 노력 대비 성과가 나쁘게 나오는 경우가 대부분이다. 왜냐하면 마케터는 고객이 좋아하는 형태의 제품이 없거나, 또는 원하는 가격에 맞출 수 없고, 엔지니어는 열심히 노력했지만 기술적으로 완벽하고 혁신적인 제품을 개발하는 것이 거의 불가능하기 때문이다.

엔지니어는 주어진 환경 속에서 필요한 제품을 개발하기 위해서 중요한 기능과 부차적인 기능이 미리 정해지면, 거기에 맞추어 시간과 노력을 투입하는 것이 가장 효과적이고 효율적이다. 마케터는 고객에게 꼭 필요로 하는 기능을 갖추어 도움이 되고, 사용하기 편한 제품을 적절한 가격에 팔 수 있어야 한다. 그래서 마케터와 엔지니어는 서로 도와서 상대방의 과업을 수행하는 데 도움이 되게 하여야 한다. 즉 마케터는 고객 정보를 제공하여 엔지니어가 주어진 시간과 노력으로 제품을 만들도록 방향을 설정하여 주어야 하고, 엔지니어는 마케터가 팔 수 있는 제품을 개발하여 제공하여야 한다. 따라서 서로 협력하는 방법을 찾아서 배워 가치 있는 일을 하도록 도모하여야 한다.

결론적으로 엔지니어는 자신들의 일을 더 잘하고 가치 창출에 더욱 기여하기 위해 마케터들과 일을 같이 하여야 하고, 자신들의 노력에 대한 보답을 받을 수 있도록 하여야 한다. 늘 바쁘지만 조금 시간을 내어 마케팅을 마음속으로 이해하여 마케터가 무엇을 하고 있는지 그리고 어떻게 같이 일해서 더 큰 가치를 만들지 궁리해 보아야 한다.

1장 마케팅이란 무엇일까?

"마케팅은 구매자와 판매자 간에 교환이 일어나게 하는 행위를 말한다. 즉 구매자가 판매자 제품의 가치를 가장 높게 인식하여 그 제품을 선택하도록 하는 행위이다."

기업들은 판매를 하고 있고, 그렇다면 마케팅을 하고 있다고 생각하는 것이 일반적인 인식이다. 그러나 시장에는 항상 성공적인 소수 기업과, 그저 그렇거나 실패를 거듭하는 많은 기업들이 있다. 성공적인 소수의 기업들은 마케팅이 무엇인지 아주 잘 이해하고 요구되는 전반적인 프로세스를 잘 하고 있으나, 그 외의 많은 기업들은 마케팅은 흉내만 내고 그저 "판매"만 목적으로 단기적으로 접근하는 것이 큰 차이이다.

마케팅은 이미 우리에게 익숙한 용어이고 우리 일상의 삶은 마케팅에 둘러싸여 있다고 해도 과언이 아니다. 마케팅이 무엇인가에 대한 정의는 학계에서는 이미 잘 정립되어 있다. 그러나 실제 사용에 있어서는 많은 혼란이 있는 것도 사실이다. "무엇이 마케팅인가?"에 대한 경험이나 생각들이 다들 달라 이 책에서는 마케팅에 대한 개념과 여러 가지 내용을 먼저 정리하고자 한다.

현재 우리의 삶은 시장을 중심으로 이루어지고 있다. 매일 필요한 생필품은 물론 나를 표현하고 싶은 럭셔리 제품들, 가끔 분위기를 즐기려고 방문하는 고급 레스토랑, 우리가 즐기는 음악, 영화, 스포츠 등 거의 모든 것이 시장에 있다.

시장에서 우리가 하는 것은 교환이다. 자급자족하던 시절에는 시장의 기능이 필요 없었지만 지금은 시장에서 필요한 것들이 교환되지 않으면 세상 모든 것이 멈출 것이다. 시장에서 필요한 것들을 팔려고 하는 주체가 있고 사는 주체도 있다. 교환은 양 주체가 적절한 의사결정 과정을 거쳐서 이루어지며 어느 일방이 강압적으로 교환이 이루어지게 할 수 없다. 물론 사기나 강압에 의한 교환도 일어나지만 여기서는 이를 시장에서의 교환에 포함시키지는 않는다.

현대 사회에서 시장이 없다면 정부도 기업도 그리고 우리의 가정도 유지될 수 없다. 기업은 시장에서 제품을 팔아서 필요한 자원을 만들어 종업원들에게 임금을 지급하고 정부는 세금을 기업과 개인에게서 거두어 필요한 자원을 조달한다. 만약 시장에서 문제가 생기면 사회 전체는 큰 혼란에 빠지게 된다.

마케팅은 현대 사회의 중심이 되는 시장에서 핵심 기능인 교환에 관계되는 것이다. 즉 현대 사회의 핵심 중 핵심인 기능이다. 마케팅의 영어표기 marketing은 market과 ~ing이 합쳐져서 만들어진 단어이다. 풀어서 설명하면 시장에서 무언가를 하고 있는 것이 마케팅이다.

마케팅 이전에 우리가 주로 사용했던 익숙한 개념은 판매이다(판매를 주로 책임지는 부서를 영업부로 이름하여 마케팅부서와 분리하여 운영하는 회사도 많다. 이렇게 분리한 회사에서는 주로 마케팅을 계획을 담당하는 부서로 역할을 좁게 부여하기도 한다). 요즘은 영어 용어인 세일즈도 많이 사용된다. 기업이 물건을 판다는 뜻인데 판매는 기업이나 판매자가 가진 것을 구매자가 구입하면 이루어진다. 그러나 판매는 일방적으로 판매자 입장에서만 생각하는 것이고, 판매가 실제로 일어나더라도 판매자에게 오히려 해가 되는 상황이 만들어져서 비즈니스의 성과가 높지 못한 경우가 발생할 수 있다.

판매 중심의 어프로치와 진짜 마케팅의 차이는 시장에서의 교환의 중심을 판매자로 보는지 구매자로 보는지에 달려 있다. 기업이 주도하는 판매는 기업을 중심으로 본다. 당연한 이야기로 들리지만 많은 문제점이 있다. 반면에 교환의 중심을 구매자로 보면 많은 것이 달라진다.

이상하게 들리겠지만 진정한 의미에서의 마케팅은 기업에 의한 판매가 아니라, 구매자의 선택에 의해 교환이 일어난다. 따라서 기업이 판매한다는 말은 강압이나 사기에 의하지 않는다면 맞지 않는 표현이고, 구매자가 구매를 한다면 기업의 판매가 발생한다라는 표현이 타당하다. 따라서 마케팅은 구매자의 필요한 것을 충족시키기 위한 기업의 활동이다. 이때 기업의 활동은 구매자가 느끼는 기업 제공물의 가치를 증대시키는 모든 활동을 의미한다. 즉 엔지니어들이 주로 담당하는 제품 개발과 생산도 넓은 의미에서는 마케팅에 포함된다.

그리고 이런 활동의 방향성과 효율성이 확보되어야 한다. 기업의 제공물을 필요로 하는 고객을 확인하고, 시장과 고객을 알려는 노력과, 자사의 경쟁력을 잠재 경쟁기업과의 평가를 통해, 고객(집단)으로 정하고, 고객에 맞는 제품, 가격, 장소, 촉진 등의 의사결정을 효과적, 효율적으로 수행하도록 해야 한다.

마케팅의 성격을 좀 더 자세히 풀어 쓰면 다음과 같다(구체적인 내용은 이 책의 2-5절 참고).

1. **마케팅은 고객을 중심에 놓고 기업의 모든 부문 혹은 부서가 협력하여 고객을 이해하고 원하는 것을 제공하는 노력을 하는 것이다.** 엔지니어도 고객을 중심에 놓고 일을 해야 한다. 모든 직원들의 고객 중심적인 태도와 이를 뒷받침하는 실행이 필요하다. 성공적인 기업의 조직을 보면 그 중심에 항상 고객이 있다. 작은 조직은 상대적으로 모든 인원이 고객을 이해하고 만족시키는 활동을 통합적으로 하기가 더 쉽지만 반대로 잘 안 이루어지는 경우가 많다.
2. **마케팅은 모든 고객을 만족시킨다는 환상을 가지지 않는다.** 기업의 현재나 미래 역량을 평가한 후 가장 잘 봉사할 수 있는 고객집단을 목표고객으로 정하고 경쟁기업 보다 더 나은 제품이나 서비스를 제공한다. 이 점은 때때로 최고의 제품을 만들려고 집중하는 엔지니어와 부딪치기도 한다.
3. **마케팅은 구매자의 선택에 의해 교환이 일어나는 것이므로, 판매자의 첫 번째 과업은 예상 구매자가 원하는 것을 이해한 다음 구매자가 인식하는 최고의 가치를 창조하여 전달하는 것이다.** 엔지니어를 포함한 기업 구성원 내부와 외부 협력사는 (그리고 고객도

포함하여), 구매자에게 최고의 가치가 제공될 수 있도록 마지막 구매 순간과 그 후까지 기업 제공물의 가치를 높이도록 하여야 한다.

4. **마케팅을 잘 한다는 것은 결국 인간에 대한 이해를 잘 한다는 것이다.** 인간은 누구나 소비자고 소비의 목적은 인간으로서의 삶을 영위하기 위해 필요한 것들을 구입하는 것이다. 요즘 서베이 등 전통적인 기법과 빅 데이터, 소셜미디어 분석 등 새로운 기법들은 소비/구매 행동, 소비 경험, 라이프스타일 등 파악하기가 용이하게 도움을 주고 있다. 고객에 대한 보다 깊은 이해는 다양한 지식과 과학적인 분석을 필요로 한다. 가끔은 인간에 대한 통찰력이 산업을 바꾸기도 한다.
5. **마케팅을 실행한다는 전제는 시장 분석이 이루어진다는 것이다.** 아무리 작은 비즈니스를 하더라도 시간과 노력을 투자해서 예상되는 고객과 경쟁자, 그리고 현재 어떤 상황인지 환경 분석을 통해 현재와 가까운 미래라도 예측을 해야 한다. 특히 그중에서도 예상 고객에 대한 자료와 정보를 모아야 된다. 직접 고객을 대상으로 조사하는 것도 물론 이루어져야 한다. 초기에 들어가는 이러한 노력은 비즈니스가 실패를 할 확률을 대폭 줄여준다. 비즈니스 중에도 계속하여 귀와 마음을 열어 두고 있으면 성장의 기회를 찾게 되고 잘못된 방향으로 비즈니스를 끌고 가지 않을 수 있다. 엔지니어도 본인의 업무에 이러한 노력의 결과(필요한 정보)를 충분히 활용하는 것이 요구된다.
6. **마케팅은 일등주의를 추구한다.** 여기저기 다른 고객군을 찾아 헤

매기보다는 확실히 내가 최고로 봉사할 수 있는 고객집단을 목표로 삼아 집중하는 것이다. 때문에 내가 목표로 한 고객군에서는 최고의 가치를 전달할 수 있는 핵심역량을 가지고 있어야 한다. 이러한 핵심역량의 기본은 엔지니어로부터 나온다. 거기에 마케터들의 역할이 더해지면 고객을 위한 최고의 가치가 만들어진다.

지금 당장 역량이 충분하지 않으면 일등을 따라하는 미투(me too) 전략을 추구하면서 비즈니스를 유지하다가 계속적인 노력에 의해 핵심 역량이 충분히 쌓여지면 목표시장에서 1등으로 나서야 한다. 국가 규모에서는 크지 않지만 독일의 비즈니스가 강한 이유는 틈새시장에서 글로벌 일등인 기업들이 많기 때문이다.

7. **마케팅은 일회적인 거래보다는 관계를 맺어 나가는 것을 추구한다.** 물론 관계는 판매자와 구매자 사이의 관계이며 판매자는 그 관계가 수익성이 있도록 관리해야 한다. 관계가 이루어지는 기본은 구매자와 판매자 간의 신뢰, 헌신, 만족 등이며 이를 계속 유지하도록 해야 한다. 기업은 수익성 있는 관계관리를 위해 다양한 고객군의 수익성을 잘 파악하고 있어야 한다.
8. **마케팅은 시장에서 이루어지기 때문에 경쟁은 항상 있다.** 현재 경쟁자와 잠재 경쟁자를 잘 이해하는 것이 중요하다. 내가 최선을 다한 결과가 경쟁자의 제품이나 서비스보다 못해서 고객이 경쟁자를 선택할 수 있음을 항상 염두에 두어야 한다. 경쟁에서 이기려고 노력하는 것은 힘든 일이다. 그러나 회피할 수 없다. 그리고 경쟁에서 이기려고 노력하는 과정에서 기업의 역량이 획기적으로 강화된다. 고객에게 적합한 제품을 개발하는 아이디어는 열심

히 하는 것만으로는 부족하다. 창의력과 상상력을 활용할 수 있는 조직 분위기가 만들어져야 한다. 제조도 좀 더 고객이 원하는 맞춤형을 제공할 수 있도록 진화하여야 한다. 이런 모든 활동과 기업 환경이 기업을 경쟁에서 이기게 한다,

9. **마케팅의 핵심을 고객이 원하는 바로 계속하여 파악하는 것이므로 다양한 방향과 수준에서의 고객 접촉은 필수이다.** 판매나 영업 부서에서는 물론 계속 만나겠지만 고객 탐구는 실시간으로 이루어져야 하고, 최고경영진도 물론 다른 경쟁기업 최고경영자보다 자주 고객을 만나고 실무자들을 지원해야 한다. 중요 고객이고 기술 기업이면 엔지니어도 판매팀에 합류하여 고객의 엔지니어팀들과 정보와 협력을 교환해야 한다.

10. **고객이 원하는 것이 있으면 바로 반응하여 대응하여야 한다.** 특히 지금처럼 비즈니스 환경이 급변하는 시기에 있어서는 시간차가 없어야 한다. 특히 하이텍 분야에서는 변화를 고객보다 미리 예측하여 선행적으로 대응하여야 한다. 미리 준비하여 대처하지 못하면 고객을 다른 준비된 경쟁기업에게 넘겨줄 가능성이 매우 높다. 고객과 시장에 관한 선행적인 정보들은 엔지니어의 기술/제품 개발의 방향성을 정하는 데 결정적인 역할을 할 수 있다.

11. **마케팅은 고객과 경쟁기업 그리고 자사의 경쟁력에 대한 이해를 바탕으로 이루어져야 하지만 현실에서는 많은 비즈니스를 충분한 이해 없이 시작하거나 운영하는 경우가 많다.** 그러한 상태라도 다시 정비하여 제품 개발이나 광고나 판촉 등의 결정, 가격

결정, 유통 등의 의사결정의 목표를 목표고객들이 원하는 방향으로 정하도록 해야 한다. 그리고 고객의 구매를 하는 시점까지 노력을 멈추지 말고 고객이 인식하는 가치를 높이도록 방향이 맞는 의사결정 및 효율적인 실행을 하도록 노력해야 한다.

12. **마케팅은 기업에서 주로 행해지고 있다. 그런데 지금은 거의 모든 영역에서 마케팅이 활용되고 있다.** 물론 마케팅의 전체 과정을 다 활용하기도 하고 마케팅의 일부만 활용하기도 한다. 최소 둘 이상의 개인이나 조직이 서로 필요한 것을 주고받는 교환이 일어나는 곳이면 마케팅은 활용이 가능하며 성과를 낼 수 있다. 마케팅은 교환의 가치를 높여주는 역할을 하므로 그렇다. 개인과 개인, 정부와 국민, 병원과 환자, 학교와 학생, 종교단체와 신도 등 거의 모든 분야에서 마케팅이 활용되고 있으면 교환의 질이나 만족을 높이고 있다.

13. **현대 사회의 기반은 정치적으로는 민주주의, 경제적으로는 자본주의이다. 그리고 시장 중심의 경제이다.** 때로는 민주주의가 발전하지 않더라도 시장 중심의 경제를 활용하여 부를 창출하기도 한다. 예전의 우리나라와 현재의 중국, 베트남 등을 예로 들 수 있다. 그런데 시장의 중심에 마케팅이 있다. 시장에서 교환이 일어나게 판매하는 측이 최대한 가치를 올려 구매자에게 선택을 받게 마케팅이 핵심적인 일을 한다. 이렇게 증가된 가치가 부를 창출하고 사람들의 생활에 필요한 자원을 제공하게 된다. 물론 이를 통하여 정부도 필요한 자원을 세금으로 거두어 필요한 곳에 사용한다. 즉 마케팅은 현대 사회의 핵심 역할을 하며

여전히 진화하는 중이다.

시장에서의 교환이 이루어질 때 기업이 마케팅을 적절히 실행하여야만 시장에서의 교환의 질이 높아진다. 시장이 많은 비판을 받는 이유 중의 하나는 기업이 마케팅적으로 교환에 접근하지 못하고 근시안적으로 판매가 일어나게 하는 소위 판매촉진만을 즐겨 이용하기 때문이다. 최근에 이슈가 되고 있는 것 중 하나는 소셜미디어의 소비자 정보를 활용하여 맞춤형 커뮤니케이션을 유도하고 소비자의 판단을 자사에 유리한 쪽으로 유도하여 성과를 내고 있다는 점이다. 본질적인 소비자 욕구의 파악보다는 표피적인 자극을 통한 판매 역시 장기적으로는 기업의 평판을 헤쳐 바람직하지 못한 결과를 낼 가능성이 높다. 그런 불합리한 상황을 기업이 많이 만들어 내면 그만큼 시장에 대한 비판이 커진다. 사람들의 기본적인 생활을 담당하는 시장의 역할의 제고를 위해 기업의 합리적인 역할이 더욱 요청된다.

2장 엔지니어들에게 마케팅이 필요한 이유

"마케팅 원리를 이해하는 엔지니어는, 고객, 클라이언트, 파트너, 그리고 사회에 최고의 가치를 제공할 수 있다."

문과, 이과는 지금도 중요한 구분 중의 하나이다. 저자는 문과 출신으로 경영학, 마케팅 전공자이지만 개인적으로 많은 엔지니어들을 만나 왔다. 지금 몸 담고 있는 학교도 기술, 자연과학 위주의 학교라서 강의에서 만나는 학생들이나 교수들도 엔지니어 전공이 압도적으로 많다.

학교에 있으면서 우리나라 대기업 엔지니어를 대상으로 강의를 많이 했고, 특히 20여 차례 엔지니어 중심 기업 대상으로 최고경영자 과정을 책임 교수로서 교육과정을 만들고 강의를 해 왔다. 최고경영자 과정 기업인들과는 직접 생활을 하고 기업을 방문하면서 많은 감명도 받고 아쉬워하는 내용들도 확인했다.

우리나라는 세계적인 제조 강국이다. 전체 산업에서 제조업이 차지하는 비중이 30%를 넘나든다. 중국과 더불어 1, 2위를 다툰다. 1960년대 시작한 산업화 이후 제조업은 우리 경제의 견인차 역할을 해 왔다. 일인당 노동시간이 세계에서 제일 높을 정도로 자신의 삶보다는 가족과 국가의 발전을 위해 희생해 왔다.

그런데 이러한 노력의 결과, 경제나 기업규모, 수출액 등 외형적인 성장은 많이 이루었지만 아직도 제조업의 성과를 보면 충분하지 않다. 특히 일부 글로벌 대기업을 제외한 제조업의 이익률은 매우 낮다. 대기업 의존적인 경영의 탓도 있지만 전체적으로 제조업의 부가가치 점유율이 낮다는 구조적인 문제가 있기 때문이다. 유망 중소 중견기업들이 모여 있는 코스닥의 평균 이익률이 5%가 채 안 되고 있다. 그러므로 "워라밸(일과 생활의 조화로운 균형)"을 꿈꾸기가 난감한 상황이다.

[그림 1]은 가치가 만들어지는 과정에 참여하는 기업 종류에 대해 보여준다. 원자재 공급업체, 부품과 소재를 공급하는 업체, 완성품 제조업체, 중간 유통 업체, 그리고 개인 구매자와 기업, 정부 등 기관구매자들이 있는 시장이 전체 가치네트워크를 형성한다. 소매상 혹은 완성품 제조업체와 개인구매자 간이 B2C 마케팅 영역이고, 나머지 거래는 B2B 마케팅 영역이다. 이 중 엔지니어들이 큰 역할을 하는 기업들은 주로 중간 유통 업체 앞 단의 B2B 업체들이다.

과거에는 각각의 독립된 기업들이 각각의 목적을 위해 개별적으로 사업을 운영하였으나 현재는 가치네트워크에 참여하는 기업들이 같은 목적 – 즉 최종 구매자에게 최고의 가치를 인정받아 가치네트워크가 전달하는 제품이 선택되게 하는 – 을 달성하기 위해 밀접히 협력한다. 그래서 현재 시장에서의 경쟁은 개별 기업 간이 아니라 가치네트워크들 사이에서 이루어진다. 때문에 과거에는 그렇지 않았더라도 앞으로는 엔지니어들과 마케터들이 최종 고객들을 위해 최고의 가치를 만들어 내도록 같이 협력하고 성과를 내야 한다. 엔지니어들은 기업이 창출하는 기본적인 가치를 담당하는데 이것이 잘못되면 기업으로서는 해결할 방안이 거의 없다. 그리고 이 기본적인 가치는 바탕이 되고, 최고의 가치를 최종 구매자에게 전달하도록 마케터는 부가적으로 가치를 증대시켜야 한다. 엔지니어와 마케터가 성공적으로 맡은 업무를 해야 기업은 시장에서 기회를 가질 수 있다.

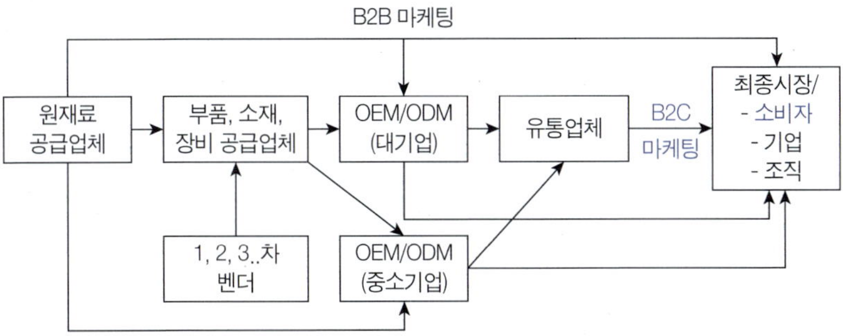

[그림 1] 가치창조 및 전달 네트워크

우리가 사는 시대의 중심축은 시장경제이며 시장경제의 핵심인 교환은 마케팅의 대상이다. 또한 시장에서의 교환은 우리 사회에서 일어나는 활동의 거의 대부분과 관계가 있다. 자본주의의 중심에서 가치 창출의 핵심 역할을 하고 더 큰 가치 창출을 위해서는 "자유"로운 상상과 활동이 보장되어야 하고, 한편 창출된 가치를 어떻게 나눌 것인가, 글로벌 가치네트워크는 어떻게 구성하고 운영할 것인가 등도 중요한 이슈이다.

엔지니어들의 다수는 주로 제조업과 관련 기업들에서 일한다. 제품 개발과 제조, 생산에 참여하여 역할을 수행한다. 단순하게 보면 시장에서 전달되는 제품의 원형을 개발하고 만드는 일이라 가장 중요하고 그만큼 부가가치 점유율이 높아야 할 것 같은데 현실은 전혀 그렇지 않다.

제조업 참여자들에게 잘 알려진 [그림 2]의 '스마일 커브'를 보면 그 내용을 조금 더 구체적으로 파악할 수 있다. 제품 개발부터 구매 후 서비스까지의 전체 과정을 통해 가치가 만들어지는 과정과, 각 과정이 산출하는 가치를 표현한 그림이다. 고객의 욕구를 확인하고 목표고객을 정하는 사전적인 서비스에 들이는 노력, 제품 콘셉트 개발과 R & D 등에서 부가가치가 많이 만들어진다. 이 스마일 커브는 더 나은 기초기술을 개발하기 위한 기술 개발이 아니라, 최종 고객에게 최대의 가치를 전달하기 위해 면밀히 고객의 욕구나 원하는 것을 파악하고 경쟁자의 경쟁력 등을 파악하여 가치창출을 위한 기술 개발을 하는 것이 바람직하다는 것을 보여준다. 글로벌 기업들은 이러한 과정을 의무적으로 실행하게 되어 있다. 즉 개발 과정부터 시장에 대해 잘 아는 마케팅과의 협력이 긴밀히 이루어진다.

문제는 실패를 최대한 피해야 하는 많은 중소기업들이 이러한 과정을 잘 거치지 않고 기술 개발을 하고 제품을 만들어 낸다. 그 결과는 복권 당첨의 요행을 바라는 것과 비슷한 결과를 낸다. 또한 많은 스타트업들이 실패하는 이유이다.

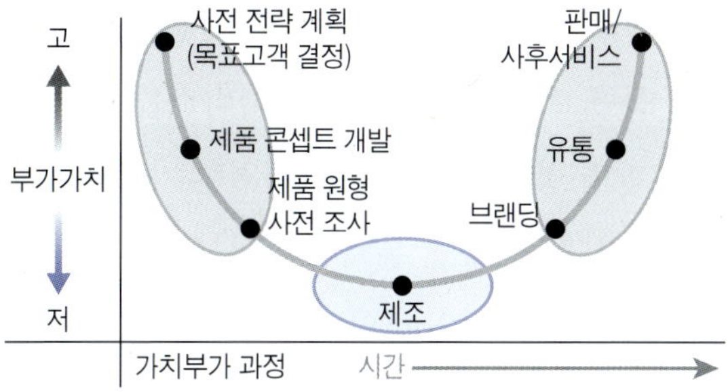

[그림 2] 스마일 커브

다음 단계가 제조인데 엄청난 시설 투자와 첨단 기술들을 활용하고 많은 노동력을 투입한다. 그럼에도 불구하고 많은 제품을 직접 만드는 제조기업들이 가져가는 부가가치는 매우 낮다. 소위 마케팅 기업인 나이키, 월마트, 아마존 등과 이들 회사를 위해 제품을 제조하는 협력업체들의 수익을 비교해 보면 쉽게 파악할 수 있다. 제조에 들어가기 전 디자인, 색깔 등도 타깃 고객에 적합할지 미리 파악하여야 가치를 더할 수 있다. 물론 마케팅의 인풋이 필요하다.

브랜딩도 중요한 가치 창출 수단이 된다. 우리가 잘 아는 인기 제품과 럭셔리 제품들에 대한 수요가 폭발하는 이유 중 하나가 브랜드이다. 산업재 제품에서도 예외는 아니다. 같은 제품이라도 어느 회사의 로고를 단 브랜드이냐에 따라, 그 제품이 주는 신뢰도와 최종 시장에서 영향력이 매우 크다. 유명한 '인텔 인사이드(Intel inside)'의 효과를 경험해 왔다. 더구나 회사의 영업사원들이 고객사를 방문할 때 어느 회사에서 왔느냐에 따라 고객사의 태도는 전혀 다르고, 영업사원들이 잠재 고객을 설득하는 데 있어서도 차이가 많다.

가치 네트워크상 제조 이후에 위치한 유통 단계에서는 목표고객집단을 선정한다. 목표고객이 필요한 제품, 서비스를 선정하고 편리하게 구입할 수 있는 판매 방식을 결정하고, 적절한 가격을 제시하며, 고객 맞춤형 메시지를 광고나 SNS를 통해 전달하고, 때때로 매출을 늘리기 위해 가격할인, 마일리지 제공, 끼워주기 등의 판매 촉진 활동을 한다. 물론 판매 후 반품 교환, 환불, 유지보수 등의 애프터 서비스도 제공한다. 이러한 활동을 통해 산출되는 가치는 매우 높다.

애플, 삼성, 토요타 등 제조기업들은 제조의 앞과 뒤의 활동을 직접 수행하거나, 협력업체들을 관리하여 가치 창출 점유분을 최대한으로 하고 있다. 그 결과 애플이 가지고 가는 전체 스마트폰 산업에서의 이익 점유분은 70% 전후를 기록하고 있다. 다만 중소 · 중견기업의 경우는 글로벌 기업 같이, 원재료 조달부터 최종 시장에서의 판매에 이르는 전체 가치 창출 네트워크를 관리하고 통제할 힘이 없어 이러한 결과를 목표로 하기 힘들지만, 지금처럼 계속 비즈니스를 운영해서는 미래에 대한 불안감만 더 커질 것이다.

가치 창출 네트워크에서 산출하는 총가치(total value)는 최종 구매자들이 지불하는 가격과 일치한다. 엔지니어들의 노력에 대한 보상을 최대화하려면 결국 가치 창출 점유분을 더 증대시키도록 해야 한다. 억울해하고 불평하기보다는 방법을 찾아야 한다. 왕도는 따로 없다. 최종 선택은 구매자가 하는 것이지 "뛰어난" 역량을 가진 엔지니어가 하는 것이 아니다. 개발하고 제조하여 전달하는 제품 가치의 크기를 구매자가 결정하므로 구매자에게 어떻게 더 큰 가치를 전달할지 연구하고 실행에 옮기면 된다. 그 방법의 대부분은 마케팅의 도움을 받으면 해결된다. 혼자서 이기기는 거의 불가능하다. "협력을 통한 승리"가 답이다.

엔지니어가 마케팅을 알거나, 마케터와 협업함으로써 직접적으로 도움을 받을 수 있는 내용은 이 책을 통하여 기술해 두었다. 그중 중요한 것을 여기서 간략히 기술하자면 다음과 같다:

1. **엔지니어는 수행하는 업무에 대한 타당한 결과를 시장에서 얻는데 도움을 받을 수 있다**: 엔지니어는 마케터와의 협력을 그렇지 않아도 과다한 엔지니어들의 일을 더 복잡하게 하고 일을 늘린다고 싫어할 수 있다. 엔지니어들끼리 배타적으로 일하면 노력의 지향점은 모든 면에서 최고의 제품, 제일 빠른 제품이 될 가능성이 높다. 그러한 업무수행은 엔지니어에게 너무나 당연하고 그래야만 한다. 그 목적을 달성하기 위해 최고의 노력과 자원을 투자하게 된다. 그렇지만 한정된 인력으로 기술 개발의 모든 것을 다 해야 하므로 과다한 노력을 요구한다.

   제품의 성공은 시장에서의 성공에 의해 결정된다. 투입은 최대화하여 최고의 제품을 만들었는데, 가격을 중요시여기는 목표시장을 고려하지 않은 탓에 가격저항으로 판매가 부진하다면, 엄청난 노력을 투입하였음에도 만족스럽지 못할 것이다. 마케터와의 정보 교류, 협력이 투자한 노력에 대한 기대한 결과를 만드는데 큰 도움이 된다. 엔지니어는 마케터와의 협력을 통하여 획득한 고객 정보로 잠재고객에게 정말 중요한 스펙에는 집중하고, 부차적인 요인에 대한 기술적 노력은 줄인다면, 고객만족은 최대화하면서 비용, 시간 등을 줄일 수 있게 된다.

2. **엔지니어가 개발하고 생산한 제품을 고객이 만족하고 재구매할 가능성을 높여준다**: 엔지니어가 들인 노력의 가치는 고객에 의해 결정된다. 고객은 고객이 원하는 제품을 제공받아야만 구입을 하게 되고, 만족스러운 경우 재구매가 일어난다. 이런 상황을 만들어 내기 위해서 마케터는 고객을 철저히 연구하여야 하고, 엔지니어는 마케터를 통하여 정보를 획득할 필요가 있다. 물론 기본적인 제품 성능은 엔지니어들이 만들어 내지만, 특정 고객이 원하는 사양은 고객 정보 없이 만들기 힘들다. 특히 주요 고객일 경우 엔지니어도 마케터와 같이 고객을 방문하는 등의 노력을 할 필요가 있다.
3. **엔지니어의 업무 수행을 효과적으로 할 수 있게 해 준다**: 일반적으로 엔지니어는 최고의 제품을 개발하기 위해 많은 노력을 한다. 난관이 있어도 포기하지 않고 최선을 다한다. 그런 모습 없이 엔지니어로서 성공하기 힘들다. 일을 잘하는 마케터와 협업하면 제품과 기술 개발하는 방향성을 명확히 할 수 있어, 다방면으로 일을 하여야 할 것을 줄여준다. 그 결과 기술 개발을 효과적으로 할 수 있게 된다. 시장에서의 성과가 더 나게 됨은 물론이다.
4. **엔지니어 업무 효율성을 높여주고 제품 개발 시간을 줄여준다**: 선행적 기술/제품 개발을 통한 효과를 누릴 수 있다. 고객, 시장, 환경의 변화를 주의 깊게 분석하는 마케터와 정보를 교환함으로써, 변화로 인한 필요성이 생기기 전에 기술 및 제품 개발을 미리 할 수 있다. 특히 이런 효과는 하이테크 분야에서 엄청난 경쟁력이

될 수 있다. 최근 들어 디지털 트윈 등을 활용하여 디지털 상으로 제품을 개발하고 테스트해 볼 수 있다. 그에 따라 기술 개발 시간을 대폭 줄일 수 있다. 이런 디지털 트윈 효과를 마케터를 통해 고객, 시장 등의 디지털 트윈을 만들어 활용할 수 있으면, 제품 개발의 속도는 물론 고객만족도도 높여 경쟁력 제고가 가능하다.

5. **생산 시스템 선택과 활용에 도움을 준다**: 제조업의 경우 생산 시스템이 대량생산 방식에서 대량 고객맞춤 방식으로, 더 나아가 자율 생산을 통한 개별화 생산 쪽으로 변화하고 있다. 생산 시스템 방식은 기업의 막대한 자원을 소모하게 하므로 의사결정의 정확성이 무엇보다 요구된다. 목표로 하는 고객이 원하는 것이 최고의 품질인지 혹은 저가격인지, 개별화된 제품인지 등을 명확히 한다면 생산 시스템 결정에 실수가 없을 것이다.
6. **제품 브랜드의 구축으로 엔지니어가 개발한 제품의 가치를 한층 높여 줄 수 있다**: 마케터의 노력에 의해 제품의 브랜드 파워가 강화될 수 있다. 물론 기본적인 브랜드 파워는 엔지니어가 만든 제품의 성능에 의해 만들어지지만, 여기에 마케터는 서비스의 제공, 감정적 요소 등을 더하여 한층 증대시킬 수 있다. 그 결과 엔지니어가 개발하고 만든 제품의 가치가 엔지니어가 투입한 노력보다 더 커질 수가 있다. 판매도 더 쉽게 많이 일어날 것이고 고객충성도도 높아져서 기업 전체의 성과도 높아지고 회사도 발전할 것이다. 물론 엔지니어의 높은 임금과 빠른 승진도 기대된다.
7. **엔지니어의 역량을 강화하여 마케터로서 활동할 기회를 준다**: 새로운 일을 해 보고 싶은 엔지니어에게는 마케팅이라는 분야는 기

회를 줄 수 있다. 특히 하이테크 분야는 마케터들도 기술에 대해 잘 알아야 한다. 왜냐하면 파트너 기업의 엔지니어가 고객일 가능성이 높고, 엔지니어들을 설득하여야 하기 때문이다. 엔지니어는 이미 기술 관련 지식을 가지고 있고, 문제점을 잘 이해하며 제품 개발 프로세스와 단계를 잘 알고 있다. 특히 상대 엔지니어의 입장을 잘 이해한다. 엔지니어의 경험과 기술에 관한 지식에 마케팅의 기본 지식들을 더한다면 훌륭한 마케터 역할을 할 수 있다.

8. **엔지니어의 직장에서의 성공 가능성을 높여 준다**: 엔지니어의 개인 성과가 높아진다면 중역으로의 승진이 기대된다. 평소에 마케터와의 협력을 통해 고객을 잘 이해하고 마케팅 활용에 대한 지식을 갖추었다면 중역으로서의 역할도 잘 해낼 수 있는 역량을 가지게 된다.
9. **엔지니어가 비즈니스를 시작할 때 성공 가능성을 높여준다**: 엔지니어로서 마케팅을 잘 알면 스타트업을 시작할 때 비즈니스의 두 축인 기술과 마케팅을 균형 있게 아는 사업가로서 비즈니스 성공의 가능성을 높일 수 있다. 대다수의 스타트업이 실패하는 이유가 기술이 부족해서라기보다는 마케팅의 부족일 가능성이 훨씬 높다.
10. **엔지니어는 인류가 가진 문제점을 해결할 수 있는 솔루션(제품)을 제공하여 기여하는 데 도움을 받을 수 있다**: 지난 수백년에 걸쳐서 일어난 일들을 보면 엔지니어나 과학자들의 도움을 받아 새로운 기기들을 사용하게 되어 인류의 삶이 한층 좋아진 사

례들이 많이 보인다. 증기기관을 만든 엔지니어들, 통신 수단을 개발한 텔, 전기를 발견한 에디슨, 엑스레이를 발견한 퀴리, 자동차를 대중화한 포드, 비행기를 발명한 라이트 형제, 나일론을 개발한 뒤퐁 등의 노력으로 우리의 삶은 훨씬 나아졌다. 그 뒤를 이어 계속하여 기술적 진화가 이루어져 새로운 제품/서비스들이 제공되고 있다. 이 위대한 발명들은 인류가 가진 근본적인 욕구를 충족시켜 줌으로써 큰 기여를 했다. 앞으로 계속 생길 인류의 이차적 욕구나 문제점을 마케터가 발견하여 엔지니어에게 제공한다면, 엔지니어가 솔루션을 개발하여 인류의 삶에 크게 기여할 수 있다(8장 참고).

11. **시장에서의 교환뿐만 아니라 거의 모든 영역에서의 교환을 가치 있게 할 수 있다**: 마케팅의 원리를 파악함으로써 병원, 종교 단체, 학교 등 일상생활에서 이루어지는 교환도 파트너와 가치 있는 것들을 교환할 때 효과적으로 대응할 수 있다. 또한 파트너와의 관계관리를 더 잘 할 수 있어 삶이 풍요로워지고 즐거워질 수 있다.

3장 엔지니어와 마케터

"마케터들은 그들이 요청하는 기술의 복잡성을 이해하지 못하고, 개발을 요청한 특정 부분이 조직의 목표를 달성하는 데 어떻게 작용할지에 대해 정확하게 의사소통을 하는 것을 무시한다."

"엔지니어들은 새로운 특성이나 기능을 개발하도록 요청받으면, 가끔씩 설명도 없이 거부하는 경향이 있는데, 이렇게 되면 기술 최적화에 따른 경쟁 우위를 점할 수 없게 만들어 마케터를 힘들게 한다."

꽃들은 다 아름답다. 만약 엔지니어가 꽃을 만들 수 있다면 아름다운 꽃들을 만들 것이다. 반면에 마케터들은 꽃을 만들 수 없다. 다만 고객들이 어떤 꽃들을 좋아하는지 안다. 고객들은 가장 아름답다고 느끼는 꽃을 살 것이다. 만약 기업이 꽃을 만들어 파는 비즈니스를 시작한다면 마케터는 엔지니어의 역량을 파악하고, 시장에서 어떤 고객군들이 어떤 꽃을 가장 아름답다고 생각하는지 파악해야 한다. 그 다음에 엔지니어와 손 잡고 목표로 하는 고객집단이 가장 좋아하는 제품을 만들어야 한다. 그냥 엔지니어가 만들고 싶은 가장 아름다운 꽃을 만들도록 내버려 두면 안 되고, 마케터도 엔지니어의 역량과 관계 없이 고객이 요구하는 꽃을 만들어 주도록 요구해서도 안 된다. 손에 손을 잡고 엔지니어와 마케터는 같이 목표고객을 최고로 만족시킬 꽃을 만들어 경쟁기업을 이겨야 한다. 경영자는 이러한 협력이 잘 이루어지도록 세심하게 관리를 해야 한다.

기업에는 여러 부서가 있지만 엔지니어들의 부서와 마케터들의 부서가 가장 중요한 두 축을 이룬다. 기업의 성패는 시장에서의 판매가 일어나는 것에 달려 있고 판매를 위한 제품의 개발, 제조, 전달을 이 두 축이 주로 담당하기 때문이다. 때문에 성공적인 기업에서는 이 두 파트가 체계적으로 협력하기 위한 프로세스를 잘 설계하고 관리하여 좋은 결과를 내는 경우가 많다.

그러나 이 두 파트는 태생적으로 추구하는 목적이 다르다. 때문에 적극적인 협조가 잘 안 되는 경우가 많고, 특히 하이테크 기업인 경우 기업 내에서 엔지니어들이 자신들의 특성에 따라 모든 의사결정을 하는 경우가 많다. 엔지니어는 앞서가는 기술 개발, 최고 성능의 제품 개발을 원한다. 때문에 그 과정은 힘들고, 제품이나 기술 개발의 성공도 보장되지 않는다. 여기다가 부가적으로 잠재 사용자의 특성을 고려하고 비즈니스 가능성까지 평가하면서 제품을 개발하여야 한다. 제조를 담당하는 엔지니어는 좋은 품질의 제품을 저비용으로 효율적으로 제조하기를 원한다. 대량생산을 추구하고, 다양한 제품을 제조하는 것을 꺼린다.

반면 마케터들은 거의 정반대의 성향과 목적을 가지고 있다. 좋은 마케터들은 거의 고객지향적이다. 우리가 잘 인식하고 있지만, 고객은 항상 최고 품질의 제품을 찾는 것은 아니다. 오히려 최고 품질의 제품, 기술적으로 앞서가는 제품을 회피하는 경향이 더 많다. 왜냐하면 가격이 높기 때문이다. 세계에서 제일 소비재 판매가 많은 월마트 제품을 보면 최신, 최고 기술력의 제품들이 거의 없다. 새로이 소매업계의 제왕으로 떠오른 아마존에서 파는 제품들도 마찬가지이다. 마케터가 원하는 제품은 목표고객이 원하는 가치를 전달할 수 있는 제품이다. 가치는 제품이 주는 혜택과 제품을 소유하기 위해 들어가는 비용을 총체적으로 고려한 값이다. 그래서 마케터는 고가격의 최고 제품만을 개발하려는 엔지니어가 두렵다. 또한 다양한 고객의 요구를 반영하려면 많은 종류의 제품이 필요한데, 제조 효율성 때문에 제품 종류를 줄이려는 제조 엔지니어들 역시 마케터는 부담스럽다.

엔지니어와 마케터의 입장에서는 자신의 과업을 잘 이행하기 위해서는 서로 다르게 접근할 수밖에 없다. 그래도 서로 다르지만 소 닭 보듯이 할 수는 없다. 기업의 입장에서는 성과를 내야 하기 때문이다. 경영자 입장에서는 서로 정반대인 두 그룹을 같이 협력하게 해서 최종 제품의 가치를 높여야 한다. 엔지니어들은 직접 마케터가 될 필요는 없지만, 최소한 마케터들이 말하는 마케팅이 무엇이고 어떤 생각을 하는지 이해할 필요가 있다. 싫든 좋든 부딪히면서 일을 해야 하기 때문이다. 더욱 중요한 이유는, 일의 강도도 세고 창의적인 기술 및 제품 개발을 위해 엄청난 시간과 노력을 투입해야 하는데, 이러한 투입에 대하여 보상을 더 크게 받아야 하기 때문이다. 더구나 엔지니어는 마케팅의 도움이 있으면 아이디어를 찾거나 제품 콘셉트를 찾기도 용이

하고, 개발한 제품에 대한 가치도 높여 적절한 수준이나 그 이상의 보상을 받을 수 있다. 노력의 방향을 미리 정하고 기술 개발 및 제품 제조를 하여, 시간과 노력을 줄일 수도 있다. 비용 절감이나 시간 절약이라는 명제하에 마케터와의 협력이라는 기본적인 과정을 거치지 않고, 기술 개발이나 제조 시스템에 투자를 진행하는 비율이 높으면 높을수록, 나중에 기대 이하의 성과가 부메랑으로 되돌아온다.

엔지니어와 마케터가 협업하는 효과적인 방법을 알고 있으면, 본업인 엔지니어 일을 더욱 성과 있게 잘하는 것은 물론, 나중에 관리직이나 경영자로서 일할 때도 이를 활용하여 회사에도 도움이 되고 더 큰 과제를 성공적으로 마무리하는 중요한 사람이 될 수 있다. 협업하는 좋은 방법은 상대방을 이해하는 일이다. 엔지니어로서 마케팅의 과정이나 필요성, 활용 방법 등을 잘 알면, 마케터와의 협업이 훨씬 쉬워지고 협업의 성과도 높아진다. 엔지니어가 사용하는 언어는 마케터가 사용하는 언어와 다르다. 엔지니어와 마케터가 같은 단어를 말하는데 그 의미는 다를 때가 많아, 서로 충분히 이야기했는데도 잘못 이해하는 경우가 많다.

더구나 엔지니어 입장에서 마케터들은 주로 말로 일을 해서, 기술을 설명해도 기본적인 지식이 부족해 이해를 못한다고 생각할 수 있다. 그러나 지금은 마케터들도 기술적인 이해가 높은 경우도 많고 통계학, 빅 데이터 분석, AI 등을 직접 업무에 활용하므로, 조금만 더 노력하여 공통의 지식을 확인한다면 본인의 기술을 알기 쉽게 설명하여 마케터들의 이해를 높일 수 있다. 그렇지 않고 무시하여 전혀 설명을 않거나, 혹은 너무 자세한 기술 정보를 전달하면 서로에게 담을 쌓게 하는 일이 벌어진다. 그래서 엔지니어와 마케터들은 같이 식사하는 자리도 많이 만들어 상호 이해를 바탕으로 의사소통을 위한 공통의 방법을 찾는 것이 중요하다.

한편 학교나 공공 연구소에 있는 엔지니어는 협업을 할 수 있는 사정이 더욱 열악하다. 더욱이 제품 개발에까지 가지 않는 기초 기술 개발이 주어진 과업이고, 그 결과를 논문으로 발표하거나 새로운 프로젝트를 성사시키는 것이 주요 과업인 경우에는 구태여 마케터와의 협업을 찾지 않게 된다. 왜냐하면 기술 개발만 해도 이미 상당한 부하가 걸리기 때문이다. 그렇지만 이제는 학교나 공공 연구소도 기업과 힘을 합쳐 비즈니스가 가능한 연구 개발, 기술 개발을 추구하여야 할 시점이다. 학교의 마케팅 인력이나 외부 전문가들과의 협력을 통하여 비즈니스 모델에 관한 고민도 하고, 기술 개발 방향도 시장에서 수용 가능하도록 노력을 기울여야 한다.

[그림 3]은 엔지니어와 마케터의 대화를 보여준다. 전형적인 엔지니어와 마케터의 특성을 잘 표현하고 있다. 엔지니어는 아니나 다를까 최고의 제품을 만들었고, 마케터는 고객이 원하는 특성을 강조하려고 한다. 그런데 엔지니어가 만든 제품은 마케터가 원하는 바를 만족시킬 수 없고, 마케터에게 고객을 만족시킬 제품이 없다. 결국 둘 다 실패하게 되는 케이스이다. 한편으로는 이해는 가지만 기업으로 볼 때 이런 상황을 만들면 절대로 안 되고, 엔지니어와 마케터들도 혼자서 열심히 해도 성과가 안 나온다. 서로 협력적 관계를 만들어 최고의 가치를 목표고객에게 전달하도록 하여야 한다. 그렇게 해야 업무도 효과적, 효율적으로 할 수 있어 원하는 일과 생활의 균형을 이룰 수 있다(엔지니

어와 마케터의 협업방법은 26장 참고).

[그림 3] 마케터와 엔지니어의 대화

4장 엔지니어를 넘어서 기업가로: 비즈니스와 비즈니스 모델의 이해

왜 엔지니어들이 마케팅을 알아야 하고, 어떻게 활용할지에 대한 기본 이해는 비즈니스 전반을 살펴보면 알 수 있다. 엔지니어와 마케터들은 비즈니스를 위하여 힘을 합쳐야 하고, 협력의 최종 목적은 고객이 자사의 제품을 선택하여 사도록 하는 것이다.

기술기반의 기업들이 처음 시작할 때 중심 축은 엔지니어가 되는 경우가 많다. 그런데 엔지니어로는 탁월하다가 막상 비즈니스를 할 때 실패하는 경우가 많다. 왜냐하면 엔지니어의 특성을 버리지 못하고 비즈니스에 필요한 고객에 대한 이해, 경쟁 및 시장에 대한 통찰, 수익을 어떻게 창출할 것인지에 대한 대비, 필요한 자본의 조달, 인적 자원의 효과적 관리 등 많은 부분에서 부족한데, 이러한 것을 균형 있게 이해하고 관리하지 못하기 때문이다. 이런 상황을 효과적으로 극복하기 위해 비즈니스 모델은 새로 시작하거나 기업을 운영 중인 엔지니어에게 균형 있는 시각과 좋은 관점을 제공해 준다.

우리나라 한 중견기업이 전기버스를 개발하면 유망할 것 같아 국가서 지원하는 기술 개발 과제에 응모하여 선정되었다. 몇 년의 노력과 자원 투자 끝에 관련 기술을 개발하고 전기차를 생산할 능력을 갖추었다. 그러나 기술 개발 전 미처 고려하지 않은 것이 값싼 중국 전기버스와 국내 글로벌 대기업의 전기버스에 대한 것이었다. 가격으로는 중국에 밀리고 브랜드나 품질에서는 국내 대기업에 밀려 그동안의 노력이 수포로 돌아갈 위기였다. 기술 개발의 성공이 오히려 기업에는 골칫덩어리가 되었다. 아직 그 회사 전기버스의 소식을 듣지 못하고 있으니 아마도 사업을 진행하지 못한 것 같다. 기술 개발을 위한 노력은 존중되어야 하나 비즈니스 전반을 사전에 철저히 검토하는 것이 필요하다.

비즈니스는 중요한 경영원칙 아래 운영이 된다. 첫 번째 경영원칙은 **효과성**(effectiveness)이다. 이는 주로 기업이 가야 하는 방향을 제대로 파악해야 한다는 의미이다. 기업의 미션이나 목적에 담기기도 한다. 단순히 매출 얼마, 성장률 얼마의 개념은 아니다. 어디로 가야 하는지를 모르면 열심히 하는 것이 오히려 해가 될 수 있다. 예를 들어 서울로 가야 하는데 부산으로 가도록 방향을 잘못 잡았다면 열심히 가면 갈수록 결과는 더 나빠진다. 잠깐 시간을 내어 태어난 고향집이 어느 쪽인지 방향을 가리켜 보기 바란다. 아주 단순한 과업이지만 정확하게 방향을 찾기가 쉽지 않다. 걸어가다가 자전거를 타게 되면 더욱 더 결과가 나빠진다. 기업이 가야 하는 방향을 정하기 위해서는 기업의 리더는 주변 환경의 변화와 시장 환경, 경쟁자의 움직임 등을 종합적으로 고려하여 바른 판단을 하여야 한다. 그리고 이러한 결정은 기업이 일상적으로 운영될 때 의사결정의 지침이 된다. 우리가 가고자 하는 방향과 맞는 결정인지 확인한 후 맞으면 "Go"를 실행한다.

두 번째 원칙은 **효율성**(efficiency)이다. 효율성은 산출/투입의 비율을 최대화하는 것을 의미한다. 주로 회사의 위기 상황이 발생하거나, 이익을 최대화해야 하는 시점에는 투입을 줄이려는 시도를 많아 한다. 물론 같은 조건이면 투입을 줄일 수 있으면 줄여야 한다. 투입의 크기를 결정할 때는 산출에 어떤 영향을 주는지를 면밀히 파악하여야 한다. 투입을 줄이는 데 산출이 더 큰 비율로 떨어지면 효율적 결정이 아니다. 투입을 늘릴 때도 이에 상응하여 산출은 더 큰 폭으로 올라야 효율성이 증대된다. 우리가 잘 아는 세계 최대의 소매기업인 월마트는 매일 최저가(Every Day Low Price)를 모토로 비즈니스를 운영하여 세계 최대 매출의 소매기업으로 성장하였다. 최저가로 제품을 공급하기 위해 창업자는 픽업 트럭을 타고 다니는 등의 모범을 보여, 낭비를 하지 않는 기업 문화를 만들었고, 글로벌 소싱 능력을 최대로 하여 저가 구입을 달성했다. 또한 전 세계의 매장 내 재고량이 엄청나므로 이 비용도 줄일 수 있는 방법을 찾았다. 그 결과 재고를 최저로 가져가면서도, 고객이 제품을 찾을 때 없어서 못 파는 경우를 없애기 위해, 최대 공급업체인 세계 제일의 소비재 회사인 피엔지(P & G)와 협력하여 일정 수준 이하로 재고가 떨어지면 별도의 프로세스 없이도 바로 피앤지에서 제품을 공급하여 진열하도록 했다. 이것이 가능했던 이유는 인터넷이 없던 당시에, 위성 통신을 이용하여 월마트와 피엔지를 연결하여 정보를 공유했기 때문이다. 비용을 줄이려는 목적으로 오히려 과감한 IT 투자를 실행했다. 그 결과 재고비용이 감소한 것은 물론 재고의 보관기간이 줄어들어 상품의 훼손율도 감소하는 부가적인 이득을 보았다.

물론 이 두 가지 원칙 외에도 유연성 등 다른 원칙들이 제안되기도 한다. 앞으로 점점 글로벌 경쟁이 심해지고 거래가 투명해지고 있어, 실력으로 살아남아야 할 것이다. 이 두 가지 경영원칙하에 비즈니스가 운영되면 기업의 성공 확률을 높일 수 있다.

비즈니스를 판단할 때 중요한 요인들이 있는데 이들의 전체적인 관계를 단순하면서도 유용하게 보여주는 비즈니스 모델이 [그림 4]에 정리되어 있다. 다양한 형태의 비즈니스 모델이 있지만 단순하면서도 비즈니스 성공 방정식을 알 수 있어 많이 활용되는 모델이다. 크게 Who, What, How, Why의 네 가지 요인으로 비즈니스를 설명하고 있다.

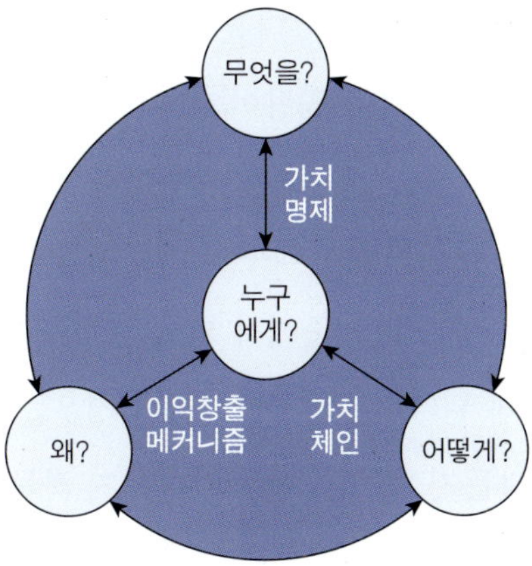

[그림 4] 비즈니스 모델

목표고객 선정

첫 번째 요인은 누구(Who)로 대표되는 목표고객이다. 기업은 최종적인 거래 혹은 판매가 일어나야 생존할 수 있는 조직이다. 시장에서의 경쟁이 심해질수록 경쟁에서 이길 수 있는 목표고객을 선정하는 것이 매우 중요해진다. 두리뭉실 적당한 제품으로는 내 시장을 확보하지 못해 기업에 치명적인 결과가 나올 수 있다. 고객이 기업일 수도 있고 일반 소비자일 수도 있는데 그 어떤 경우라도 일부 예외적인 경우를 제외하고 최종 거래 결정은 고객이 한다. 즉, 내 역량으로 고객이 원하는 제품을 제공하지 못하면 경쟁에서 지게 된다. 그렇다고 매력적이지 않은 고객의 경우에는 팔 수 있더라도 이익이나 장기적 성장에 해가 될 경우가 많다.

기업에 적절한 고객을 선정하는 기준은 두 가지이다. 하나는 그 고객이 기업에 매력적인지 여부와, 다른 하나는 그 고객을 확보하기 위해 경쟁기업보다 우리 기업의 역량이 더 나은가 하는 것이다. 시장은 다양한 특성과 요구를 하는 고객들로 이루어져 있고 이 고객들을 유사성을 기본으로 하여 군집화하여 다수의 세분시장으로 나누어 묶는다. 동일한 고객군(혹은 세분시장) 중에서 기업은 매력적인 고객군(세분시장)을 먼저 선택하게 된다. 고객이 매력적인 경우는 매출이 많다든지, 성장 가능성이 높다든지, 협업이 용이하다든지 하는 요인들의 총합이 클 때이다.

기업은 매력성이 높은 세분시장들에서의 경쟁적 역량이 충분한지 검토하여야 한다. 제품의 질, 가격, 편의성 등의 조건에서 내 기업이 경쟁사 대비 경쟁력이 있어야 내 제품이 선택되고 거래가 시작된다. 최종 선정된 목표고객은 매력적이면서도 기업의 경쟁력이 있는 한 개 혹은 다수의 고객군이 된다.

기업에 맞는 목표고객을 선택하는 과정은, 기업에게 고객과 경쟁자

시장에 관한 많은 정보를 제공한다. 고객의 욕구와 원하는 바를 파악할 수 있고 특성 혹은 프로파일을 정립할 수 있다. 경쟁에서 이기기 위한 기업의 역량 부분도 파악하여 집중적으로 관리해야 한다. 어느 기업도 모든 분야에서 경쟁력을 다 갖추기에는 불가능하므로 선택과 집중을 위해 스스로의 역량 파악이 중요하다.

경쟁력 평가를 위해서는 엔지니어들의 역할이 필요하다. 그런 평가 과정에서 고객이 원하는 제품 개발 방향을 확인하고, 노력을 집중하여 역량을 강화하고, 기술 개발 및 제품 개발을 하게 된다. 더 나아가, 항상 부족한 기업 자원을 효과적, 효율적으로 사용할 수 있다. 또한 이렇게 탄생한 제품은 – 목표고객이 원하는 것이라 – 선택이 용이하고 가격에 대한 저항이 적어 이익을 높일 수 있다.

제공물의 선택

무엇(What)에 관한 선택은 누구(Who: 목표고객)와 밀접한 관련이 있다. 기술, 제품을 포함한 다양한 형태의 가치를 고객에게 총체적으로 전달하게 된다. 가치의 크기는 물론 고객이 결정하게 된다. 기업의 입장에서는 어떤 가치를 목표고객에게 전달할 것인지에 관한 의사결정을 하고, 엔지니어를 포함한 전사의 모든 부서들이 공동의 목표를 가지고 협력하여야 한다. 기업에서 제공하는 가치를 공동으로 노력하여 달성하고자 모든 구성원이 이해하고 동의한 명제를 소위 가치명제(value proposition)라고 한다.

가치명제의 달성

누구와 무엇이 결정되면 다음은 어떻게(How)를 선택하게 된다. Who와 What의 결정으로 다양한 방법 중 How의 선택이 용이해지고 구체화될 수 있다.

전사적인 가치명제를 달성하고, 보다 나은 가치를 고객에게 전달하기 위해서는, 고객의 원하는 바를 충족시키기 위해 기술 개발, 제품 개발, 제조공정 등의 분야에서 목표를 가지고 엔지니어들은 노력하여야 한다. 물론 구체적인 방향에 관해서는 마케팅 부서와 협의해서 정하는 것이 좋다.

마케터들은 가치를 높일 수 있는 다양한 방법을 사용한다. 브랜드의 구축, 적절한 애프터서비스 제공, 고객 맞춤형 커뮤니케이션의 결정 및 전달, 고객 맞춤형 가격 설정, 구매 방법의 편의성 증대, 여러 가지 판매 촉진활동의 시행 등을 가치 증대라는 목적에 맞게 최적으로 조합하여 실행에 옮긴다. 물류, 재무, 인적 관리, 회계 등 기타 부서도 마찬가지로 가치명제 달성을 공통의 목표로 삼아, 협력을 기반으로 각 부서의 과업을 실행해야 한다.

특히 가치명제 달성 방법에 대한 엔지니어들의 기여는 아주 중요하다. 고객 요구사항을 반영한 제품 개발을 위해서는 아이디어 창출, 제품 개념 설정 및 테스트, 제품 개발, 시장 테스트, 비즈니스 계획 구축, 시장 진입에 이르기까지 모든 과정에서 전사적인 가치명제 달성을 위한 세부적인 노력이 요구된다(23장 참고). 제조 부문도 질 좋은 제품을 싸게 만드는 접근 방법에서 고객에게 더 나은 가치를 제공하는 제조 시스템 혁신을 통한 실행이 요구된다. 4차 산업혁명의 강조점도 고객 가치를 제고하기 위한 개인 맞춤형 제조시스템의 구축과 활용이다(구체적인 예는 책 내용 중 26장 참고).

이익 창출

컴퓨터 산업의 거대 기업인 델사는 최초로 대량 고객맞춤형 생산 방식과 고객과의 직거래 방식을 이용한 비즈니스 모델을 활용하여 성공했다. 경쟁기업인 HP사는 제품을 생산하여 하드웨어를 파는 회사였는데, 최근 필요제품을 구독을 통해 구입하도록 하는 서비스 회사로 변모하여 높은 영업이익을 올리고 있다. 아마존은 늘어난 고객군을 상대로 다른 제품 추천을 통한 교차 판매 방식을 도입하여 성장하였고, IT 활용에 능해 자사에 필요한 클라우드 역량을 활용하여 다른 회사에 빌려주는 사업을 통해 대부분의 수입을 올리고 있다.

기업의 입장에서 중요한 사항 중 하나는 이익을 높이는 일이다. 매출이 아무리 많아도 이익이 나지 않는다면 기업의 장기적 생존에 문제가 된다. 이익 창출을 하는 방법은 다양한데 어떤 이익 창출 모델이 우리 기업의 현재 상황에 적합한지 검토하여 채택하여야 한다. 제품을 팔다가 렌트로 돌려 사후 서비스 제공으로 이익을 창출하는 모델, 구독을 통하여 수익을 올리는 모델, 원스톱 쇼핑을 저렴하게 하는 슈퍼마켓 모델 등 이미 다른 분야에서 성공적인 이익 창출 모델들도 참고해야 한다. 시장환경이나 기술의 발전으로 새로운 이익 창출 모델이 나올 수 있음을 염두에 두어야 한다. 직접 새로운 수익 창출 모델을 도입하는 것도 바람직하지만 다른 산업에서 성공적인 수입 창출 모델도 관심을 가지고 연구하면, 현재 영위하고 있는 비즈니스의 수익 모델로 활용할 수 있을 것이다.

최적 비즈니스 모델 구축과 혁신

성공하는 기업의 비즈니스 모델을 사후적으로 검토해 보면 앞의 네 가지 요인의 연계가 잘 되어 있다. 현재의 비즈니스 모델을 틀에 맞추어 보면 모든 요인이 적절히 다루어지고 평가가 되어 있는지, 각 요인들의 연계가 잘 되어 있는지 등을 분석해 볼 수 있어, 문제점이나 수정 사항을 찾을 수 있다. 이러한 분석을 토대로, 더 나은 비즈니스 모델을 만들려고 해야 한다. 엔지니어가 주도하는 스타트업의 경우 비즈니스 모델 논의가 주로 how에 집중되어 있고 다른 요인들은 막연한 아이디어만 있는 경우가 대다수이다. 이 경우 시장에서 실패할 확률이 매우 높고 실제로 대부분의 경우 실패를 한다.

그리고 현재 성공적인 비즈니스를 하고 있더라도, 기술 변화, 국제 정세, 기후 변화 등 중요한 변화가 진행 중이고, 강력한 글로벌 경쟁자는 항상 대두할 것이므로 성공적인 비즈니스 모델로 계속 혁신하여야 한다. 컴퓨터 업계에서 한때 세계 제일이었던 IBM은, PC 사용의 초창기에 최고의 제품 질과 서비스, 브랜드(brand)를 바탕으로, 앞서가는 기업고객과 전문직 종사자를 위한 프리미엄 컴퓨터를 고가에 제공하여 성공하였고, 시장에서의 지위가 영원히 갈 것처럼 보였다. 그런데 시간이 지나 PC 사용이 확산되면서, 특정 성능을 자주 사용하는 전문가(techy) 집단이 대두되었다. 속도가 빠른 PC가 필요하거나 메모리가 큰 컴퓨터가 필요한 집단, 디자인을 위한 기능이 뛰어난 컴퓨터를 원하는 집단 등의 다양한 수요가 발생했다. 이런 수요를 맞춰 주기 위해 델은 선주문 후제조 방식과 고객과의 직거래를 도입하여 고객 요구에 맞추고 가격도 인하하여, 컴퓨터 산업 1위로 올라섰다. 델이 처음 시도한 대량 맞춤형 생산 시스템은, 지금도 다른 산업에서도 거의 구현이 되고 있지 않는 최고의 경쟁력을 가진 방식이다. IBM은 그 후 컴퓨터 산업에서 철수하고 지금은 컨설팅 비즈니스 기업으로 전환하였다.

비즈니스 모델 활용 시 주의 사항

비즈니스 모델을 활용할 때 사람들이 가지기 쉬운 편견들이 있는데 이를 극복하여야 한다. 우선 잘 만들어진 비즈니스 모델들은 천재들이나 만든다고 생각할 수 있다. 그러나 잘 구성된 절차를 따라 만들어 가면, 일반적인 기업인들도 할 수 있다. 경우에 따라서 프로세스를 잘 아는 전문가의 도움을 받으면 된다.

그리고 자원이 많은 대기업들이 잘 할 것이라고 생각하지만, 스타업들도 쉽게 이 방법을 적용하여 좋은 비즈니스 모델을 도출할 수 있다. 그리고 처음부터 내가 새로이 창의적으로 만들어야 하는 것만이 아니라, 이미 타 분야에서 잘 활용되고 있는 성공적인 비즈니스 모델을 가져다가 적절히 기업 및 시장 환경 등을 반영하여 현실에 맞게 조정하여 사용하여도 큰 성과를 낼 수 있다.

기술 개발 혹은 제품 개발에 드는 비용, 시간, 새로운 제조 시스템을 설치하는 비용을 생각하면, 비즈니스 모델 개발 및 활용에 들어가는 비용, 시간은 거의 무시해도 좋을 정도이므로, 적극적인 자세로 비즈니스 모델을 만들고 환경 변화에 따라 조정해 나가는 것을 습관적으로 해야 한다.

참고문헌

Grassmann, O., K. Frankenberger, and M. Csik (2014), *The Business Model Navigator,* Pearson Education Limited.

2절

독일 그리고 미국 기업의 성공 방정식과 엔지니어의 역할

시간이 지날수록 사람들이 가지는 기술적 역량은 급속히 확대된다. 우리도 이러한 추세에 참여하여 더욱 경쟁력을 쌓도록 해야 한다. 기술적으로 앞서가고 비즈니스의 트렌드를 이끄는 나라들은 미국, 독일 등 최선진국들이다. 이들 나라에서 엔지니어의 역할은 매우 중요하다. 기업의 성공을 위해서 엔지니어가 비즈니스를 단독으로 하지 않고, 마케터를 통한 고객에 대한 이해, 정보 획득 등을 잘 활용하고 있다. CEO와 엔지니어들 역시 고객과의 관계 정립에 많은 노력을 기울인다. 때문에 독일, 미국의 혁신적 기업들의 시장 점유율과 수익 역시 높다. 성공적인 기업에서의 마케팅 역할을 잘 이해하면 비즈니스의 성공을 위해 도움이 된다.

2절 내용 일부는 이의훈 저(2017), 스타트업에서 글로벌 챔피언으로, 도서출판 창명에서 인용하였음

5장 참 대단한 독일, 독일 기업

세계 선진국들 중 제조업 비율이 높은 나라가 독일이다. 계속되는 기술 개발과 비즈니스화를 성공적으로 진행하고 있다. 또한 자율화, 개별화로 설명되어지는 4차 산업혁명을 주도하고 있고 엔지니어들의 역할이 두드러진 나라이다. 따라서 제조업이 중심이 되는 우리나라가 배워야 할 국가이다.

1, 2차 산업혁명 후 최고의 공업국가로 부상한 독일에서 자본주의를 공격하는 세력이 대두되고 특히 독일의 사회경제 시스템 형성에 영향을 미친 이유를 살펴볼 필요가 있다. 상업자본주의 시대에 식민지 수탈로 자본 축적을 시작한 유럽의 영국, 프랑스, 네덜란드, 벨기에 등과는 다르게 독일은 오랫동안 분열되어 있었고 통일 후 힘을 가졌을 무렵에는 수탈할 식민지가 남아 있지 않아 전적으로 국내의 노동력에 의존해야 했다. 자본 축적에 대한 노동자의 기여가 커서, 이들을 대우하기 위한 사회주의 정책이 많이 만들어졌다. 그 전통이 남아 지금도 독일은 사회주의 정책을 많이 채택하고 있다. 무상의료, 무상교육, 임

차료 상승 제한 등은 대표적인 것이다.

하지만 좀 더 자세히 파악해 보면 사회적 비용을 아무런 원칙이나 기준 없이 집행하는 개념은 아니다. 교육비는 무료이지만 교육에 대한 투자는 철저히 각자 다른 재능을 가진 인재를 길러내도록 하고 있다. 대학을 진학하는 사람은 물론 있지만 담임교사의 오랜 평가에 의해 직업학교가 적성이 맞다고 판단되어 추천하면, 과감히 대학을 포기하고 직업학교로 진학하여 산업에 필요한 인재로서 육성된다. 대학에 진학하더라도 선택한 전공에서 적응하지 못하고 실패하면 다시 대학을 다닐 기회는 제공하지만 실패한 전공을 다시 선택하지 못하게 하도록 하고, 그 전공을 선택하면 교육비를 지원하지 않는다. 실패에 대한 벌로써 실패 기간의 생활비는 자비로 부담하도록 한다. 이런 식으로 교육의 경우, 철저히 개인의 재능과 적성에 맞추어 필요한 분야에서 적합한 역량을 갖출 수 있도록 투자를 한다. 모든 사람에게 같은 교육을 제공하는 그런 교육이 아니다.

흔히 국립대학인 독일 대학들은 수준이 높다고 한다. 그래서 자주 대두되는 주장은 우리나라 국립대학을 통합하자는 것이다. 그러나 실제로 독일 대학들은 대학별로 내부적으로 학과나 연구소가 경쟁하여 경쟁력 있는 곳을 중점 지원한다. 그 결과 대학의 모든 학과나 연구소가 다 좋은 것이 아니라 특정 학과와 연구소만 최고이다. 이런 경쟁은 끊임없이 일어난다. 이러한 불평등한 지원과 경쟁을 우리 국립대학들이 받아들인다면 더 좋은 국립대학이 될 것이다.

특히 우리나라 대학과 다른 것은 대학이 연구소 중심으로 운영된다는 점이다. 솔루션 제공을 위해 솔루션을 해결할 전공 불문 최고의 교수와 학생들이 모여, 연구소 중심으로 융합연구가 진행되며, 교수와 학생들은 아이디어와 기본적 지식을 창출하고, 제품 프로토콜은 오랜 경험을 가진 현장 직원들이 기업이 활용할 수 있게 만들어 현업에 제공한다. 더구나 대학에는 비즈니스에 필요한 지원(금융, 마케팅 등)을 하는 별도의 조직이 있어 사업화를 용이하게 돕는다. 연구소 산출물로 비즈니스를 시작하는 기업들은 시작부터 최고의 기술과 능력 있는 비즈니스 지원을 받는다.

독일은 노동자 친화적 사회정책의 실행으로 사회적 비용이 많이 드는데, 해결책으로 수익력 높은 기업들을 육성하여 사회적 비용을 충당하는 접근법을 사용한다. 독일 기업들의 경쟁력과 국가에의 기여도는 이미 잘 알려져 있다. 기술력은 1, 2차 산업혁명 후 이미 세계 제일이었고, 글로벌화의 덕을 가장 많이 보았다. 세련된 마케팅은 서툴지만, 글로벌 고객을 세계 어느 기업보다 자주 찾아가고, 새로운 제품이나 사업에 대한 컨설팅을 제고하여 좋은 평가를 받고 있다. 그 결과 세계 최고의 수출액을 자랑하기도 했고 무엇보다도 1인당 수출액은 압도적으로 1위이다(이 분야에서 2위인 우리나라보다 30~50% 정도 높다). 무엇보다도 수익력이 높아(교환 시 제품에 대한 인식된 가치가 높아야 가능함) 수출의 양과 질적인 측면에서 세계 최고이다.

4차 산업혁명을 시발한 정책인 독일의 industry4.0도 세계 최강 기업의 경쟁력을 한층 제고하려는 독일 정부와, 기업 등 민간 부분의 합작으로 계획이 수립되고 실행되고 있다. 현재 세계 최고의 기업을 보유하고 있지만 새롭게 대두되는 Big data, 로봇, 센서, AI, 5G 등 기술을 활용하여 기업을 digital transformation하고 특히 제조 분야는 자율화된 생산 시스템을 구축하고 있다. 이는 기존 기업의 가치 창출 방법보다 훨씬 진일보한 것이다. 이렇게 기술경쟁력을 지속적으로 더 강하게 만들어서, 기업이 사회와 국가가 필요로 하는 사회적 비용을 계속 창출하도록 도모하고 있다. 다시 말하면 사회적 비용을 기업의 경쟁력 제고를 통하여 확보하여야 함을 잘 이해하고 있고, 지속적으로 이것이 가능하도록 정책을 추진하고 있다.

독일의 대표적인 기업들은 우리가 잘 아는 자동차 회사, 그리고 의료기 지멘스, 기업 소프트웨어 SAP, 스포츠 분야 아디다스 등이지만 일반적인 독일 기업의 특성을 보려면 그보다는 좀 더 규모가 작은, 독일 경제의 주역인 히든챔피언을 알아보는 것이 좋다. 히든챔피언에 대한 연구는, 독일의 시몬스(Simons) 교수가 독일의 기업이 대기업 위주도 아닌데 왜 경쟁력이 높을까 하는 의문을 제기하면서 시작되었다.

독일을 중심으로 하는 히든챔피언들은 정말 대단한 기업들이다. 틈새시장에서 장인정신으로 기술을 개발하면서, 기업을 시작한 지 평균 80년 이상 해당 분야에서 성장하여 지배해 왔다. 히든챔피언은 시몬스 교수의 정의에 따라, 글로벌 시장별로 세계 1~3위에 속하거나 대륙에서 1위하는 기업을 말한다. 시장의 범위는 넓지 않게 정의하고 그 안에서 압도적인 경쟁력을 자랑한다. 전 세계에 2천여 개 정도이고 독일이 천여 개로 가장 많고 독일과 가까운 국가들도 히든챔피언 기업들을 가지고 있다. 그 외 미국, 일본 등이 많이 보유하고 있고 현재까지 알려진 자료로는 한국은 20여 개 정도의 히든챔피언 기업이 존재하는 것으로 나와 있다. 이들의 규모는 일반 중소기업보다 몇 배 크며 지금도 계속하여 성장 중이다. 그중 일부 기업은 급속히 성장하여 대략 7조 원이라는 '히든이라는' 기준을 넘어 소위 Big champion으로 성장하였다. 이들은 우리 기준으로는 대기업군에 속하지만 약간 사업의 범위를 넓힌 것 외에는 기본적으로 히든챔피언 시절의 특성을 유지하고 있다. 다시 말하면 자신의 시장에서 글로벌 최고라는 의미이다.

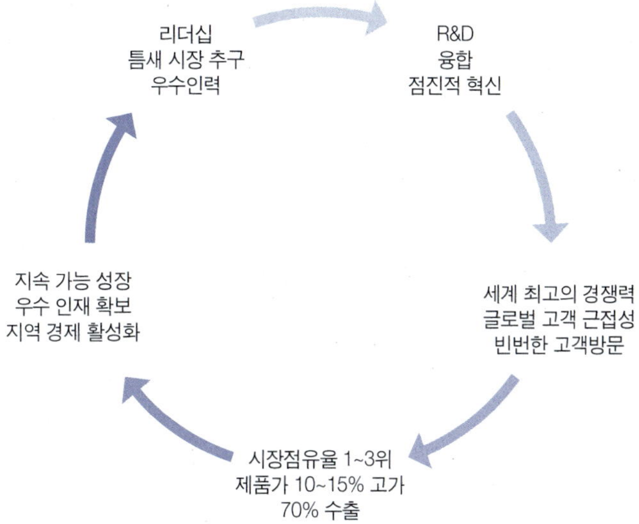

[그림 5] 히든챔피언 선순환 성장

히든챔피언의 선순환 성장의 시작은 기회가 있는 틈새시장의 발견과, 목표를 흔들림 없이 따라가도록 기업과 직원들을 인도하는 리더십이다. 남들이 다 탐내는 시장을 마다하고 시장 규모는 작지만 그 기업의 노력에 따라 차지할 수 있는 소규모 틈새시장을 노리는 것이 첫 번째 출발점이다. 물론 목표도 원대하게 한다. 처음부터 자기 분야의 글로벌 top을 노린다. 따라서 회사를 만들어 나가는 것도 최고가 되기 위한 과정이 된다.

큰 시장에서 많은 기업들이 실패하는 이유는 강력한 경쟁자를 꺾을 역량이 없는 상황에서 도전한다는 것이다. 히든챔피언들의 현명함은 자신의 역량이 충분히 활용될 수 있는 틈새시장을 노리는 것이다. 시장이 비어 있으므로 내가 할 일은 이 시장을 위한 최고의 제품을 준비하는 것이다. 최고의 제품을 목표로 기술에 벽을 치지 않고 관련 기술을 다 모아 소위 융합을 한다. 기업을 위해 최고의 솔루션을 제공하는 것이 융합을 통해 가능해진다.

한 번 최고의 제품으로 자국 내의 틈새시장을 차지하고 나면, 다음 수순은 글로벌 시장으로 진출하는 것이다. 비록 기술력은 최고의 제품이나 새로운 글로벌 고객에게는 최고의 제품은 아닐 수 있다. 따라서 글로벌 고객에게 단순히 제품을 파는 것이 목적이 아니라, 새로운 고객이 만족할 수 있도록 고객 욕구를 제대로 파악하여 계속해서 그 고객을 만족시킬 수 있는 제품을 제공하여 만족시킴으로써, 고객과의 좋은 관계를 수립하여 나가는 것이 목적이 된다. 그러기 위해서는, 소위 고객 근접성이 또 하나의 원칙으로 작용한다. 중간에 대리인을 세우지 않고 멀리 있는 글로벌 고객도 직접 가까이 가서 봉사하는 것이다. 히든챔피언의 최고경영자들은 어떤 다른 형태의 기업의 최고경영자들보다 자주 고객을 방문한다고 한다. 물론 시간을 두고 점진적 혁신을 통하여 끊임없이 고객이 필요로 하는 제품을 제공하여 고객의 사업을 돕는다. 이런 노력이 계속해서 이루어지면 자연히 그 틈새시장에서는 글로벌 1위가 된다. 더 놀라운 것은 진정으로 고객이 원하는 제품을 최고의 질로서 제공하기 때문에, 고객 역시 경쟁사 대비 10~15% 높은 가격을 수용한다. 제품뿐만 아니라 고객의 사업을 돕는 자문이나 컨설팅까지 제공하여, 고객이 느끼는 가치를 더 높인다. 이러한 높은 가격으로 인한 현금 여력은, 우수한 인력을 계속해서 보유할 수 있게 해주고, 다시 최고의 제품이나 서비스 개발을 가능하게 하여 고객에게 그 혜택이 돌아가게 해준다.

이런 선순환은 계속해서 이루어지고 시장에서 위기가 와도 히든챔피언들은 시장에서 지속 가능한 성장을 유지할 수 있는 원동력이 된다. 더구나 히든챔피언들의 대부분은 독일계이고 독일은 지금 필요한 인력을 구하지 못하는 어려움을 겪고 있다. 임금도 대기업과 경쟁이 될 만큼 주고, 성장은 더 빠른 히든챔피언 기업들이 많은 젊은 인력들을 확보하기 때문에 인력난이 생기는 것이다.

잘 알려진 바와 같이 독일은 오랜 역사를 통해 지방분권이 되어 있고, 히든챔피언 기업들은 수도권에 모이는 것이 아니라 각 지역에 위치하여 지역 경제의 중심이 된다. 물론 사통팔방의 유럽 교통시스템이 지역에 위치하는 불편함을 덜어 주기도 하지만 이른바 "영주" 역할을 수용하여 지역 발전에 이바지하고 있는 것은 인상 깊다.

이러한 히든챔피언들의 빠른 성장이 계속되면 Big champion으로 탈바꿈하게 된다. 독일의 지멘스가 히든챔피언 출신이고 7명이 창업했던 기업용 소프트웨어의 글로벌 최강자 SAP도 히든챔피언에서 성장한 케이스이다. 이러한 Big champion이 계속 나올 것이고 경쟁력을 계속 유지하고 있기 때문에 글로벌 top임은 여전하다. 국내 대기업 중 자기 분야에서 글로벌 top이라고 주장할 만한 기업이 얼마나 있나 따져 보면 앞으로의 글로벌 전쟁이 두려워지기까지 한다. 요즘은 4차 산업혁명이 유행이다. 4차 산업혁명을 미리 준비한 대표적인 나라가 독일이며 그중 열심히 준비해 온 기업이 바로 히든챔피언들이다. 그들의 경쟁력을 계속 유지 혹은 더 강화하기 위하여 독일 기업과 산업은 Industry 4.0 계획을 스스로 만들어, 최근 들어서는 정부의 협력으로 가속화하여 미래를 준비하고 있다. 전 세계에 산재한 다양한 고객군들의 요구를 실시간으로 대응하기 위해, 제조방법을 지역화, 개별 고객 맞춤화로 비즈니스 방법을 진화시키고 있다. 이러한 노력은 결국은 기업의 미래 글로벌 경쟁력을 최소 유지 내지 더욱 증강시켜 경쟁기업을 초토화하는 결과로서 나타나고 있다.

이러한 계속적인 역량을 발전시켜 경쟁력을 확보하는 히든챔피언들의 모습을 보면, 마케팅이 주도적으로 이루어질 미래의 시장이 보인다. 마케팅이 우리 사회나 다른 나라들이 가지는 모든 문제를 해결할 수는 없겠지만, 오천만 대한민국 국민이 높은 생활의 질을 누릴 수 있게 하는 자원을 만들어 내는 데 기여할 수 있다는 희망을 히든챔피언들을 보면 가질 수 있다. 엔지니어들의 적극적인 가치 증가 활동에의 참여가 요구된다.

참고문헌

Simon, H. (2009), *Hidden Champions of 21st Century*, Springer.

6장 파괴적 가치의 미국 기업

자본주의가 가장 잘 적용되는 나라는 미국이다. 새로운 형태의 비즈니스가 계속하여 글로벌하게 성공하는 기업들을 배출하는 나라는 아직은 미국 말고 없다. 이유는 여러 가지가 있겠지만 정치세력들이 자본주의 이념을 공유한다. 물론 미국 정치인 중 민주당 쪽 사람들 중 일부는 사회주의에 가까운 정책을 주장하지만, 자본주의를 근본적으로 거부하는 것은 아니다. 시장에서의 자유로운 경쟁을 하고 작은 기업들도 능력이 되면 경쟁이 가능한 환경을 만든다는 점을, 사회 전반적으로나 정치권 모두 동의한다. 경쟁의 기본은 결국 누가 최고의 가치를 만드느냐이고, 모든 노력이 자유롭게 이루어져야만이 시장에서 승리할 수 있다. 제약이 있는 사회에서는 열심히 해서 어느 정도까지는 따라갈 수 있지만 최고는 될 수 없다.

최고의 가치를 만들기 위한 조건이 전부 구비된 나라는 미국밖에 없다. 그중 성공한 글로벌 탑 기업들이 결과적으로 기존 시장을 무너뜨리는, 파괴적 가치(파괴적 기술만으로 파괴적 가치를 줄 수는 없고 혹은 기술의 차이 없이도 다른 요소들을 이용하여)를 제공하여 승승장구하고 있다. 새로 부활한 마이크로소프트는 물론, 애플, 페이스 북, 아마존, 구글 등은 예외 없이 시장에서 파괴적 가치를 제공하는 미국 기업들이다.

성공적인 기업들 중에 성장은 물론 이익률이 매우 높은 기업들이 있다. 일반적인 거래 관행으로 보면 구매자나 구매기업이 높은 이익을 허용했다는 것이므로, 흔히 있는 일은 아니다. 또한 소비자들에게 직접 물건을 파는 애플은 수익률이 정말 높다. 날고 기는 기업들이 도전하는 상황에서 거의 이익의 70~80%를 혼자서 즐기고 있다. 이러한 기업들을 따라 하기가 어렵지만 수익률 제고를 장기적인 목적으로 삼아야 한다.

원리를 잘 이해해서 노력을 한다면 다른 기업들이 해내듯 나도 할 수 있다. 내 고객의 수요를 맞춤형으로 경쟁기업보다 훨씬 잘 봉사할 수 있으면, 설사 내 제품이나 서비스가 새로운 경우에도 내 것을 고객은 선택할 것이다. 이때 남들보다 훨씬 큰 가치를 전달하는데 이것이 "파괴적 가치의 전달"이다. 프리미엄 가격도 수용하게 되어 있다. 흔히들 기술적으로 뛰어난 파괴적 혁신을 강조하기는 하지만 파괴적 혁신으로 성공하는 경우가 생각보다 많지 않다.

이런 상황을 만들어 내려면 우선 내부적으로 경쟁기업이 넘보지 못할 핵심역량을 갖추어야 한다. 모방이 가능한 능력은 핵심역량이 아니므로, 경쟁으로부터 역량을 보호할 수 있을 때 비로소 핵심역량을 가졌다고 말할 수 있다. 엔지니어들이 결정적인 역할을 하는 부분이 바로 핵심역량 부분이다. 확보된 핵심역량을 활용하여 고객을 위한 제품을 만드는데, 이는 고객에 대한 깊은 이해를 바탕으로 하여야 한다. 고객을 빨리 이해하여, 자사의 신속한 디자인과 제조능력을 활용하여 고객이 원하는 디자이너 제품을 싸고 빠르게 공급하는, 자라(스페인 기업)를 비롯한 fast fashion 업체의 성공과 성장도 파괴적 가치전달을 통한 성공 사례이다. 애플의 경우에도 새로운 제품을 시장에 도입할 경우 기존의 제품보다 초기에는 성과가 뒤져 성공하기에는 시간이 걸린다는 종래의 믿음을 i-tunes와 app이라는 무기를 활용하여 초기부터 기존 제품들은 상대가 안 되는 가치를 전달하여 전무후무한 성공을 불러온 사례이다.

파괴적 가치를 제공하는 기업들은 남다른 제도도 시행한다. 새로운 것을 위하여 소위 "제품챔피언(product champion)" 제도 등을 시행한다. 뛰어난 아이디어가 있는 사람이 제품챔피언을 자원하면 기업은 필요한 인력 자원을 지원한다. 프로젝트가 이루어지고 끝나는 것은 기업이 정하는 것이 아니고 챔피언이 결정할 때이다. 보통의 기업들로서는 엄두를 낼 수 없는 일이다. 세계에서 새로운 제품을 가장 많이 런칭하는 3M이 대표적인 기업이다. 사회에서도 이러한 "챔피언" 제도를 운영하고 리더로서의 챔피언을 육성하고자 한다.

대부분 파괴적 가치를 제공하는 기업들은 고객 이해가 남들보다 뛰어나고 남다른 insights로 중무장한다. 미국의 연구 교육 시스템은 세계적으로 가장 다양한 분야에서 인간을 연구하고 가르치고 있다. 물론 기술적으로도 뛰어나지만 고객의 인식된 가치를 파괴적 수준에서 제공할 수 있는 지식을 기업에 제공한다.

미국 사회는 기본적으로 경쟁사회이고, 자유를 보장하고 풍부한 지식을 만들어 보급하고 성취지향적 사회이어서, 열심히 노력하고 사유재산을 보장하여 인간의 기본적인 삶의 목적을 충족시킬 기회를 준다. 물론 미국 사회도 많은 문제점이 있다. 아직도 인종 문제가 존재하고 여성 대통령이 나온 적이 없고 자유가 과다하여 총기 소유까지 허락하여 총기 사고가 잦은(물론 그 자유가 다른 부분에서는 좋게 사용된다) 등 부족한 것도 있다. 그러나 아직은 단점보다 정점이 많은 사회이고 특히 기업에게 가장 성공할 수 있는 이상적인 환경을 제공한다. 앞으로도 당분간은 파괴적 가치를 제공하는 글로벌 대기업은 대부분 미국 기업일 것으로 예측된다.

파괴적 가치전달은 확실한 성공을 보장하고, 참여하는 기업/조직이나 개인들이 다 행복하게 된다. 진짜 마케팅이 추구하는 최종적인 목표이다. 이러한 파괴적 가치전달은 확보된 기업의 능력을 바탕으로 경쟁기업보다 고객을 심층적으로 이해하고 활용하여 제공하는 제품/서비스 가치를 증대시킴으로써 가능하다. 반면에 기술 위주의 파괴적 혁신은 경우가 매우 드물기도 하거니와 시장 수용이 안 되거나 늦게 되어 곤란한 상황이 생길 수도 있다.

3절

마케팅과 구매자

마케팅의 기본은 고객이 원하는 바를 파악하여 그것을 제공하기 위해 노력하는 것이다. 그 노력의 결과 고객의 선택에 의해 판매가 발생하고 적절한 이익이 창출된다. 마케팅은 고객 이해를 바탕으로 기업이 경쟁기업보다 더 잘 봉사할 수 있는 목표고객을 정하고, 고객이 원하는 제품을, 고객이 원하는 가격에, 고객에 원하는 정보를 제공하고, 고객이 구매하고 싶어 하는 장소와 방식으로 전달하도록 노력하여 고객이 기업의 제품 혹은 서비스에 대해 최고의 가치를 인식하도록 하는 과정이다.

기업이 제공하는 제품에 대해 구매자들이 최고의 가치를 인식한다면 반대급부로 높은 가격을 받을 수 있는 조건이 형성된다. 높은 가격은 높은 이익과 직결된다. 이러한 상황을 만들어 글로벌한 성공 기업을 만들어 낸 것이 독일 중심의 '히든챔피언'들과 프리미엄 시장에 집중하는 애플, 루이비통 등의 회사이다. 우리는 산업화를 위해 열심히 노력해 왔고 희생도 많이 했다. 그 결과 우리도 선진국으로의 진입에는 성공했지만 아직도 기존의 선진국 수준의 생활의 질을 누리지 못하고 있다. 열심히 하는 것은 앞으로도 필요하지만 "스마트"하게 일하는 것도 익혀야 한다. 그래야 높은 가치를 인정받고 수익성 높은 비즈니스를 할 수 있고 그 결과로서 산출된 자원을 우리의 삶의 질을 높이는 데 활용할 수 있다. 그 방법을 제시하는 것이 마케팅이다.

마케팅을 실행하는 과정에 엔지니어들이 기여할 수 있는 분야가 많다. 제품의 기본 가치를 결정하는 제품 개발과 제조는 엔지니어들이 주로 담당하여야 하는 분야이다. 최근에는 물류, 유통 등에도 엔지니어의 기술적 도움이 필요하고, 고객 정보를 수집하는 고객 접촉, 빅데이터 관리와 AI의 활용 등에도 엔지니어가 기여할 수 있다. 때문에 엔지니어들이 마케팅을 잘 이해하면 가치 증대에 기여할 수 있고 가치 창출 후 만들어지는 결과물의 점유분을 증대시킬 수 있다.

7장 진짜 마케팅, 유사 마케팅, 그리고 사기 마케팅

엔지니어 입장에서는 기술 개발이나 제품 개발, 제조 역량 개발만 해도 이미 한 짐이다. 더구나 내 일을 잘 하고 있는 상황에서 구태여 또 마케팅을 알아야 하겠다는 생각이 들지 않거나 시간적 여유가 없을 가능성이 높다. 그런데 훌륭한 엔지니어가 시작한 기업이 실패하는 많은 경우는 마케팅에 대한 이해 부족이 가장 큰 이유로 대두한다. 따라서 엔지니어는 소중한 시간을 들여 마케팅의 구체적인 내용을 알 필요가 있다.

마케팅이란 용어는 우리들 일상생활 속에서 매일 사용되고 있다. 새로울 것도 없고 많은 사람이 이것이 무엇인지 잘 이해하고 있다고 생각한다. 그런데 저자의 경우는 대학교 시절 마케팅 과목을 들으면서 이해를 했다고 생각하는 마케팅의 의미가 수십년 마케팅과 살면서도 종종 다른 느낌으로 다가오곤 한다. 주위의 마케팅 교수들이 정의하는 마케팅도 제 각각이다. 그래서 마케팅은 이것이다 하고 한마디로 정의하기가 매우 어려운 용어라고 지금도 느끼고 있다.

제품을 판다, 구매자가 구매한다

일반적으로 마케팅은 기업에 의해 이루어지며, 기업이 제품을 "파는" 행위를 의미한다. 이때 기업은 판매자의 역할을 한다. 물론 파는 행위의 반대는 "사는" 행위이다. 일반 소비자가 살 경우 주로 본인이나 가족의 소비를 위해서이고, 기업이 살 때는 주로 자기 제품의 생산을 위해서이다. 흔히 우리들은 무엇이 먼저인지 알기 어려울 때 묻는 질문이 "닭이 먼저인가 달걀이 먼저인가"이다. 그러면 파는 것이 먼저일까 사는 것이 먼저일까? 아니면 동시에 이루어질까?

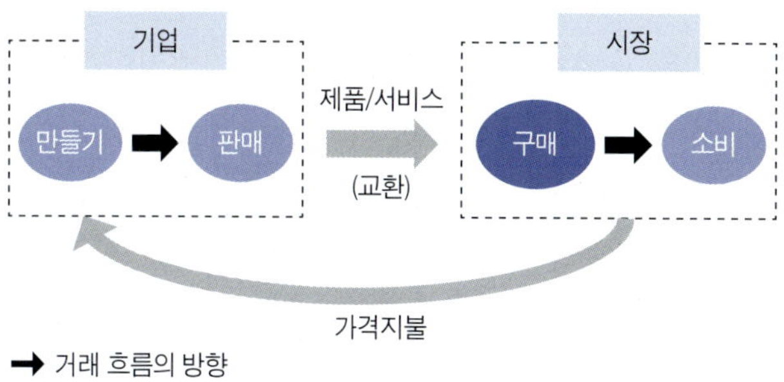

[그림 6] 판매 혹은 구매?

개인적인 경험으로는 역량 있고 자부심 강한 엔지니어들은 "제품을 판다"라는 생각을 하는 경향이 있다. 판매에 급급한 마케터들도 엔지니어들의 생각과 성격은 다르지만 역시 제품을 판다고 생각한다. 성과를 많이 내는 훌륭한 마케터들은 "구매자가 산다"는 입장을 고수한다. 누가 가르쳐서라기보다는 본능적으로 그렇게 인식하고 대응한다.

이쯤에서 "교환"에 관한 이해가 필요해진다. 현대 경제에서 필요한

"가치"들을 교환하는 행위는 매우 중요하다. 자급자족 시대에는 스스로 필요한 것을 만들어 사용하고 잉여분만 다른 사람과 필요한 물건으로 교환했었다. 대량생산이 가능해진 산업혁명 후로는 만드는 역할은 기업이, 소비하는 역할은 개인이 담당하게 되었다.

강압이나 속임에 의하지 않고 교환이 이루어지는 조건은 판매자가 제공하는 가치와 구매자가 지불하는 가치의 크기가 같을 때 이루어진다. 즉 일반적으로 알려진 것과는 달리, 어느 한 쪽이 불리한 교환은 정상적인 상황에서는 일어나지 않는다. 물론 판매자가 제공하는 가치에 대한 판단은 구매자가 개인적 관점에서 주관적으로 한다. 그리고 판매자끼리는 경쟁관계이며, 그중 특정 구매자에게 가장 높은 가치를 준다고 판단되는 판매자의 제품이 구매되며, 일회적인 교환인 "거래"가 이루어진다. 물론 경쟁자들을 물리친 판매자는 구매자와 계속적인 거래를 하고 싶어 하며 이러한 거래가 계속되는 경우, 구매자와 판매자 간에 "관계"가 맺어졌다고 할 수 있다.

앞의 질문으로 돌아가서 답을 하자면, 사고파는(즉 거래가 일어나는) 것은 동시에 일어나며 현대의 시장에서는 주도권을 구매자가 가지게 된다. 기업의 입장에서는 거래가 일어나게 하는 데 많은 노력을 기울이는데 마케팅은 "구매자의 사는" 행위를 먼저 이해하고 제품을 팔기 위해 가치를 높이고자 하는 것이다. 이와 반대로 마케팅과 유사하게 거래가 일어나지만 접근 방법은 정반대인 "판매"는 판매자가 일방적으로 제품을 만들고 구매자에게 팔기 위해 여러 가지 인적, 비인적 커뮤니케이션을 활용하여 설득하여 거래가 일어나도록 하는 행위를 말한다. 현재 우리가 마케팅 활동이라고 말하는 현상 중 대부분은 사실은 마케팅이 아니라 판매를 촉진하고자 하는 활동이다. 그래서 구매자가 전적으로 결정권을 가지고 있고 판매자는 구매자의 욕구와 특성 이해를 바탕으로 구매자가 원하는 제품이나 서비스를 제공하여 교환이 일어나는 과정이 "진짜 마케팅"이다. 이 경우 구매자와 판매자는 자신의 기준으로 상대방이 "가진 것"의 가치를 평가하여 서로 만족한 수준에서 교환이 일어난다. 소위 말하는 "win-win" 상황을 만들어 낸다.

그런데 어떤 경우는 판매자가 '좋은' 아이디어가 떠올라, 혹은 경쟁 제품을 따라 제품을 미리 만들고 광고를 통하든, 가격을 싸게 하든 판매촉진 행사를 대대적으로 하여 구매가 일어나게 하기도 한다. 가끔 좋은 제품을 만들어 구매자의 구매를 불러일으켜 기대 이상의 성공을 하기도 한다. 그러나 이런 경우는 구매자 이해 없이 판매를 시도하는 것이어서 대단히 힘든 작업이고 비용이나 노력이 많이 들고, 대부분 실패한다. 한두 번 성공하더라도 장기적으로는 기업으로서 실패하는 경우이다. 실제로 많은 기업들은 제품을 미리 만들어 판매를 시작하기 때문에 현재 우리가 경험하는 많은 교환은 여기에 속한다. 이를 "유사 마케팅"이라 한다. 이 경우에도 제품 생산 후에 마케팅 기법을 활용하여 판매자와 구매자 간의 교환은 이루어지기 때문에 겉으로 보이는 현상은 유사하다.

어떤 경우에는 판매자가 고의로 구매자를 속여 물건을 팔기도 한다. 이는 "사기 마케팅"이고 대부분 서로 잘 모르는 상태에서 일회적으로 판매가 일어난다.

각각 다른 정의의 마케팅의 차이점은 앞으로 다양한 각도에서 설명하고자 한다.

현재 시장에서는 최첨단 기술을 활용한 새로운 마케팅들이 선보여지고 있다. 세상이 디지털화되면서 디지털 마케팅이 유행이고, 소셜미디어를 활용한 소셜미디어마케팅, 그리고 Big data와 AI를 활용한 마케팅이 이루어지고 있다. 특히 개별 소비자들의 정보를 최대한 모아서 소비자들의 소비행위를 촉진시키고 제품과 브랜드에 대한 인식 등을 변경하려는 시도들이 이루어지고 있다. 예를 들면 인터넷, 모바일 마케팅 시 추천이나 관련 정보 등을 보내는 것 등이 활발하게 이루어지고 있으며 마케팅 수단들이 바뀌고 있다. 다만 이런 활동의 대부분이 커뮤니케이션과 광고 등에 집중되고 있어 아직 진짜 마케팅을 좀 더 효과적으로 수행하는 과정에는 많은 도움을 주고 있지 못한 것이 현실이다. 기술이 진보되더라도 진짜 마케팅의 중요성에는 변함이 없다. 다행히 연구개발이나 제조에서 디지털 트윈이나 자율화된 개별 맞춤형 생산시스템의 구현을 통하여 더욱 소비자와 시장에 밀착하려는 움직임이 보여 점점 더 진짜 마케팅에 가까워지고 있어, 그 혜택을 당사자인 소비자와 기업이 볼 것으로 기대된다.

진짜 마케팅, 유사 마케팅, 가짜 마케팅

시장에서의 거래나 교환은 오랫동안 이루어져 왔다. 생산과 소비의 분리 후 기업이 등장하면서 제품을 파는 활동을 오랫동안 해 왔다. 그런데 마케팅 역사를 보면 지금부터 대략 200년 전에 미국의 학자들이 기업 활동을 보면서 성공적인 기업과 그렇지 않은 기업의 판매활동이 다름을 발견하고, 주로 성공적인 기업의 판매를 "마케팅(marketing: 앞에서 언급한 진짜 마케팅)"이라 명명하고 여타 판매활동(유사 마케팅과 사기 마케팅)과 구분하였다. 여담이지만 기업의 기능들 중 생산, 회계, 재무, 인적 관리 등은 우리말 용어로 사용하지만 마케팅만은 우리말로 바꿀 수 없어 마케팅이란 용어로 사용하고 있다. 그만큼 마케팅은 독특한 성격을 가지고 있다.

회사에 따라서는 마케팅을 계획을 주로 하는 개념으로 좁게 사용하기도 하고 영업 등과 다른 성격으로 보아 영업과 분리하여 부서를 운영하기도 한다. 그러나 마케팅은 원래 사고파는 교환 행위에 영향을 미치는 요소 전체를 포괄하는 넓은 개념이다. 구매 의사결정자인 구매자가 인식하는 기업의 제품 총가치를 최대한 늘여, 구매자에게 선택받는 여러 가지 활동이 전부 포함된다. 기업의 지속을 위해서 가장 중요한 것은 결국, 판매를 포함한 마케팅 활동의 결과가 구매자에 의한 자사제품 선택으로 일어나는, 교환이기 때문이다.

이 책에서 이상의 설명을 종합하여 정의하면 "진짜 마케팅은 구매자와 판매자 간에 교환이 일어나게 하는 행위를 의미한다. 즉 구매자가 판매자 제품의 가치를 가장 높게 인식하여 그 제품을 선택하도록 하는 행위라고 할 수 있다"라고 할 수 있다. 결국 관건은 구매자가 판매자 제품을 경쟁제품 중 가치가 가장 높게 인식하여 선택하도록 하는 것이다. 가치를 증대시키기 위해서는 엔지니어들의 역량이 발휘되는 기술 및 제품 개발, 제조 역량을 통해 만들어진 기본적 가치를 바탕으로 시장의 이해, 적합한 목표시장의 선택, 인적 · 물적 역량의 강화 등 기업 내부적인 노력과, 가치 네트워크 상의 협력 기업들과의 효과적이고 효율적인 협업, 구매자와의 협력 등이 적절하게 이루어져야 한다.

그러므로 흔히들 이야기하는 "기업이 제품을 판다"는 것은 정확하지 않은 표현이며 "구매자가 제품을 구매한다"는 것이 바른 표현임을 명심하고 1) 구매자의 알려진 욕구와 숨겨진 욕구 및 특성을 철저히 이해 2) 경쟁자를 포함한 시장 정보 파악 3) 판매기업의 핵심 역량 및 자원 평가 4) 제품의 가치에 기여하는 가치 네트워크의 합리적 관리 5) 제품 관리, 가격 설정, 커뮤니케이션, 유통 등을 목표시장의 요구에 맞추어 최적 마케팅 믹스의 결정 및 실행 등을 차질 없이 구현한 마케팅을 통해 교환이 일어나도록 해야 한다. 적절한 성과가 발생하고 있는지 항상 검토하는 것이 중요하다. 우리나라 1000대 기업 중에서 이익이 나고 있는 기업의 수가 많지 않다는 점을 염두에 두어야 한다.

진짜 마케팅의 역할

마케팅을 연구하면서 항상 부족한 느낌이 들 때가 있다. 산업혁명 이후 기업의 공급능력이 비약적으로 늘어난 후, 기본적으로 세상 사람들의 삶의 질은 지난 200년 동안 많이 향상되고 있다. 글로벌하게 보아도 대부분의 국가들은 빈곤에서 벗어나 생활의 질은 높은 단계로 이동 중이다. 그렇지만 여전히 빈부차는 존재해, 경제적 평등은 먼 훗날 이야기이고 기후 변화 등 새로운 형태의 문제점들도 나타나고 있다. 자본주의와 시장경제를 중심으로 하는 현대 사회에서, 시장의 핵심인 "교환"을 담당하는 마케팅의 공헌 역시 많았지만 경제적 불평등의 심화라는 부작용 역시 발생시키고 있다.

현재를 사는 우리들은 좋은 점들보다는 나쁜 점, 불편한 점들이 더

와닿지만, 이러한 문제점 해결에 마케팅의 역할이나 기여가 증대될 수 있는 상황이나 접근 방법을 생각해 볼 수 있다. 현재 상황에서도 기업의 노력으로 "진짜" 마케팅이 좀 더 실행된다면 소비자들은 보다 가치 있는 제품과 서비스를 구입하여 사용할 수 있게 되어 지금보다 더 큰 만족을 얻을 수 있다. 물론 구매자들이 지불하는 돈이 기업에도 유용해 기업의 역량을 더욱 키우고 직원들의 복지를 향상시킬 수 있게 된다. 선순환이 일어나는 셈이다.

기업들의 노력이 좀 더 더해진다면 "충족되지 못한 욕구"를 기업이 발견하게 되어 기업에 의해 제대로 봉사받지 못하는 세분시장(예: 노인시장)에서도 맞춤형 제품과 서비스를 사용할 수 있게 된다. 궁극적으로는 모든 세분시장이 이러한 혜택을 받게 되어 우리 삶의 많은 부분을 차지하는 소비생활이 행복해질 것이다.

좀 더 미래를 예측하고 상상의 나래를 펴 본다면 제조업이 개별화된 제품을 만들 수 있는 준비를 하고, 빅 데이터와 AI가 고객들의 욕구를 개별적으로 심층적으로 파악하여 시장과 기업이 연결된다면, 모든 소비자는 개별적인 욕구에 맞는 맞춤형 제품과 서비스를 받게 될 것이다. 이 경우 우리의 많은 문제들도 함께 해결될 것이다. 8장에서 설명하겠지만, 차원 높은 "욕구"들도 파악되어 해결방안이 제시되도록 마케팅이 이루어질 수 있다.

마지막으로 마케팅을 주로 기업에 초점을 맞추어 설명했는데 마케팅은 "교환"이 일어나는 모든 분야나 조직(예를 들면 학교, 병원, 관공서, 종교단체, 비영리 기관)에 두루 적용되는 원리이다. 현재 가장 효율적이고 전략 중심으로 움직이는 조직 중 가장 뛰어난 것은 기업이다. 다른 조직, 사회, 정부 등에서도 마케팅의 접근 방법이 적용되면, 사회 전반에 걸쳐 지금보다 훨씬 나은 "사회적 교환"이 이루어져 우리의 삶은 행복해질 수 있다.

엔지니어를 위한 팁

이미 설명한 바와 같이 엔지니어의 지향점과 마케터의 지향점은 다르다. 더욱이 각자의 분야에서 우수할수록 그 차이가 더 커진다. 그러나 현재의 상황은 역으로 차이점을 최대로 활용한 협업을 통해 최고의 가치를 창출하고 목표고객에게 전달하는 것을 도모하도록 요구하고 있다.

엔지니어의 입장에서는 가장 앞서고 뛰어난 기술 개발 혹은 혁신적 제품 개발 및 제조가 중요 역할이다. 제품의 아이디어 단계부터 목표고객의 요구가 반영되도록 마케팅과 협력한다면, 이렇게 고객의 욕구가 반영된 제품 계획은 기술 및 제품 개발의 방향을 잘 이끌어 주므로, 시간과 노력을 효율적으로 줄일 수 있다. 제조 및 공급체인들도 무엇을 해야 할지에 대한 방향성이 뚜렷하므로 역량 개발 및 제조 실행, 물류 관리 등에 대한 전반적으로 효과적, 효율적인 실행이 가능해진다.

그 결과로서 힘든 노력과 고민, 업무 스트레스에 대한 보상의 크기는, 마케팅과 협조하는 '약간의 귀찮음'을 더하는 것보다 훨씬 큰 것이 자명하다. 엔지니어들이 자신들의 노력에 대한 보답을 키우는 구체적인 내용에 대해서는 후술하도록 하겠다.

8장 인간과 사회에 대한 깊은 이해가 고객 중심 마케팅의 기본

마케팅을 잘 한다는 것의 기본은 인간과 인간이 사는 사회에 대한 이해를 잘 한다는 것이다. 인간은 기본적으로 소비자이므로 인간의 이해는 곧 소비자의 이해로 통한다. 요즘 Big data 등을 활용한 자료가 많아 인간과 소비자의 행태에 대해서 이해하는 정도가 많이 늘었지만 아직도 인간에 대해 알려지지 않은 것이 많다. 특히 소비와 구매 관련한 인간의 의사결정과 구매행위는 많은 연구가 이루어져 왔지만, 아직도 알려지지 않은 것이 많은 블랙박스(black box)이다.

새로운 비즈니스와 제품, 서비스들이 가장 많이 시장에 소개되는 미국은 기술 분야의 역량도 물론 높지만, 인간을 연구하는 역량은 타 국가를 압도한다. 소비 관련 학문 중 소비자연구, 심리학, 경제학, 사회학, 인류학, 뇌공학은 물론 세부 분야인 노년학 등과 인문학 연구는 광범위하고 깊이가 깊어 다른 선진국들조차 경쟁이 안 된다. 스티브 잡스가 대학 청강을 인문학 분야로 하고 탁월한 인간에 대한 통찰력(insights)을 가진 것은 잘 알려진 사실이다. 최근 우리나라도 경영자들 사이에 인문학을 공부하고자 하는 열풍이 불었는데 바람직한 현상이라고 생각한다. 다만 인문학의 범위는 너무 넓어 제대로 학습하기가 어렵고 비즈니스와 연관을 지어서 이해하기에는 거리가 있다. 인간 혹은 소비자를 종합적으로 이해하기 원하는 사람들은 심리학, 사회학, 경제학, 정치학, 인문학 등의 지식을 종합하여 소비자로서의 인간을 연구한 종합판 "소비자행동론" 책을 읽기를 권한다.

전술한 바와 같이 마케팅은 소비자의 이해 특히 미충족된 욕구(needs - 한국어 용어 번역 주의, 필요라고 번역하는 경우도 있음)의 파악 혹은 발견이 시작점이다. 종래의 설문조사를 통한 소비자 자료 수집은 여전히 중요하고, 기 수집된 이차 자료와 인터넷 상의 많은 정보를 실시간 수집하여 분석하는 Big data 활용이 요청된다. 거기에 더하여 인류학 등에서 인간의 심층적 연구를 위한 관찰법 등 다양한 방법 역시 심층적 이해를 위해 필요할 경우가 많다. 제품 개발이나 생산, 시장 진입 비용 등에 비하면 작은 비용으로 수행할 수 있으나, 많은 기업 특히 실패를 딛고 일어설 여력이 없는 작은 기업들이 이런 노력을 거의 하지 않아, 시장에서 실패하는 경우가 매우 많다.

마케팅에서의 욕구 활용 방안은 다양하다. 우선 시장을 정의할 때 욕구를 기준으로 하는 것이 필요하다. 기업에 따라 추구하는 시장의 범위와 종류는 다르다. 기업이 가진 역량이나 제공하는 제품이나 서비스의 특성에 따라, 성과가 나올 만한 시장을 목표시장으로 정해야 한다. 그런데 많은 기업들은 시장을 기업이 가진 제품으로 정하는 경우가 많다. 경차 시장이나 SUV 시장, 라면 시장이나 햄버그 시장 등이 그 예이다. 기업이 진짜 마케팅을 하기 위해서는 구매자의 구매 목적에 맞게 제품이나 서비스를 만들어야 한다. 그런데 구매자의 선택에 의해 제품의 교환이 일어나야 하는데, 그 선택기준인 "인식된 가치(제품 구입 시 얻는 혜택과 구매에 들어가는 비용의 차이; 11장 참고)"는 같은 제품이라도 구매자의 구매 욕구 혹은 목적에 따라 다르다. 예를 들어 경차를 처음 사회에 진출하는 회사원이 출퇴근을 위하여 사는 경우와 가정주부가 세컨드카 개념으로 사는 경우, 인식된 가치의 평가기준은 회사원은 가격, 가정주부는 주차 편의성 등으로 다를 것이다. 라면도 주식의 개념으로 구매할 때와 간식으로 구매할 때 인식의 가치는 물론 다르지만 경쟁품도 많이 다르다. 라면을 주식으로 구매할 때는 주식인 도시락, 파스타, 짜장면 등이 경쟁이지만 간식의 경우는 떡볶이, 어묵, 도너츠, 스낵 등이 될 것이다. 따라서 구매자의 욕구에 맞추어 시장이 정의될 때만, 적절한 제품 개발, 가격 결정, 판매 장소, 커뮤니케이션 메시지 등이 구매자의 인식된 가치를 높이도록 준비되고 실행될 수 있을 것이다.

특히 구매자나 소비자의 욕구 이해는 제품 개발의 방향을 결정하는데 큰 도움을 준다. 제품의 결정은 비즈니스의 방향을 결정하는 중요한 요소이다. 구매자가 구매를 가장 손쉽게 하는 경우는, 구매자의 욕구가 있고 이 욕구가 기존의 제품으로는 충족이 안 될 때 새로운 제품을 제공하는 것이다. 물론 미충족 욕구를 충족시킬 제품 개발 및 생산, 마케팅 역량을 보유하고 있는지 확인해야 한다. 중요한 것은 기업이 미충족 구매자 욕구를 파악해야 하는데, 구매자 스스로 알고 표현할 수 있는 경우에는 직접 물어보는 방법이 있다. 그런데 많은 경우, 구매자는 자신들의 내적인 욕구를 잘 표현하지 못하거나, 욕구 자체가 너무 심층에 자리 잡고 있어 의식을 못하는 경우도 있다. 그런 경우 관찰이나 참여 등의 방법을 사용하여 이해하려고 시도한다. 결국은 인간에 대한 이해가 필요하므로 인간에 대한 통찰력(insights)을 가지도록 노력하는 것이 필요하다.

정보를 제품으로 구체화하기 위해서는, 욕구 파악 후 소비자가 원하는 것(wants)을 파악해야 한다. 예를 들어 욕구는 이동을 하고 싶다는 것이고 원하는 것은 수단으로 자동차, 버스, 기차, 비행기 등 다양하다. 또 다른 예로 배고픔이라는 욕구를 가졌다면 충족 수단은 햄버그, 피자, 짜장면, 비빔밥 등이 될 것이다. 커뮤니케이션이라는 욕구는 스마트폰, 우편, 광고 등을 통해 이루어진다. 구매자나 소비자가 어떤 형태를 원하는지 잘 아는 경우에는 선호도 조사 등을 통해서 비교적 쉽게 파악할 수 있다. 그러나 하이테크 제품의 경우 구매자는 기술을 모르므로 묻는 것으로는 답을 알아낼 수가 없다. 이 경우에는 기술을 잘 아는 엔지니어가 구매자의 내재된 욕구를 잘 파악하고 어떤 방식으로 충족시킬지를 알아내야 한다.

대부분의 경우 인간의 욕구는 내재해 있는 것이고, 충족시키는 수단인 제품이나 서비스 형태로 개발되어 왔다. 욕구에 대한 이해 없이 제품을 개발한다면 전혀 예상치 않은 결과가 나오기 쉽다. 개발한 제품이 기술적으로는 대단하나 충족시킬 욕구가 없다면 구매자의 선택은 없다. 그래서 인간이나 소비자를 이해하기 위해 노력을 하는 것이 필요하다.

인간 및 소비 욕구의 이해

그런데 소비자의 욕구는 도대체 어디에서 왔을까? 연구에 따르면 욕구는 인간의 내면에 존재해 있고 충족이 되지 않으면 끊임없이 충족시키기 위해 노력을 한다. 소비자는 인간이므로 소비자의 욕구는 인간이 본질적으로 가지고 있는 욕구의 발현이라고 보는 것이 타당하다고 생각할 수 있다. 인간은 한편으로는 동물과 같은 특성을 여전히 보유하고 있고, 진화를 통하여 높은 수준의 정신적 영역(초월, 영생, 윤회 등)을 추구하도록 발전해 왔다. 그래서 인간이 가지는 욕구는 단순한 배고픔, 목마름 등 생리적인 것부터 영적인 수준에 이르는 초월적인 것까지 아주 복잡하다.

매슬로우의 욕구단계이론과 VALS 모델

인간 욕구체계에 대하여 가장 널리 알려진 Maslow의 욕구단계설(hierarchy of needs)에 따르면 [그림 7] 인간의 욕구는 다섯 단계로 나뉘어져 있고 가장 기본적인 욕구는 목마름, 배고픔, 졸림 등의 생리적 요구이다. 이런 욕구들은 스스로 해결할 수 있는 것도 있지만 음료수, 음식, 침대 등 제품이나 서비스의 도움을 받아야 하는 것도 있다. 이 욕구가 만족되면 안전의 욕구를 추구한다. 위험이나 고통 등으로부터 피하기를 원한다. 안전한 주거지, 안전을 원격으로 지켜 주는 서비스, 피해를 보상하는 보험 등은 이러한 욕구를 충족시켜 준다. 다음 단계는 애정과 소속의 욕구이다. 생리적인 문제와 안전의 욕구를 해결하면 다가오는 욕구인데 어디인가 소속하고 싶어하고 사랑을 받고 싶어한다. 직장을 구하거나 커뮤니티 등에 가입한다. 요즈음의 소셜미디어들은 이러한 욕구를 충실히 만족시켜 준다. 다음 단계는 존경의 욕구이다. 사회나 조직에 속하면 거기서 타인으로부터 존경을 받거나 권력을 가지고 싶어한다. 승진이나 지위를 추구하고 타인으로부터 부러움을 받고 싶어한다. 럭셔리 제품은 이러한 인간의 욕구를 잘 두드린 것이다. 가시적으로 보여주는 로고 등도 이러한 욕구를 이용하는 것이다. 마지막 단계는 자아실현의 욕구이다. 내면적인 자아에 대해 스스로 존경하고 싶은 욕구이다. 요가나 종교단체의 행사에 참가하거나 성지순례 등의 여행사 서비스를 이용하는 등은 이러한 욕구를 겨냥한 것이다.

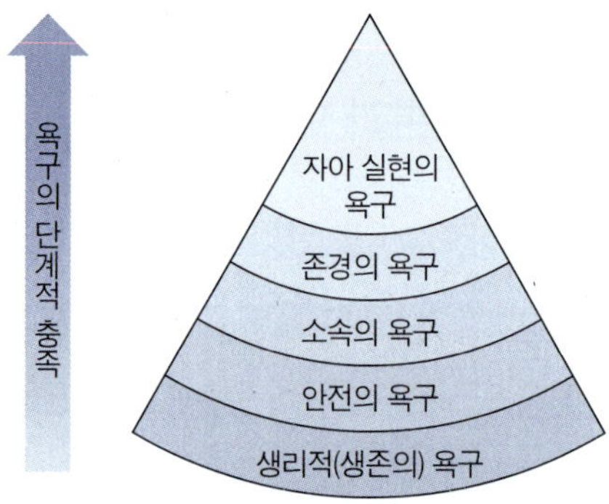

[그림 7] 매슬로우의 욕구 5단계

Maslow의 욕구 5단계로부터 소비욕구를 유추할 수 있어 유용하다. 욕구 분류도 1차적 욕구와 2차적 욕구로 분류하여 낮은 단계의 욕구를 만족시킨 다음, 다음 단계의 요구로 상향하는 구조를 이해하기 쉽다. 그러나 이러한 욕구들이 왜 생기는지에 대한 이유는 빠져 있고, 이동의 욕구, 소통의 욕구 등 중요한 소비욕구에 대한 유추를 하기는 힘들다.

Maslow의 욕구단계설과 인간의 삶의 궤적에 따른 인생 단계를 고려하여 미국인의 라이프스타일을 구분한 세분화 모델이 VALS(Value of American Lifestyles)이다. 초기 VALS1에서는 아홉 가지 라이프스타일로 구분하였으나, VALS2 모델[그림 8]에서 여덟 가지로 구분하였다(VALS 홈페이지 참고). 처음에는 미국 사람들의 라이프스타일 모델로 개발하였으나 지금은 글로벌한 조사를 통하여 많은 나라들의 라이프스타일을 파악하고 있다.

VALS2 모델의 라이프스타일은 성취 등을 추구하는 외부지향적인지, 무엇을 만든다든지 등을 통해 내적인 만족이나 환경이나 사회적 약자나 주변을 케어하면서 내적인 만족을 추구하는 내부지향적인지, 그리고 종교나 특정 신념에 집중하는 이념적인지의 세 가지 기준과 자원의 많고 적음의 기준으로 설명될 수 있다. 보통 사람들은 한 유형에만 속하는 것은 아니고 다른 유형의 특성도 일부 가지고 있는 것으로 나온다. 각각의 유형에 대한 풍부한 프로파일을 같이 제공하고 있어 기업에서의 활용도가 매우 높다.

마케터들은 VALS 같은 유형의 세분화 모델을 기업의 목적에 맞게 많이 개발한다. 세분시장에 대한 프로파일을 제공하지 않는 세분화 모델은 마케터나 엔지니어에게 필요한 정보를 줄 수 없어 유용한 모델이 아니다.

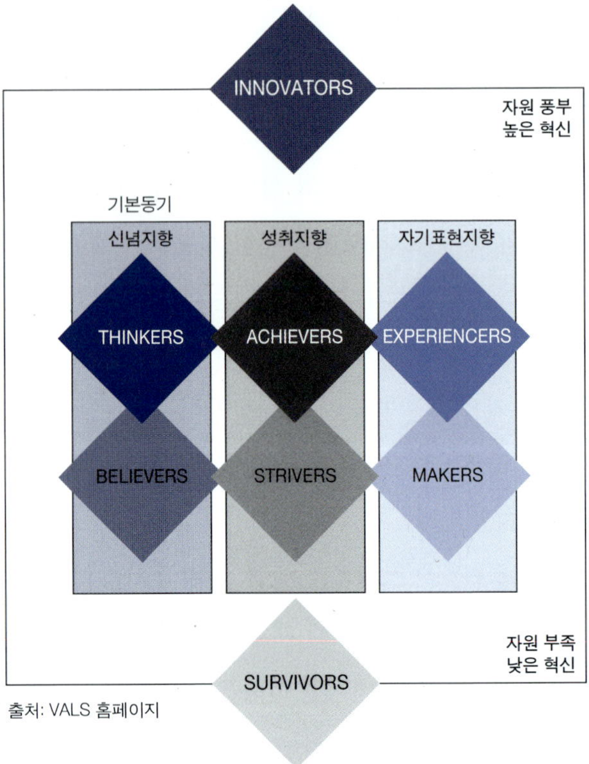

출처: VALS 홈페이지

[그림 8] VALS 2 모델

각 그룹의 자원 보유 정도나 추구하는 지향이 다르므로 각각의 그룹이 가지는 욕구들도 달라 거기에 적합한 제품이나 서비스를 개발하고 커뮤니케이션 내용이나 방법들도 적절히 파악할 수 있다. 예를 들면 증권회사에서 펀드 등을 개발할 때 성공하기를 원하는 achievers 그룹을 대상으로 제품을 개발하고 접근하면 다른 그룹보다 성공할 가능성이 높다. 아울러 이 그룹은 혼자서 하기를 즐기므로 혼자서 성장하는 황소 등의 이미지를 활용하면 수용도가 높다.

위의 욕구에 대한 설명들은 우리가 인간이기 때문에 인간을 대상으로 다른 형태의 욕구를 가진 것으로 설명하고 있다. 그러나 Maslow는 관찰 및 이성에 의해, VALS 모델은 데이터 및 배경 이론에 의해 설명하지만 왜 그런지를 설명하는 것은 부족하다. 그것은 아마 인간의 본성을 설명하지 않아서 생긴 일이라 추측된다.

인간의 기본적 욕구와 파생적 욕구

인간은 원래 호모사피언스로 동물의 한 종족인데 인간으로만 보면 동물로서 원래 가진 저변 특성을 알아차리기 어렵다. 물론 동물의 사회적인 특성을 연구하는 동물사회학 등의 연구 결과만으로 인간을 다 설명할 수 없다는 것도 사실이다. 인간은 동물로서의 기본 본성을 벗어나려는 노력을 꾸준히 하고 있어 인간에 대한 이해는 철학적, 종교적 접근은 물론 다양한 분야에서 연구가 이루어져 왔다. 최근에는 동물에 대한 이해가 깊어지면서 인간의 본질적인 문제도 이해가 되고 있다. 결국 동물로서의 주어진 욕구와, 인간으로서 진화한 후 그 이상의 욕구를 더하여 이해를 하여야 인간의 욕구 구조가 제대로 이해될 것으로 보인다.

우선 호모사피언스인 인간은 다른 동물과 같이 "자손에게 DNA를 전달하여 종족 보존을 하려는" 욕구가 있다. 누가 가르치지 않았는데 처음 만난 사람한테 사랑에 빠진다든지 성적인 욕망을 가진다는 것은 이러한 본능이 없이 설명이 안 된다. 이러한 가장 기본적인 욕구를 충족시키기 위한 다양한 욕구들이 존재하며 관련된 소비 욕구 역시 다양하게 존재한다.

먼저 자손에게 DNA를 전달하기 위한 우선적인 욕구는 생존의 욕구이다. 스스로 생존하여야 기회가 주어진다. 한편 개인적인 생존도 중요하지만 자신과 자손들을 보호해 줄 조직이나 사회의 생존도 필요하다. 동물들 중에서 자손의 생존을 위해 자신을 희생하기도 하고 사회의 생존을 위해 자신의 자손 유지의 본능적 욕구마저 금하고 사회를 위해 봉사하는 개미나 벌의 일꾼들도 있다. 생존을 위한 소비욕구 역시 매우 강렬하며 다양하게 존재한다.

생존을 위한 준비가 된 경우 다음은 자손을 만드는 일과 남들보다 경쟁력 있게 잘 키우기 위한 자원을 마련해야 한다. 물론 자원은 자신을 위한 생존과도 밀접한 관계가 있다. 자손을 만들기 위해서도 물론 필요하다. 자원 마련을 위하여 스스로 경쟁력을 가져야 하고 경쟁력을 활용하여 지위와 파워를 가져야 한다.

결혼 전이나 심지어 결혼 후에도 여전히 남녀의 "사랑"을 갈구하는 주제가 엔터테인먼트인 노래나 춤, 영화, 드라마, 소설 등에서 압도적이다. 경쟁력을 키우기 위한 욕구는 교육 등으로 뚜렷이 나타난다. 공교육은 물론 사교육에 대한 투자는 동서양을 가리지 않는다. 이념이나 다양한 이즘(-ism)에 관계없이 자식들의 교육은 힘 닿는 대로 최고로 하고자 하고 심지어 불법도 저지르는 부모들이 많은 걸 보면 가장 강력한 욕구임에 틀림없다.

자손들에게 좋은 환경을 제공하고 필요한 자원을 획득하기 위해서는 좋은 조직에 속해야 한다. 조직의 일원이 되지 않을 경우는 스스로 조직을 구성하여 성공하려는 노력을 한다. 중소기업의 90프로 이상은 가족 노동으로 유지되며 자손 세대로의 전달을 위한 또 하나의 방법이다. 조직에 속해서는 승진이나 권력을 가지기 위한 경쟁이 불가피하며, 거의 모든 조직은 이러한 내부 경쟁이 치열하다. 경쟁을 통한 삶은 우리의 주어진 본성이 반영되는, 거역할 수 없는 시스템이다. 동물들이 유리한 자리를 차지하여 자손을 남길 기회를 모색하는 것과 유사하게 사람들도 경쟁을 통하여 그 수단을 획득한다. 동물의 경우는 물리적인 힘이나 부분적인 협력이 주 수단이지만, 사람들은 훨씬 더 많은 방법으로 필요한 수단과 권력을 확보할 수 있고, 이러한 다양한 방안들의 존재는 다양한 욕구를 창출한다. 이러한 욕구는 늘 존재하며 변하지 않는 것들이라 이러한 욕구에 대한 통찰력은 늘 새로운 기회를 찾는 데 도움을 준다.

동물로서의 이러한 기본적인 욕구는 많은 이차적인 욕구를 산출한다. 이들은 소비자로서의 많은 소비 욕구와 연관이 된다. 남들보다 효율적으로 일할 수 있는 디지털 기기, 네트워크를 강화하려는 소셜미디어 활용, 관계를 강화하는 선물 등의 구입 및 전달, 다른 사람들과의 협력이나 존경을 불러오는 고급 혹은 차별적 의복, 남들 눈에 띄는 제품의 사용 등 아주 다양하다.

한편 사람은 누구나 혼자 살 수 없는 시대가 되었다. 가족 단위로만 살기도 가능하지 않다. 필요한 자원의 획득을 위한 과정이나 복잡성은 점점 많은 조직들의 탄생을 야기해서, 더 많은 사람들이 함께 참여해야 효과적이고 효율적이면서 강한 사회를 만들 수 있다. 혼자 자손들을 낳아 보존하는 방안으로는 사람의 기본적인 욕구를 충족시킬 수 없는 상황이다. 다시 말하면 강한 조직, 강한 사회, 강한 국가에 속하는 것이 DNA를 다음 세대로 전달하는 필수 조건이 되었다. 따라서 스스로 조직 구성원의 안전을 보장할 뿐 아니라 적절한 생활 수준을 누리게 할 수 없는 조직에 속한 구성원은 떠나기를 원할 수 있다. 국가의 경우도 마찬가지이다. 글로벌화의 시대에 타국으로 간 이주민들은 중요한 사회적 이슈가 되고 있다.

개인은 속한 조직 내에서 더 나은 조건을 확보하기 위해 정치적인 활동을 한다. 권력이나 승진 등이 중요한 요인으로 나타난다. 많은 경우 원래의 목적(DNA를 자손에게 전달)을 잊고 권력이나 지위, 재원 등이 목적이 되기도 한다. 조직을 위한 네트워크의 강화도 이루어지지만 개인적인 목표를 위한 네트워크들이 만들어져서 조직 내에서 권력과 지위를 확보하고자 노력한다.

한편 우리는 인간의 기본적인 욕구를 충족시킬 수 있는 강한 사회나 국가를 필요로 한다. 사회 자체도 강한 사회가 되기 위해 노력을 많이 한다. 개인의 가장 기본적인 목적인 자손 세대 유지와 발전은 강한 사회가 보장해 줄 수 없으면 공염불이 된다. 생존에 필요한 자원도 사회 내에서 교환을 통하여 얻는데 교환 당사자는 유능해서 내가 원하는 것을 만들어 주어야 한다. 사회의 효율적 운영을 위해 네트워크 관리가 가능하게 통신과 교통 등 인프라가 우수해야 하며, 필요한 자원을 생산하고 제공하기 위한 기업의 뒷받침이 있어야 하고, 기업이 능력을 발휘할 수 있는 시장경제의 효율성이 확보되어야 하며, 경쟁력 강화를 위한 계속적인 교육 시스템이 완비되어야 하고, 외부의 침입을 방어할 수 있는 국방 시스템도 갖추어져야 한다. 평소 생활도 즐거워야 하므로 감성을 자극하는 문화, 예술, 스포츠, 게임 등을 위한 인프라 구축과 자원도 물론 필요하다.

자신과 자녀들이 사회에서 최소한 공정한 기회를 확보하기 위한 민주적 시스템은 물론이고, 현재 사회에 필요한 자원 확보를 위한 자본주의 시스템이 좀 더 투명하고 효과적으로 운영되어야 하고 가족의 보존 등 사회의 안정화를 위한 노력 역시 기울일 필요가 있다.

사회를 유지하기 위한 지속 가능성도 고려되어야 한다. 사회를 유지하기 위한 개인들의 희생도 필요하고, 우리가 살아 가는 지구를 보존하기 위한 장기적인 관점에서의 노력도 필요하다. 현재까지 전통적인 약자인 여성과 장애인, 이민자, 성적 소수자들에 대한 균등한 기회 제공도 물론 필요하고 기술의 비약적 발전으로 인한 사회 변혁의 결과물인 직업 소멸이나 축소로 발생한 새로운 형태의 사회적 약자들도 보호해 주어야 개인의 자손세대 보존의 임무가 완성될 수 있다.

위에 서술한 많은 요구들은 개인의 기본 욕구 충족을 위해 확장된 욕구들이며 개인은 물론 정부, 기업, 학교, 병원 등 조직의 다양한 구매 및 소비 욕구들을 직접적으로 혹은 간접적으로 창출한다.

지금까지 살펴본 것과 같이 많은 소비욕구는 인간의 본래 사명을 달성하고자 하는 욕구가 그 뿌리임을 알 수 있다. 따라서 인간 본성에 대한 이해는 소비욕구에 대한 "통찰력"을 제공하는 시발점이다. 종종 애플의 스티브 잡스, 페이스 북의 저크버그 등 큰 성공을 이룬 기업가들이 기법 위주의 시장 조사 없이도 혁신적이고 최고의 가치에 대한 아이디어를 발견하여 제품화하여 큰 성공을 이루고 소비자들의 마음을 사로잡았다.

인간이 창조한 지식, 문화와 욕구

인간은 많은 면에서 동물과는 다르다. 다만 근본적인 본성은 동물로서의 인간에서 비롯되는 것이 사실이다. 따라서 동물의 본성과 거의 유사한 부분이 많다. 이를 잘 살펴보고 이해할 필요가 있다. 또한 동물의 수준에 머무르지 않고 비약적인 발전을 해 왔는데, 많은 부분은 동물로서의 본성으로부터 높은 수준으로 발전시킨 것이다. 인류는 두 발로 걷기 시작하면서 손의 사용이 자유롭게 되었다. 이때부터 인류는 불을 사용할 수 있고 먼 거리를 여행할 수 있게 되어 할 수 있는 것이 많아졌다. 결정적으로 침팬지 등과도 다른 종족이 되었다. 이제는 동물을 논하기에는 관련이 없는 수준(적어도 겉으로는)으로까지 발전하고 있어 인간 욕구에 기반을 둔 소비 욕구의 이해의 장을 확대하여야 한다.

우리는 태어나면서 배우지 않아도 스스로 아는 것들이 있다. 기본적인 욕구를 채워야 한다는 것은 알고 실행한다. 첫눈에 빠지는 사랑을 대체로 경험해 보았겠지만 그것은 누구도 가르치지 않는 것이다. 인간으로 태어난 후 어른들의 행동을 모방하거나 교육을 통해 많은 것들을 알게 된다. 책이나 예술 작품 등을 통해 얻는 것도 많다. 요즘은 인터넷 상에 많은 정보들이 존재하여 필요한 지식들을 쉽게 가지게 되었다.

우리가 알고 있는 지식, 하는 행위 등은 크게 나누면 우리의 DNA와 뇌에 의해 결정된다. DNA에서 오는 것은 태어나면서 저절로 알고 있는 것이고 뇌에 있는 것은 다양한 방법으로 획득한 것들이다. 리차드 도킨스는 그의 책 "이기적인 유전자(1976)"에서 GENE과 문화적 진화를 이끄는 새로운 복제자 – 모방을 뜻하는 그리스어 MIMEME과 유전자 GENE을 활용하여 – 밈(MEME)이라는 개념을 소개하였다. 동물에서도 밈의 일부는 발견된다. 예를 들어 침팬지가 도구를 활용하여 딱딱한 과일을 깨서 먹는다든지 개미를 나뭇가지를 이용하여 잡는다든지 하는 것들이다. 인류는 출발은 유인원과 비슷하였겠지만 지금은 비교 자체가 불가능할 정도로 많은 밈들을 가지고 있다. 밈을 우리의 뇌에 있는 다양한 지식들을 총칭하는 용어로 확장한다면 밈이야 말로 우리를 동물과 구분하는 결정적인 차이를 만든다. 최근 들어 산업화를 통해 자원이 축적되고, 이를 활용한 기술 발전이 가속화되어 그 차이는 이제 구태여 언급하지 않아도 될 정도이다.

우리의 유전자로부터의 욕구는 우리의 기본적인 욕구를 형성하고, 밈으로부터 발생하는 고차원적인 욕구 또한 발생한다. 개인적인 견해이지만 이렇게 다양한 밈이나 지식 등이 만들어진 동인의 많은 부분은 유전자로부터 비롯되었다고 보여진다. 이러한 밈으로부터 발생하는 고차원적인 욕구는 물론 소비욕구로도 나타나고, 문화 등과 같은 밈은 욕구를 충족시키는 수단(want)을 결정하는 데 영향을 미친다.

욕구 구조의 정리

인간의 욕구 구조는 토대로서 동물로서의 기본적인 욕구를 많이 반영하고 있고 한편으로는 진화한 인간으로서 동물에는 없는 종교적이거나 고차원의 욕구를 가지고 있다. 그 중간의 욕구들은 동물로서의 욕구를 확대하여 영역을 넓힌 것이다. 다음의 [표 1]은 욕구 종류 및 세부 욕구를 개인의 욕구와 사회의 욕구로 구분하고, 가장 기본적인 욕구부터 상위 개념의 욕구까지 선택적으로 정리한 것이다.

[표 1] 선택적 욕구의 종류 및 세부 욕구

	개인의 욕구	사회의 욕구
인간적 특성의 고차원 욕구	종교적: 초월, 영생 감성: 문화, 예술 이성: 과학, 지식, 철학	세계주의, 환경 보호
동물로서의 본성과 인간 진화의 상호작용 욕구	교육, 엔터테인먼트, 디자인, 유행, 가시적 소비, 호기심, 유산 상속	사회 및 국가, 정치, 지배구조, 온라인 커뮤니티, 동창회
동물로서의 욕구	성공, 지위, 권력, 협력, 연결, 안락, 재미	소규모 집단, 종족 유지, 물적 인적 자원
종족 유지 및 생존욕구	사랑, 정보, 이동, 커뮤니케이션, 건강, 안전, 의식주	결혼, 정보, 이동, 커뮤니케이션, 안전, 협력

한편 이러한 욕구 구조는 나이가 들거나 자원의 변동이 생기거나 기술 등의 진보가 일어나거나 주위 사람들의 인식이 변함에 따라 변한다. 현재 대부분 선진국에서 인구 구조의 극적인 변화가 일어나고 있다. 출생자 수는 줄어들고 노인 인구는 급격히 증가하고 있다. 욕구 구조도 젊을 때와는 많이 달라지고 삶의 지향점도 달라진다. 정도의 차이는 있지만 동물로서의 본능은 많이 사라지고 다른 차원의 욕구로 나아갈 수 있는 환경이 만들어진다. VALS 모델에서도 thinkers나 believers 집단은 VALS1 이후 VALS2에서 새로 만들어진 집단으로서 주로 노인들의 특성을 반영한다. 특히 노인의 추구하는 방향인 종교, 보수적 이념, 초월, 영생, 윤회 등의 방향들은 동물들과는 차별적인, 그러나 관

련은 있는 내용들이다.

급속도로 발전하는 기술과 인구의 노령화라는 새로운 현상은 인간의 욕구 구조뿐만 아니라 소비자의 욕구 구조까지 새로 파악해야 할 필요성을 제기한다.

소비욕구의 다양화와 개인화

우리가 제품이나 서비스를 구입할 때 다양한 욕구의 충족을 원한다. 어떤 때는 배고픔을 해결하기 위해 패스트푸드를 사고, 어떤 때는 남들이 보고 부러워할 럭셔리 브랜드를 구입하고, 또 결혼 후 좋아하던 스포츠카를 자녀들의 안전을 위하여 안전한 패밀리카로 바꾸기도 한다. 남들이 다 입는 검은색 롱패딩을 나도 같이 사 입고 친구들 속에 같은 모습으로 있는 것으로 위안을 삼기도 하고, 나만의 제품을 사서 남들과 다름을 즐기기도 한다. 평생 직장을 은퇴하신 부모님은 종교적 성지를 방문하는 여행 패키지를 구입하여 고생스런 일정을 즐거운 마음으로 다녀오기도 한다. 통신 목적으로만 사용하던 스마트폰은 코로나 시대에 온라인으로 네트워크를 유지하기도 하고 편하게 배달을 주문하기 위해 새로 앱을 깔기 위한 기기로 사용하기도 한다.

이런 모든 제품 및 서비스 사용의 근저에는 다양한 인간의 욕구가 존재한다. 인간의 욕구는 다시 소비욕구로 표현되고 이러한 소비욕구들은 제품 구매 시 구매 요인으로 분석되어 구매결정을 이끈다. 기업은 제품 특이적 소비욕구를 분석하여 제품 개발 및 마케팅 용도로 활용한다. 제품 질, 편의성, 안정성, 디자인, 애프터서비스, 가격, 이미지,

브랜드 등의 소비욕구 충족을 위한 선택 요인들은 제품특이적 중요 요인으로 몇 가지가 부각되고 그러한 중요한 요인들을 중점적으로 만족시킬 제품을 기업은 개발하게 된다. 그리고 소비욕구는 점점 개인화되고 과거에는 개인화 제품을 특별한 분야에서만 만들었지만, 3D프린터나 자율형 제조 시스템의 발전으로 가격 부담 없이 제공하게 되어 개별적인 소비욕구를 충족시키고자 하는 움직임도 보인다.

이러한 선택 시 중요한 요인들은 구매자의 특성, 인생 단계, 환경 변화, 경쟁제품 등에 의해 변화하게 된다. 그런데 근저에 있는 인간의 욕구를 연계해서 이해하면 제품 개발이나 마케팅 활동을 좀 더 효과적으로 할 수 있다. 산업화 후 초기에는 인간의 기본 욕구를 충족시켜 줄 제품이 부재한 경우들이 많았는데 전화, 이동 수단, 에너지 등은 제품이 만들어지고 기본 욕구를 충족시켜 새로이 산업을 만들었다. 또한 최근의 여러 가지 인간 욕구를 충족시켜 줄 수 있는 복합제품, 예를 들면 스마트폰 등이 기존 제품들이 제공하는 가치를 압도하는 "파괴적 가치(destructive value)"를 제공하여 기존 산업구조를 바꿔 버리기도 한다.

엔지니어와 소비자 욕구의 이해

인간과 기업, 사회, 각종 조직의 욕구를 이해하는 것은 엔지니어들이 보물창고를 발견하는 것과 같다. 이러한 욕구(미충족 욕구 혹은 현재보다 욕구를 더 잘 충족시키는 제품을 만들 수 있는)들은 기술, 제품 개발의 출발점이 된다. 특히 부품, 소재, 장비 공급업체 등 이미 목표고객이 뚜렷한 경우 욕구, 혹은 원하는 바가 새로운 기술 제품의 개발 방향이다. 물론 가지고 있는 기술적 역량을 활용해서 기술 제품 개발 아이디어로 잡는 것은 당연하지만 최종 시장에서의 소비자들의 욕구를 연계해서 개발하고자 하는 제품이 어떻게 충족시키는 것을 돕는지 여부도 평가하여야 한다. 그렇지 않으면 현재 고객이 시장에서 실패하면 함께 고충을 겪게 되기 때문이다.

역사적으로 성공한 개발자들의 기술이나 제품은 인간과 사회의 기본적 욕구를 충족시켜 주는 최초 혹은 최고의 것들이었다. 이동 수단인 자동차, 비행기, 기차는 새로운 산업을 만들어 냈고, 의사소통을 위한 전화, 무선전화의 발명도 마찬가지였고, 작업을 효과적으로 도와주는 컴퓨터, 각종 건강 관련 제품에 활용되는 방사선, 에너지 관련 기술 등 인간과 사회의 기본적인 욕구를 해결해 준 최고의 제품들이다. 지금은 더 나은 기술로 무장된 제품들이 나오나, 이런 초기 제품만큼의 성공을 거두고 있지 못하다.

그런데 기본적인 욕구들을 여러 가지 동시에 해결해 주는 제품이면 성공이 보장된다. 애플 스마트폰인 아이폰이 대표적인 예이다. 기술의 발달로 이렇게 복합적인 다양한 기본 욕구들을 충족시켜 주는 제품이 앞으로도 계속 나올 것으로 기대된다.

오랜 노력 끝에 도출한 좋은 기술 혹은 제품 아이디어들은 반드시 어떤 욕구를 충족시켜 줄 것이고 현존하는 잠재 경쟁 제품 혹은 서비스보다 더 나을 수 있는지 반드시 살펴서 평가해 보아야 한다. 엔지니어들이 좋아하는 "first, best" 기술 제품이 시장에서 실패할 확률을 줄이는 최고의 방법이다. 제품 출시 전 5000번의 실패를 경험한 다이슨은 이런 면에서 가장 성공적인 기업의 예이다.

9장 구매자의 구매 의사결정 과정에 관여하는 것이 마케팅이다

엔지니어는 구매자의 역할도 한다. 개인적인 용도로 노트북을 사는 경우 일련의 과정을 거쳐 구매를 하게 된다. 구매자가 노트북 구매의 필요를 느끼고, 제품관련 정보를 수집하고, 정보에 의거 구매 의사결정을 하고, 실제로 구매를 한 후, 사용을 하게 되는 일련의 과정을 거친다. 이런 과정을 이해하는 것이 엔지니어에게도 매우 중요하다. 왜냐하면 각 단계에서 엔지니어가 관여해야 하는 상황이 발생하기 때문이다.

구매 의사결정 단계는 구매자가 일반 소비자인지 아니면 기업인지에 따라 달라지는데 일반 소비자의 단계가 기업보다는 단순하다. 또한 제품이 신제품이고 구매자에게 중요하면, 구매 의사결정 단계를 철저히 따르고 재구매이거나 중요하지 않은 제품의 경우에는 몇 가지 단계는 생략된다. 예를 들어 재구매이고 중요하지 않은 제품인 껌이나 볼트 너트 등의 기본제품은 구매 필요가 일어나면 바로 구매로 들어가서 중간 단계는 생략된다.

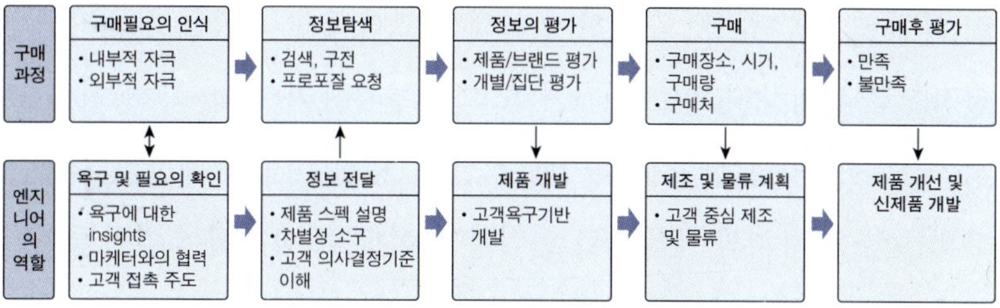

[그림 9] 구매과정과 엔지니어의 역할

구매의 필요가 발생하는 것이 구매의사결정의 첫 단계이다. 구매필요는 욕구가 발생하거나 해결해야 하는 문제가 발생한 경우이다. 배가 고프다든지, 목이 마른 것은 기본적인 욕구가 발생한 경우이고, 나이가 들어 탈모가 시작되어 고민이 되는 경우나, 기업이 빠르게 성장하여 고성능의 네트워크와 고성능의 컴퓨터가 필요한 상황이 발생하는 것은 해결해야 할 문제이다. 이러한 상황에서 엔지니어는 새로운 제품을 개발하거나 기존 제품의 성능을 개선하는 역할을 수행하게 된다.

엔지니어는 직접 고객의 어려움을 고객 접촉을 통해서 확인할 수 있고 마케터의 고객 정보를 통해서 인식할 수 있다. 특히 기업 고객인 경우 제품에 대한 스펙이 구체적이라 마케터는 정확한 요구사항을 파악하기 힘들다. 때문에 엔지니어가 적극 참여하여 고객이 원하는 바를 구체적으로 파악하는 것이 필요하다. 다만 필수적인 요구사항과 부차적인 요구사항은 구분하여야 비즈니스적인 측면에서 어떤 기술적 특성에 집중할 것인지 결정하기가 쉬워진다.

고객의 필요가 존재하고, 엔지니어는 고객 욕구나 문제점을 해결하기 위해 무엇을 어떻게 해 주어야 하는지 답을 알 수 있으므로 제품 개발이나 제품 개선을 보다 효과적으로 할 수 있다. 엔지니어의 제품 관련 과업을 성공적으로 수행하기 위해선 고객 욕구 파악을 마케터에게 전적으로 위임하지 말고 시간과 노력을 투자하여 고객, 특히 기업 고객을 자주 만나고 상황을 파악해야 한다. 또한 이렇게 개발한 제품을 고객은 높은 가치의 제품으로 인식할 것이므로, 시장에서 받아들여지기가 용이해진다. 팔 수 있는 제품이 준비되므로 엔지니어들의 노력도 보상받게 된다.

두 번째 단계는 구매자의 정보 수집 단계이다. 제품의 가격이 비싸거나, 패션 제품이거나, 새로운 제품의 경우 구매자 정보 수집이 활발해진다. 요즈음은 필요한 정보들이 인터넷에 널려 있어 구매자들이 필요로 하는 정보들로 넘쳐난다. 잘못된 정보 역시 존재하므로 회사나 제품에 대한 정확한 정보가 구매자에게 전달되도록 다양한 정보 원천을 확보하여야 한다. 특히 기업 고객을 상대하는 B2B 마케터의 경우 제품에 대한 구체적인 스펙, 제품 특장점 등을 설득력 있게 전달하는 것이 매우 중요하다. 때문에 기술에 대해서 잘 아는 엔지니어들이 마케터로 일하는 경우가 많다. 엔지니어 출신 마케터들은 고객사의 엔지니어들이 원하는 기술 정보를 이해하고 받아들여지기 쉽게 설명할 수 있다.

세 번째 단계는 수집된 정보를 바탕으로 구매자가 경쟁 상표들을 평가하는 것이다. 일반 소비자들의 경우 이성적인 판단을 하지만, 많은 경우 감정적으로 평가하기도 한다. 때문에 엔지니어들은 자신들이 노력한 것이 전혀 다른 방향으로 소비자들에게 평가될 수 있다는 것을 이해해야 한다.

기업 고객의 경우에는 기업의 중요한 전략적 구매는 엄격한 평가기준과 전략적 고려를 통해 제품 및 판매기업에 대한 평가가 이루어진다. 때문에 구매기업이 판단을 위한 적절한 정보들을 공식적으로 요구하는 제안 요청서(RFP: Request for Proposal)를 판매 기업에 보내기도 한다. 또한 기업 구매의 경우 사용자와 구매 부서는 물론 다양한 전문가들이 평가에 참여한다. 그리고 다양한 의사결정 참여자는 원하는 정보가 다르고, 평가 기준이 다르다. 그런데 마케터는 이러한 구매 의사결정자들이 차이점들을 효과적으로 극복하여 참여자들을 설득하여야 하기 때문에, 구매기업을 자주 방문하여 꾸준히 접촉하고, 웹사이트, 소셜미디어 등을 통해 회사 및 의사결정 참여자들의 정보를 평소에도 계속 수집해야 한다.

네 번째 단계는 구매 실행 단계이다. 일반 소비자의 구매는 최종 단계에서 마케터나 영업직원의 판매 촉진 활동에 의하여 많이 바뀐다. 마지막 순간의 구매행동을 변경하기 위해 사용하는 할인, 리베이트 제공, 진열, 판매 시점 광고, 시식 등이 효과를 발휘하는 경우가 많다. 마케터들은 이 전 단계의 전통적인 광고보다 이러한 판촉활동에 사용하는 비용이 훨씬 많다. 다만 최종 단계의 판매는 이러한 판촉활동을 통하여 증가할 수 있지만, 강압적인 푸쉬를 통한 구매는 많은 경우 구매 후 사용 시 불만족을 경험하게 하여 오히려 장기적인 기업 평판에 해를 줄 수 있음을 명심해야 한다.

기업 간 거래의 경우에는 한 번의 거래보다는 장기적으로 거래되는 경우가 많기 때문에, 구매기업의 상황에 맞추어 구매 및 제품 전달이 효율적으로 이루어지도록 협의되는 경우가 많다. 구매기업의 생산 계획에 맞게 판매기업이 필요한 부품이나 소재를 준비하고 있어야 하므로 판매기업에게 부담이 많이 간다. 판매기업은 구매기업과의 적절한 정보 교환 및 물류의 협력이 필수적이다.

마지막 단계는 구매 후 사용 및 평가 단계이다. 구매 후 만족하는 구매자는 일반적으로 다음 구매에 대한 기대 수준이 높아진다. 만족하는 소비자들을 제품에 충성하는 고객들로 전환시키기 위해, 기업은 계속적으로 제품을 향상시켜 소비자들을 만족시켜 나가야 한다. 이 과업을 성공하면 기업의 장기적인 생존과 성장이 가능해진다. 한편 많은 경우 소비 상황에서 불만족하는 부분이 생기기도 한다. 이때 기업은 회피하려 하지 말고 적극적으로 불만을 해결해 주도록 해야 한다. 불만족한 구매자는 일단 더 이상 기업 제품을 구매하지 않으려 할 것이고, 다른 사람들에게 구두나 소셜미디어를 통해 자신의 불만사항을 알린다. 연구에 따르면 불만족한 고객의 불편사항을 기업이 해결하면 50% 정도는 그 기업 제품을 계속 구매한다고 한다. 또 다른 접근 방법은 고객이 제기한 불만사항을 접수하여 새로운 제품을 만드는 기회로 삼는 것이다. 고객의 제품에 대한 불만을 잘 살펴 현재 제품을 개선하거나, 새로운 제품 개발로 활용한다면 기업에 새로운 기회가 될 수 있다. 3M 같은 회사들은 이러한 접근 방법을 적극 활용하여 많은 신제품을 시장에 매년 출시하고 있다.

기업 고객의 경우 부품이나 장비를 활용하여 고객회사 제품을 만들어 내는데, 구입 제품이 익숙하지 않아 제품 생산에 문제가 발생할 소지가 많다. 이러한 문제를 미리 해결하기 위해 사용방법 교육 등을 적절히 제공하고, 문제 발생 시 신속히 서비스 팀을 파견하여 문제를 해결해 주어야 한다. 기술적 문제의 경우 엔지니어들도 적극적으로 참여하여 고객의 불편사항을 모니터링하고 적절한 도움을 제공하여야 한다.

4절

가치 창조와 핵심역량의 역할

기업의 가치 창조에 있어 엔지니어는 제품에서 발생하는 기본적 가치를 창출하고 마케터는 부가적인 부분에서 추가적인 가치를 만들어 낸다. 때문에 엔지니어가 기본적인 가치를 처음부터 크게 만들어 내는 것이 바람직하다. 그것을 할 수 있는 바탕은 물론 엔지니어들이 가진 제품 개발 및 제조 분야의 핵심역량이다.

핵심역량을 평소에 최대화하도록 노력하고 마케터와의 협력을 통하여 부가적인 가치 증대에도 기여한다면 현재보다는 엔지니어들의 가치 증대 기여가 많이 늘어날 것이다.

4절의 내용 일부는 이의훈 저(2017), 스타트업에서 글로벌 챔피언으로, 도서출판 창명에서 인용하였음

10장 마케팅은 프로세스이며 기업의 활동을 통합하여 가치를 높이는 것

비즈니스의 성과는 결국 시장에서 제품이 팔리는 것으로 나타난다. 기업의 여러 가지 기능은 모두 중요하지만 그 기능들은 결국 협력하여 판매가 일어나도록 해야 한다. 또한 판매는 계속해서 이루어져야 하고, 판매액도 중요하지만 이익이 많이 나야 한다.

마케팅 기능이 판매와 직접 관계가 있다. 판매에 이르는 과정을 보면 우선 기업이 가야 하는 방향을 제시해 주는 기업의 미션을 확인하고, 그에 맞추어 전체 마케팅 과정을 수행한다. 먼저 고객에 대한 이해는 필수이고 시장 환경, 경쟁기업 등을 분석한다. 그 다음 유사한 고객군을 확인하여 시장 세분화를 하고, 이 과정에서 확인된 세분시장들을 추출해 낸다. 이 세분시장 중에 기업의 역량과 세분시장의 매력도를 고려하여 최적 목표시장을 선정한다. 이 과정에서 목표시장이 어떤 특성과 욕구를 가졌는지, 선호가격대는 어떤지, 교환 장소는 어디로 할지, 어떤 정보와 메시지를 듣고 싶어하는지 등의 프로파일을 파악하게 된다. 그 후 목표시장을 위한 제품 및 서비스 개발, 가격 결정, 유통 방법 결정, 광고 등의 촉진활동을 담은 마케팅 계획을 수립하고 실행에 옮긴다. 물론 성과 측정 및 시장 피드백을 확인하고 다음 계획을 수립한다.

최근 들어서 생산시스템이 자율화되고, 개별 고객 정보 수집이 용이해지면서 목표시장이 개인이 되어 가는 경향이 있다. 그렇지만 최소한 전략적 마케팅 계획 과정은 이상과 같이 그대로 적용되어야 필요한 자원과 역량을 갖추는 준비를 할 수 있다.

이 과정에서 마케팅은 기업의 다른 기능의 협력을 받게 된다. 예를 들어 제품을 만들 때 R&D 부문이, 유통 장소로 제품을 보낼 때 물류 부문이, 필요한 인력을 확보할 때 인적 자원관리 부문이, 자금 수요관리는 재무 부문이 담당한다. 각 부문들은 서로 협력을 통하여 목표시장에서 원하는 최대의 가치를 만들어서 전달하도록 한다.

제품의 가치를 높게 할 수 있으면 판매가 늘어날 가능성도 높아지고, 가격 측면에서도 여유가 있어 필요한 이익도 많이 생길 수 있다. 스마트폰 산업에서 획기적으로 고객가치를 높인 애플의 이익점유율이 부럽지 않을 수 있을 것이다.

따라서 시장에서 구매자 선택 시 인식되는 제품의 최종적인 가치를 높이기 위해 지휘자 역할을 하는 마케팅이 중심이 되어 기업의 활동이 이루어져야 한다. "세상에서 가장 맛있는 음식"은 없다. 왜냐하면 모든 사람의 맛의 기준은 다 달라서, 사람들의 기준을 전부 만족시킬 수는 없기 때문이다. 제품을 선택하는 구매자들의 기준도 다 각각이라 제품을 개발하는 사람이 최고의 제품이라고 미리 자신할 수 없다. 개발 시작 전에 미리 목표고객이 원하는 기준을 알아서 거기에 맞추도록 제품을 개발하여야 한다. 말은 쉽지만 제품을 개발하는 엔지니어와 마케터들은 서로 다른 집단이라 이것을 해내기가 무척 어렵다. 제품의 가치를 올리는 데 관련 있는 부서가 R&D만 있는 것이 아니라 실질적으로 거의 모든 부서와 관련이 된다. 부서들이 같은 방향으로 공통의 목표로 움직이게 하기 위해 마케팅의 역할은 매우 중요하다.

판매를 목적으로만 하면 가격경쟁에 빠져들기 쉽고 고객만족을 획득하기 힘들어 기업의 장기적인 존속도 위험해진다. 가치를 높이기 위한 기업의 통합적 판매가 일어나고 고객충성도도 높아지고 이익도 많이 발생할 수 있다. 그렇게 하기 위해서는 고객을 중심에 놓고 기업의 활동을 통합시키기만 하면 된다.

앞부분에서는 구매자의 인식된 가치를 최대화하려는 노력을 기업 전사적으로 실행하는 것이 필요하다는 점은 설명했다. 그중 가치 증대와 직접적인 관련이 있는 분야가 마케팅이므로 마케팅에서 구체적으로 어떻게 이루어지는지 살펴보자.

마케팅에서 가장 중요한 것은 구매자/소비자의 이해이다. 구매자/소비자에 대한 이해 없이 구매자가 인식한 가치를 올리기는 매우 어렵기 때문이다. 유감스럽게도 제일 중요한 첫 번째 과업을 아예 건너뛰거나 대충하는 마케팅 담당자 혹은 기업가들이 많다. 구매자 특성, 행동과 구매자의 환경 등을 잘 이해해야 가치를 어떻게 키울지가 명확해진다.

특히 가치를 정하는 기준을 먼저 확인할 필요가 있다. 전반적으로 소득 수준이 많이 높아졌지만 그래도 여전히 많은 사람들에게 중요한 것은 가격 혹은 가성비이다. 전통적인 유통강자 월마트는 물론 인터넷 쇼핑으로 세계 최대 유통사가 된 아마존도 기본적으로는 "가격 경쟁력"으로 성공한 회사이다. 그러나 단순히 비용 감소만으로는 기업이 원하는 가치를 전달할 수는 없다. 경영원칙은 유효성과 효율성을 동시에 달성해야 함은 물론이다.

일반적으로 아무리 가격 조건이 좋다고 하더라도 구매자가 가격만으로 구매하지는 않는다. 다른 요인 즉 품질, 디자인 등도 어느 정도 만족스러운 수준으로 제공되어야 한다. 앞에서 이미 자세히 설명한 바와 같이 월마트는 가격을 싸게 제공하기 위해 전체 기업 활동 자체를 비용을 감소하는 데 초점을 맞춘다. 물론 필요시 과감한 투자도 아끼지 않는다. 무조건적인 비용 감소가 아니라 효율성의 원칙을 중요시 여기기 때문이다.

정반대가 최고의 품질을 추구하는 경우이다. 장인정신으로 무장하여 열심히 노력하는 회사들이다. 이 경우 어느 정도의 비즈니스는 유지되나 성장추구형이 되기는 힘들다.

우리가 잘 아는 소위 럭셔리 제품들은 장인정신은 물론 유지하여 제품 품질은 최고로 유지하지만 심리적인 질, 혹은 이미지를 올려줄 브랜드 관리에도 아주 능하다. 잘 알려지지는 않았지만 루이비통(LV)도 장인정신만 고집하여 좋은 제품만 만들기를 고집하다 회사가 어려워져 MH에 인수당한 케이스이다. 지금 회사 이름은 LVMH로 다양한 럭셔리 브랜드를 보유하고 높은 가치의 "브랜드"를 만드는 데 탁월하다. 코로나로 어려운 가운데서도 LVMH의 비즈니스는 계속 성장 중이다.

품질로 승부하는 독일도 고객 가치 증대의 필요성을 인지하고 가치 증대를 위한 노력을 정부와 기업이 협력하여 추진하고 있다. 제조업 중심의 독일이 전체 가치 창출 네트워크에서 차지하는 가치점유율이 낮아, 이를 높이기 위한 방법으로 최종 구매자에 개별 맞춤형 제품을 제공하여 가치를 높이고자 한다. 이를 위해 앞서가는 기술을 활용하여 변화를 모색, 4차 산업혁명의 시발점이 되었다. 자율화된 개별화 제품 생산 시스템을 통하여 구매자의 인식된 가치를 높이고자 노력하고 있다. 제조업이 강한 우리나라도 개발과 제조에 중점을 두던 경영에서 한 단계 더 나아가 전체 가치 네트워크에서의 기여도를 높이는 방법을 고민해야 한다.

품질과 가격 이외에도 가치를 결정하는 요인들은 많이 있다. 마케팅은 이런 요인들을 활용하여 가치를 높이는 역할을 주로 수행한다. 가치를 높이기 위한 중요한 요인 중의 하나는 '편의성'이다. 가격은 비싸지만 편의점을 고객 가까이에 배치, 성공적인 소매 형태로 자리 잡았다. 코로나 상황에서도 큰 불편 없이 생활하는 것은 그동안 발전된 정보통신과 물류로 인해 집 앞 배달이 신속하게 완료되기 때문이다. 새로운 기술제품이 손쉽게 받아들여질 수 있는 요인 중 하나는 사용 편의성이다. 스마트폰 구매 시 구기기와 신기기 사이의 정보 전달이 어려워 대리점의 서비스를 필요로 했던 사람들도, 이제는 손쉽게 스스로 해결할 수 있어 대리점 방문의 수요가 급격히 줄어들었다.

제품 가격이 비싼 내구재의 경우, 어느 정도 사용 후 재판매를 하게 된다. 자동차를 예를 들면 신차의 가격은 물론 중요하다. 그런데 사용 후 재판매 가격이 높으면 신차 가격이 높더라도 부담 없이 구매를 한다. 또한 내구재 제품들은 오래 사용하기 때문에 AS가 중요한 가치 판단의 요인이 된다.

제품 구매의 가치를 결정하는 중요 요인들이지만 그 역할이 다른 두 가지 요인이 있는데 그것은 남들과 달라 보이고 싶고 나한테 맞아야 하는 '개별화'와, 남들과 같은 제품을 사용하여 무리에 동참하고 싶은 '동류화'이다. 아직도 많은 사람들은 품질 좋고 가격 낮으면 비즈니스가 성공할 것이라는 잘못된 확신을 가지고 있다. 개별화를 통해 가치를 높이고자 하는 노력은 고가제품에서는 주로 옵션을 제공함으로써 이루어지고 있다. 요즘 가전 양사에서는, 개개인의 집에 적합한 가전제품을 제공하는 노력을 하고 있다. 또한 요즘 발달한 SNS를 활용하여 개개인에 맞는 메시지를 전달하여 구매에 영향을 주고 있다. 그 외에도 포장의 개별화, 가격의 개별화, 서비스의 맞춤화 등 다양한 시도들이 이루어지고 있다.

한편 동류화는 유행을 부른다. 인류가 수렵 채취인 시절 혼자서는 너무나 취약한 존재라 밴드라고 불리는 무리를 만들었으며 같은 무리에 속하는 배지/표식을 사용해서 동류의식을 공유했다. 이런 역사는 지금도 우리 DNA에 담겨져 있어 남들과 다르다는 것을 못 견뎌 할 때가 있다. 그래서 친구이든, 연예인이든 자기가 속한 집단이거나 속하고 싶은 집단이 사용하는 제품 사용에 동참하는 욕구가 존재한다. 몇 년 동안 유행했던 검은색 롱패딩이 대표적인 예이다. 왕따라는 잘못된 행위도 동류화의 일종이다. 럭셔리 브랜드에는 이 두 가지 요소가 동시에 존재한다. 남들과는 다른 럭셔리 제품을 가졌다는 차별성과 특정 집단에 소속된다는 자부심이 동시에 작용하는 경우이다.

식당이나 놀이공원, 비행기 등의 서비스를 구매할 때는 서비스의 질, 장소의 분위기 등도 가치 결정의 요인이 된다. 특히 프랜차이즈의 경우, 서비스의 질 관리가 잘 된다고 소비자가 신뢰하는 경우 전혀 다른 생소한 장소에서도 과거 경험에 따른 믿음으로 주저 없이 서비스를 사용하기도 한다.

이상의 요인 외에도 특정 비즈니스 상황에서 잘 연구해 보면 가치에 관여되는 요인들이 있고, 그 요인들을 활용하여 기존 가치보다 더 많은 가치를 느끼게 할 수 있다면 지금보다 더 나은 성과를 낼 수 있다.

비즈니스의 경우 가치에 영향을 주는 요인들을 종합적으로 파악하여 전체 가치의 증감을 최종 의사결정의 기준으로 삼아야 한다. 2022년 1월 시점에 3조 달러의 기업가치를 가진 애플은 새 제품을 런칭할 때마다 혁신이 없다고 비판을 받지만, 꾸준히 가치를 줄 수 있는 분야 – 앱의 도입, 엔터테인먼트, 수준 높은 카메라 기능, 최근 들어 헬스 기능 – 들을 끊임없이 개발하고 서비스화해서 제공해 제품의 가치를 증가시켜 온 결과이다. 현재 컴퓨터 산업에서 글로벌 1위인 델 컴퓨터도 표준화된 대량생산을 통해 몇 가지 옵션만을 제공하던 컴퓨터 업계에서, 선주문을 통하여 유통을 패스하여 개별화된 컴퓨터를 직접 제공함으로써, 유통비용을 제거하여 가격까지 낮추어 구매가치를 최대화한 경우이다. 오래전에 있었던 가치 혁명이었지만 선주문을 통해 개별화된 제품을 대량으로 제공하는 시스템을 구현하는 다른 기업을 아직까지 찾아보기 힘들다.

우리의 제품도 개별적으로 가치 증대를 위한 노력을 한다면 우리나라 전체의 가치 창출도 지금보다 더 높게 구현되어 경제적인 측면에서 훨씬 여유가 있을 것이고 다른 분야의 어려움을 많이 보완시켜 줄 것이다. 지금 잘하고 있는 노력들을 유지하고 가치 증가를 위한 노력이 따라준다면 한층 더 지속 가능하고 여유로운 사회가 될 수 있다.

11장 인식된 가치가 교환의 기준

강의 중 가끔 드는 예가 있다. 이미 잘 알려진 사실인데 헨리 포드가 자동차회사를 만들고 T형 모형 한 가지로만 제조 판매했다. 대량생산 시스템을 최초로 확립하여 초기 값비싼 차의 가격을 현저하게 낮추어 중산층까지 구매할 수 있게 했다. 물론 제조 경험의 축적으로 제품의 질도 많이 좋아졌다. 제네럴 모터스(GM)사는 다르게 접근했다. 일반적인 경우이면 GM도 대량생산 시스템을 도입하고 단일 품종의 차를 생산하고 생산원가를 내리려고 노력했을 것이다. 그러나 GM은 다른 전략을 세웠다. 품질 경쟁력이 떨어지고 원가는 높아도 다양한 차종을 만들기로 결정했다. 이쯤에서 질문을 한다. "누가 이 전쟁에서 승리했을까요?" 답은 더 나은 가치를 전달한 회사이다. 그리고 일반적인 믿음은 포드사이다. 싸고 좋은 품질이면 백전백승. 결과는? GM이었다. GM이 노린 고객층은 누구나 다 가지고 있는 차가 아닌 나만의 차를 원하는 구매자들이었는데 그 당시 자동차는 아직 고급품이라 가격에 덜 민감하면서 차별성을 추구하는 고객들의 수가 포드 T모델을 계속 사려는 사람 수보다 많았던 것이다.

일반적으로 엔지니어는 물론 기업가들이 가지는 단순한 믿음은 제품의 질이 좋고 가격이 싸면 무조건 성공한다는 것이다. 이는 구매자들이 이성적으로만 결정한다면 대부분 사실이겠으나 현실적으로 그렇지 않는 경우들이 많다. 차별성 있는 세분시장의 고객 의사결정의 중요한 변수는 제품의 질과 낮은 가격이 아닌 경우가 많다. 우선 명품시장의 경우 제품의 질은 이미 결정변수가 아니고 오히려 브랜드 등이 더 중요하고, 일상 소비품은 구매의 편의성이 더 중요할 수 있다. 이처럼 구매를 결정하는 구매자들이 생각하는 요인들은 훨씬 다양해서, 그들의 의사결정 기준을 철저히 이해하여야 한다.

가장 기본적인 사실이지만 기업의 성과는 기업 제품과 서비스의 최종적인 판매에 달려 있다. 판매는 기업과 구매자의 교환의 결과로서 이루어진다. 교환이 일어날 때는 먼저 고객이 제품을 선택하게 되며, 교환 시 기업은 판매를 인식하게 된다. 기업은 제품 및 서비스를 제공하고 구매자는 동등한 가치의 비용을 지불하게 된다. 이때 품질, 가격, 서비스, 구매 장소, 브랜드 등을 전부 고려한 선택 기준을 구매자의 인식된 가치라고 한다. 즉 기본적인 품질과 가격 역시 중요한 요인이지만 다른 요인들도 가치 결정에 영향을 주고, 영향의 정도는 고객에 따라 달라진다. 그것이 GM이 포드를 이기게 만든 원인이었다. 엔지니어도 최종 고객이 중요하게 생각하는 제품 관련 부분에 대한 기술 개발, 제품 개발, 제조 등에 중점을 두고 노력을 해야 하는 이유이고, 마케팅과의 협력이 필수적인 이유이다.

구매자의 평가기준인 인식된 가치의 이해

인식된 가치는 고객이 기업과 거래할 때 얻는 혜택과 지불해야 하는 비용의 차이이며, 이 차이가 가장 큰 제품을 고객은 선택하는 것이다. 이 인식된 가치는 고객마다 다르다. 고객 또한 당시의 상황과 거래 환경에 따라 달라진다. 또한 B2B의 경우 가치기준은 소비자하고는 다른 기준을 사용하고, 같은 고객사나 조직 내에서도 각자의 역할이나 성향 등에 따라 이 기준은 다르다. 이러한 차별적인 인식된 가치가 마법을 부린다.

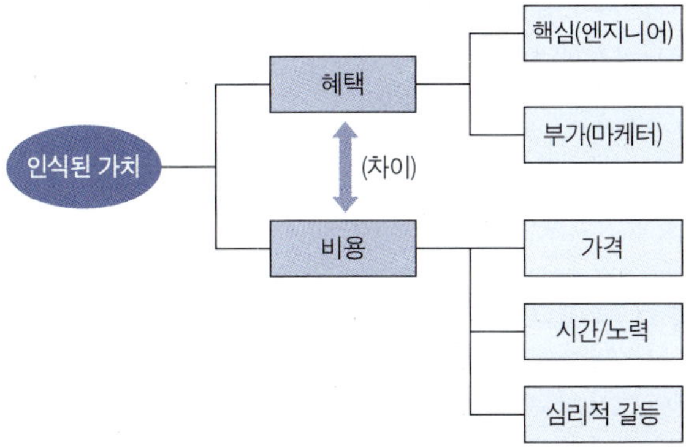

[그림 10] 인식된 가치 개념도

혜택의 결정은 제품의 질, 기능 등의 핵심 요인과 판매원 서비스, 애프터서비스, 보증, 교환, 브랜드, 판매점 입지, 배달 등 유무형의 부가 서비스의 합으로 이루어진다. 그리고 비용은 제품 획득 원가 등의 요인과 제품 처리 프로세스, 배송 등의 처리비용, 그리고 사용의 편의성, 호환성의 희생 등 사용 요인으로 나누어진다.

마케터의 주요 과업은 제품에 대한 고객의 인식된 혜택을 높이는 것과, 인식된 비용을 줄이는 것을 통해 고객의 인식된 가치를 최대화하는 것이다. 물론 인식하는 주체가 주어지는 혜택과 비용 요인 중 상대적으로 중요하게 여기는 것에 상대적으로 높은 비중을 준다. 예를 들면 디자인을 좋아하는 그룹, 안정성을 좋아하는 그룹, 성능을 좋아하는 그룹 등이 있다면, 목표로 결정한 고객 그룹이 좋아하는 제품의 요인들을 잘 뒷받침하도록 하여야 한다. 이러한 정보를 마케터는 엔지니어에게 충실히 전달하여, 고객이 원하는 중요한 요인들을 중점적으로 고려하야 개발하고 만들어야 한다. 또한 고객과의 의사소통도 중요하므로 중요 요인에 대해 잘 어필하여야 하며, 구매 장소 등의 구매 방법도 고객의 인식된 비용(시간, 노력 등)을 줄일 수 있는 것으로 선택하여야 한다.

가치의 종류와 인식된 가치의 증대 방안

일반적으로 가치는 핵심가치, 실제 제품가치, 증폭된 제품가치 [그림 11]의 세 가지로 나뉘어진다. 원의 크기가 커지면 가치의 크기도 커진다. 중간에 위치한 핵심 고객 가치는 고객이 특정 제품을 구매하는 기본적인 요인으로 구성된다. 스마트폰을 사는 이유는 의사소통, 엔터테인먼트, 정보 탐색, 쇼핑 등이 기본적 요인이 될 수 있다. 이 핵심가치 증대 부분이 엔지니어들이 주로 역할을 하는 부분이다. 핵심가치 증대를 위해 엔지니어들은 최상의 제품을 만들기보다는, 마케터와 협력하여 목표고객그룹이 원하는 요인들에 집중한다면 핵심고객 가치를 처음부터 높게 만들 수 있다. 그렇게 노력하면 엔지니어들이 기여하는 최종 가치(고객이 시장에서 지불하는 가격)에서 차지하는 점유분을 높일 수 있다.

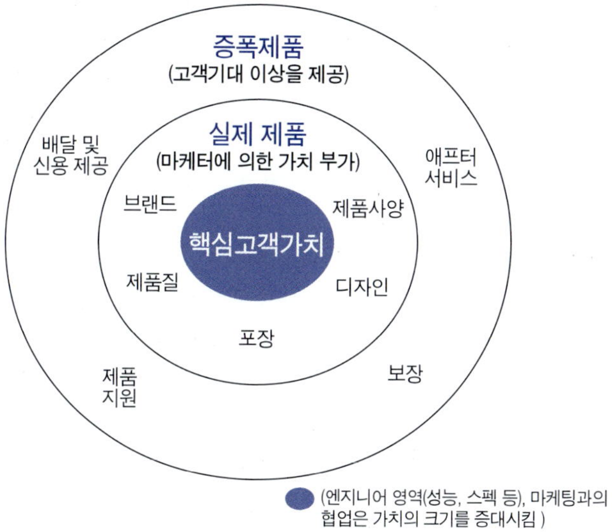

출처: P. Kotler와 G. Armstrong(2011), Principles of Marketing, 저자 수정

[그림 11] 세 가지 수준의 제품(가치)

시장에서 고객이 구매 결정을 할 때는 핵심 고객 가치를 물론 고려한다. 그런데 현재의 시장 상황을 보면 핵심 고객 가치를 만드는 경쟁기업들의 역량이 큰 차이는 없다. 따라서 마케터들은 브랜드 파워 강화, 제품 질의 증대, 포장 개선, 차별적 디자인, 각종 부가적 특성 등을 차별적으로 제공하여 실제 제품 가치를 증대하려고 노력한다. 실제 제품 가치는 최근 들어서는 경쟁기업들이 거의 유사하게 제공을 하는 편

이다.

마지막으로 차별적 가치를 제공하고자 하는 노력이 증폭된 제품 가치 제공이다. 배달이나 신용 제공, 제품 지원, 제품 보증, 판매 후 서비스 등 중에서 고객이 기대하지 않은 것을 고객에게 제공한다면 고객이 감격하거나 매우 기뻐하면서 고객 가치를 더욱 크게 인식하게 된다. 예를 들어 글로벌 호텔 체인의 고객이 서울에서 호텔을 이용하면서 여분의 수건을 요청하는 경우, 그 정보를 활용하여 싱가포르 체인점을 이용할 경우 활용하여 고객이 요청하지 않아도 미리 수건을 여유 있게 제공한다면 고객은 호텔이 자신을 케어해 준다고 느껴 매우 만족해할 것이다. 현대자동차가 초기에 미국에서 판매한 자동차의 품질이 나빠 좋지 않은 이미지를 주었다. 그 후 기술 수준을 높이고 품질을 높였는데도 여전히 과거 이미지로 인하여 구매를 꺼렸다. 그래서 그 당시로는 파격적인 10년 수리 보증을 약속했다. 그 후로 구매 고객이 늘고 품질이 개선된 점을 느껴 전체적인 판매량이 계속 증가하였다.

기업은 세 가지 수준의 가치를 각각 최고로 하도록 노력하면 고객의 제품에 대해 느끼는 가치를 최대화시킬 수 있다. 그 결과는 판매의 증가로 나타난다.

많은 경우 판매자와 구매자가 교환을 원할 때 상대방이 인식한 가치에 대해서 잘 모르기가 쉽고, 보통의 경우 더 낮게 평가하는 경우가 많다. 그런데 교환이 일어나는 것은 판매자와 구매자가 인식하는 나의 가치와 상대방의 가치가 일치하거나 상대방의 가치가 나의 것보다 높을 때이다. 구매자가 선택의 주도권을 가지고 있기 때문에 판매자는, 내 제품에 대한 구매자의 인식된 가치를 높이도록 노력해야 한다. 판매자들 특히 기술 기반의 제품을 팔고자 하는 판매자들이 범하는 실수 중 대표적인 것은, 본인의 노력이 최대로 들어간 핵심가치에만 집중하고 고객의 실질적인 가치를 증대시키는 부가적 액세서리와 서비스에 대한 노력을 하지 않는 것이다. 이 경우, 판매자가 인식하는 자기 제품에 대한 가치는 매우 높은데, 구매자가 인식하는 가치가 낮아 구매자의 선택이 이루어지지 않는다.

판매자가 범하는 또 다른 실수는, 원가에 적정이윤을 더한 가격을 설정하는 경우이다. 어떻게 보면 판매자의 이런 가격설정 방법이 합리적으로 보이지만 구매자가 선택한다는 중요한 사실을 망각한 경우이다. 만약 구매자가 느끼기에, 판매자의 가격이 구매자가 인식하는 가치보다 낮으면 구매를 하지만 판매자는 이익을 놓치게 된다. 그리고 판매자의 가격이 구매자가 인식하는 가치보다 높다면 아예 구매자의 선택을 받지 못하게 된다. 어떤 상황이든 판매자에게 불리한 경우가 된다. 이와는 반대로 판매자가 구매자를 잘 이해하여, 구매자의 인식된 가치를 파악할 수 있다면 그에 맞추어 가격 설정을 할 것이므로 교환이 일어나고 이윤도 발생할 것이다. 물론 원가 이하로 판매하지 않는 경우에 해당한다.

혜택이나 비용을 결정하는 요인들은 위에서 든 예보다 다양해서 여기서 기업의 운신의 폭이 넓어진다. 만약 모든 고객이 최고의 품질만을 혜택이라 생각하고 지불하는 가격만 비용이라고 생각하면 인식된 가치를 알기에 상대적으로 쉽다. 그러나 혜택이나 비용이 품질이나 가격만이 요인이 아니라는 데 묘미가 있다. 세상에 팔리는 제품이 품질이 최고라거나 가격이 최고 저렴하다는 이유로만 팔리는 것은 아니다.

오히려 최근에는 생산능력의 증대로 품질의 차이가 거의 없어졌고 생산비용을 줄이려는 노력을 하다 보니 생산비용 역시 큰 차이가 없어졌다. 따라서 인식된 가치를 결정하는 가장 중요한 요인인 품질과 가격의 실질적인 결정력은 많이 줄어든 상태이다.

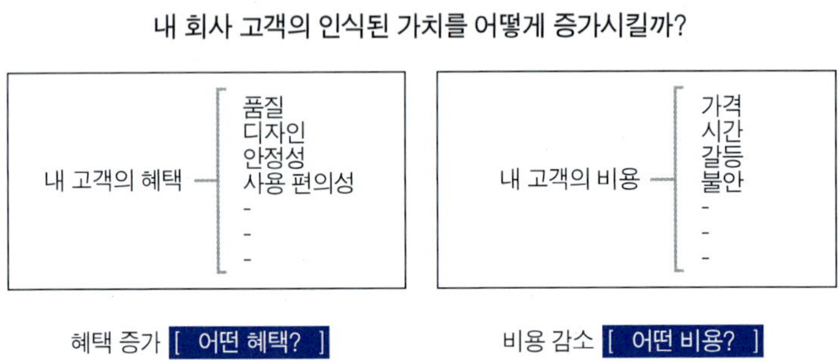

[그림 12] 인식된 가치 높이기

판매기업의 입장에서는 고객의 인식된 가치를 높이는 데 모든 노력을 기울여야 한다. 혜택을 조금 높이고 비용 또한 낮춘다면 인식된 가치는 각각의 차이의 합만큼 늘어나 고객이 내 제품을 선택할 확률은 훨씬 높아진다. 대부분의 제품의 차이가 크지 않음을 생각하면 판매 기회의 확대는 의외로 클 수 있다. 혜택을 늘리거나 비용을 줄이는 방법은 기업 내부의 노력으로 가능하다. 이 경우 근본적인 변화가 필요하다. 예를 들어 품질을 높이는 방법을 찾는다든지, 규모의 경제를 구현하여 비용을 줄인다든지 하는 것이다. 이러한 노력은 물론 늘 추구하여야 한다.

고객에 대한 이해는 언제나 중요

현재 상황에서도 큰 노력 없이 인식된 가치를 높이는 방법이 있다. 바로 고객을 좀 더 이해하는 것이다. 고객의 입장에서 보면 고객의 인식된 가치의 증대는, 고객이 가질 수 있는 혜택이 늘어나는 것이고 비용이나 불편함은 줄어드는 것을 의미한다. 기업은 고객의 이해를 통해 고객이 어떻게 혜택의 증가나 비용의 감소를 인식하느냐를 의외로 간단히 파악할 수도 있다. 제품의 사양이나 보증을 변경하거나, 가격 조정을 하거나, 고객이 구매하는 방법을 변경하거나, 커뮤니케이션 수단과 내용을 변경하거나 하는 것도 중요한 가치 증대 도구이다. 이는 고객의 인식된 가치의 증가를 이끌어 내서, 고객은 다시 자사제품이나 서비스를 선택하게 된다. 물론 만족도와 충성도도 역시 높일 수 있다.

여기서 한 가지 명심해야 하는 중요한 내용은, 결과가 효과적이기 위해서는 방향이 먼저 정해져야 한다는 것이다. 기업의 다양한 노력이 목표시장과 일치해야 한다는 것이다. 그래야 무엇을 더 열심히 해야 하는지 우선순위가 나온다. 물론 목표시장을 정하는 것은 제품이나 서비스를 정하기 전에, 구매자와 경쟁기업이 있는 시장의 분석을 통하여 이루어진다. 많은 경우 이러한 분석 없이 목표시장을 정하는데, 강력한 경쟁기업이 존재하거나 구매자들이 원하는 가치를 충분히 전달하지 못하게 되면 판매성과가 날 수 없게 된다.

냉정하게 보면 아직 우리 기업의 제품 수준이 세계 최고인 경우는 많지 않다. 더구나 고객의 폭이 좁다 보니 운신의 폭 역시 좁다. 현재 제품의 품질을 높이고자 하는 노력은 지속적으로 해야 하지만 시간과 노력이 많이 드는 일이다. 잠재고객들은 최고의 제품을 원하기보다는 제품의 품질은 최고가 아니더라도 비용적인 측면에서 더 나은 제품을 우선적으로 원하는 경우가 더 많다. 최종 시장의 소비자는 물론 그렇고 이 소비자들에게 제품을 공급하여야 하는 기업들도 그럴 수밖에 없다. 세계 최대의 판매량을 자랑하는 월마트나 아마존 등에서 팔리는 제품을 보면 최고 품질의 제품은 거의 없다.

결론적으로 말하자면, 고객을 잘 이해하면 현재 수준의 제품 역량으로도 얼마든지 시장을 확대해 나갈 수 있다. 기업으로서 생존과 성장이 여기에 달려 있고 물론 쉽지는 않은 일이지만 얼마든지 가능한 일이므로, 인식된 고객 가치를 높이는 일에 매진해야 한다.

엔지니어의 가치 기여

엔지니어는 전통적으로 가진 역량이 뛰어나고 열심히 일을 한다. 다만 아쉬운 것은 노력에 비해서 최종 사용자를 위한 가치 창출 기여도와 전체 가치 창출 파이의 점유율이 부족하다는 점이다. 최종 가치의 크기는 최종 소비자가 구매하는 시점에서 인식된 가치에 의해 결정되므로, 엔지니어는 아이디어 창출의 초기 단계부터 제품 개발, 제조, 유통 등의 과정에 최대한 참여하여 가치를 키우도록 노력해야 한다. 이때 가장 도움이 되는 파트너는 마케터이며, 마케팅에 대한 이해의 증대는 마케터와의 협력의 성과를 높여 준다.

특히 제품 개발이나 제조의 경우 미리 최종 시장의 일반 소비자들이 바라는 바를 최대한 이해하여 엔지니어의 일에 반영해야 한다. 그 경우 개발의 방향이 뚜렷해지므로, 오히려 많은 시간과 노력, 비용을 줄일 수 있다. 뿐만 아니라 성과도 극적으로 올라갈 수 있다는 점을 명심하여야 한다.

12장 핵심역량을 만들어 내자 - 핵심역량에 기본을 둔 사업과 제품이 성공의 키

기업이 생존에 자신이 생기면 그 다음 생각해야 하는 것이 핵심역량을 키우는 것이다. 초기에는 모든 것이 부족한 상태에서 살아남는 것이 중요하기 때문에 어떻게든 비용을 줄이고 서비스를 좀 더 제공하는 등 열심히 밤낮 없이 일하지만, 계속해서 그러한 상황을 견뎌낼 기업은 없다. 설사 가능하다 하더라도, 조그만 상황 변화에도 기업이 쉽게 위험해질 수 있다. 더구나 경쟁의 범위가 국내뿐만 아니라 점차 전 세계에 있는 모든 기업이 되어가는 상황에서 남들과 같은 역량밖에 없을 경우 항상 피곤하고 위험에서 벗어날 수 없다.

이런 상황에서 벗어나는 길은 기업의 경쟁자보다 확실한 우위를 보여줄 수 있는 핵심역량을 기르는 것이다. 기업의 핵심역량은 탁월한 R&D, 우수한 영업인력, 효율적인 생산 시스템 등 어떤 것이라도 가능하다. 특히 기술의 영향을 많이 받는 하이테크 기업의 경우 엔지니어의 역량은 절대적인 핵심역량의 요소가 된다. 마케팅 역량도 분명히 기업의 핵심역량의 중요한 일부이다. 기업의 제품이나 서비스가 과일이나 꽃이라면 핵심역량은 뿌리라 할 수 있다. 기업이 핵심역량을 가졌다는 것은 기업의 제품이나 서비스를 경쟁사들이 쉽게 모방하지 못하고 기업 내부 조직이나 사람들을 통으로 가져가지 못한다면 핵심역량이 노출될 가능성이 없고, 다른 제품 분야나 시장으로 성공적으로 진출할 수 있다는 것 등으로 확인할 수 있다.

지금까지 설명한 마케팅 프로세스를 통하여 좋은 기회를 줄 수 있는 시장을 확인했더라도, 그 시장에서 구매자들이 원하는 제품이나 서비스를 경쟁기업보다 더 가치 있게 제공할 역량이 부족하면, 구매자와의 교환이 일어나지 않아 성과가 나오지 않는다. 따라서 경쟁기업보다 차별적으로 우수한 제품/서비스를 창출할 수 있는 핵심역량은 꼭 필요하다.

이러한 핵심역량을 활용한 성공의 예는 캐논이나 혼다의 경우에서 찾을 수 있다. 캐논은 지금은 힘을 많이 잃은 일본 제조 대기업 중 여전히 성장하고 있는 기업이다. 캐논은 지금도 최고의 카메라 제품을 만들어 내고 있다. 캐논의 핵심역량은 최고의 카메라를 만드는 세 가지 분야에서 온다. 렌즈를 만드는 정밀광학(fine optics), 정확한 사진을 찍게 하는 정밀역학(precision mechanics), 그리고 소형 전자제품을 만드는 미세역학(micromechanics)이 세 가지 핵심역량이다. 이 세 가지 핵심역량에서 제조되는 카메라가 좋을 수밖에 없는 이유이다. 이러한 핵심역량은 캐논이 새로운 제품을 만들어 낼 때 그대로 활용되어 새로운 제품들 역시 최고의 제품이 되었다. 이러한 핵심역량의 개발과 활용이 캐논의 중요 성장 요인이 되고 있다.

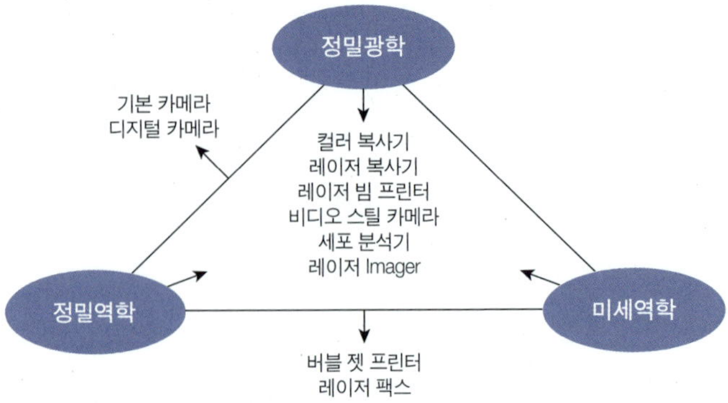

출처: Hutt, M. D., & Speh, T. W. (2013), Edition: Business Marketing Management. South-Western Publishing Company, 저자 수정

[그림 13] 캐논사의 핵심역량 개발과 활용

일반적으로 보통 기업의 문제는 이러한 핵심역량이 없거나 많지 않다는 데 있다. 어느 기업이건 장점은 한두 가지 있는 것이 일반적이므로 우선 한 가지라도 핵심역량으로 기르는 데 최선을 다해야 한다.

혼자서 핵심역량을 더 갖추기가 힘든 기업들은, 시너지가 나는 핵심역량을 가진 기업과 협업을 하는 것도 고려해야 한다. 캐논은 이미 성공한 기업이라 세 가지 핵심역량을 가지고 있었지만 대부분의 기업은 핵심역량을 한 가지도 가지기 힘들다. 이런 상황에서 앞으로 제품이 계속 개발된다 해도 경쟁력 있는 제품일 가능성이 높지 않다. 그러나 관련성 있는 핵심역량을 가진 기업이 몇 개 모여 각자가 가진 핵심역량을 활용하여 제품을 만들어 낸다면 시장에서 경쟁력 있는 제품이 될 가능성이 높다.

확률적으로 성공하는 스타트업이 될 가능성은 매우 낮다. 혼자서 모자라는 역량으로 사업을 계속하는 경우의 성공 가능성도 높지 않다.

그러나 역량 있는 기업들이 모여 각자의 핵심역량을 활용한다면 성공할 확률이 아주 높아진다. 혹은 가치 네트워크의 일원으로 참여하여 가치 증대에 기여하면서 다른 부족한 핵심역량에 대해 도움을 받는 것도 방법이다. 또한 스타트업의 성공을 위해서는 에코시스템을 구성하는 것이 중요하다. 정부는 물론 정부출연 연구기관, 대학교, 투자회사, 컨설팅회사, 글로벌화의 경험이 있는 기업과 핵심역할을 해온 경영전문가 등이 모여 효과적으로 지원하는 에코시스템을 만드는 것이 매우 필요하다.

엔지니어를 위한 팁

핵심역량 부분은 엔지니어들이 가장 관심을 가지고 향상시키려고 노력하는 부분이다. 주의할 점은 현재 잘하는 것을 무턱대고 더 잘하려고 하는 것보다는 기업이 목표로 하는 고객집단에 맞는 핵심역량을 키우고, 최종 시장에서 어떻게 더 큰 가치를 인정받을지에 대해 전략적으로 접근하는 것이 필요하다. 조그만 차이가 판매로 이끌 수 있는 결정적인 요인이 될 수 있으므로 주의를 기울여야 한다. 특히 기업이 잘 나갈 때 시장에서 관심을 돌리고 내가 잘하는 분야에 더 집중하려는 엔지니어 특성이 다시 나타날 수 있음을 명심하여야 한다.

13장 핵심역량은 고객지향성과 연계하면 더 큰 성과가 나온다

기업의 성과는 매출액이나 이익으로 많이 판단한다. 이익은 매출액에서 비용을 뺀 것이다. 기업들은 규모 확장 혹은 새로운 기술의 도입 등의 특단의 방법을 활용하지 않으면 비용을 줄이기 어렵다. 매출액을 늘리기 위해서는 판매가를 높이거나 판매량을 늘여야 하는데 둘 다 어렵다. 이를 해결하는 방안은 결국 고객이 원하는 제품이나 서비스를 제대로 제공하여 가치를 높이는 것이며 이는 기업의 핵심역량에 달려 있다.

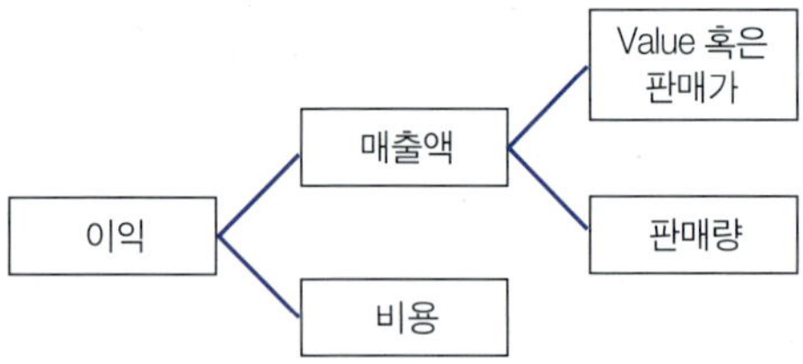

[그림 14] 이익방정식

"진짜 마케팅"이 필요한 이유는 성과와 관련이 있다. 교환을 통한 매출의 증대도 중요하지만 수익을 높이는 것도 중요한데 진짜 마케팅은 이것을 가능하게 해준다. 매출 증대와 수익률 향상은 기업에게 중요한 의미를 가진다. 매출의 증대는 기존 고객들과의 교환이 계속 일어나고 있고, 새로운 고객들이 늘어난다는 의미이다. 기존 고객들이 재구매하는 이유는 제품/서비스의 사용 경험이 긍정적이기 때문이다. 일반적으로 구매 후 경험이 좋으면 제품에 대한 기대가 높아지는 경향이 있다. 그럼에도 불구하고 계속적으로 만족한다는 것은 기업이 제품의 성능을 계속하여 높이고 있다는 것이다. 물론 제품을 모든 면에서 완벽하게 만들 수는 없다. 현재 고객이 바라는 바를 항상 파악하여, 그 방향으로의 기술 진보를 통한 제품 개선이 꾸준히 이루어지도록 노력해야 한다. 물론 구매 시점이나 애프터서비스도 잘 제공되고 있어야 한다. 이는 총체적으로 기업의 역량이 계속하여 발전하고 있다는 것을 의미한다. 새로운 고객이 늘어난다는 것은 기업의 커뮤니케이션 역량이 높고 기존 고객들에 의한 긍정적인 메시지가 시장에 전달되고 있다는 것이다.

한편 수익률이 높다는 것은 기업으로서는 긍정적인 신호이다. 시장에서 교환이 일어나는 것은 물론 비용대비 가격도 비싸다는 것이다. 경쟁기업 제품에 비해 비싼 가격만큼, 인식된 가치가 높다는 것이다. 요즘은 높은 생활의 질을 원하고 이를 지원할 수 있는 자원의 산출이 요구된다. 높은 생활의 질을 누리는 북구의 국가들도 세계적인 경쟁력을 가진 좋은 기업들을 가지고 있고 계속 육성한다는 것은 이들 국가들은 분배에 앞서 "만드는 것"이 선행된다는 것을 잘 인지하고 있다는 증거이다.

[그림 15]에서는 성과를 내는 경우를 두 가지 기준으로 분류하였다. 수평축은 기업이 시장지향적이냐 아니냐를 나타내고 수직축은 기업의 핵심역량이 높으냐 낮으냐를 나타낸다. 각각의 축을 고, 중, 저의 세 가지 기준으로 나누어 전부 9가지 칸을 만들었다. 각 축을 기준으로 성과가 어느 정도 나는 경우 네 가지에 대하여 설명하고자 한다. 기업의 성과는([그림 15]) 1) 시장지향성은 낮으나 핵심역량이 높은 경우로 고객은 잘 모르더라도 제대로 만드는 방법을 알고 있는 dreamers 2) 시장지향성과 핵심역량이 중간 정도로 제품 수준은 높지 않으나 비용절감 등의 다른 방법을 활용하여 고객의 인식된 가치를 높여 성과를 내는 optimizers 3) 시장지향성은 높고 핵심역량이 낮은 경우로 기술적인 능력은 부족하나 고객이 원하는 것을 잘 알고 있어 경쟁자보다 더 고객의 요구를 잘 맞추어 주는 maximizers 4) 시장지향성과 핵심역량이 모두 높은 경우로 고객이 원하는 제품을 최고로 만들어 주는 방법을 하는 경우에 나타내는 big succesors가 있다. 1), 2), 3)의 방법으로도 제대로 실행되면 어느 정도의 성과는 나타난다. 4)의 방법이 최선으로 큰 성과를 내는 기업들은 예외 없이 4)의 방법을 따른다. 이도 저도 못하면 시장에서 패배자가 된다.

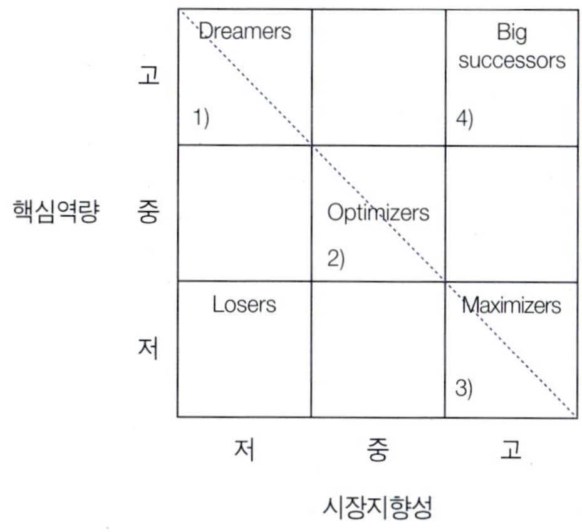

[그림 15] 핵심역량 및 시장지향성 수준에 따른 기업 성과

1)의 방법은 최고의 제품을 만들려는 장인정신으로 가득찬 기업의 경우이다. 물론 최고의 제품을 만들면 시간이 걸리더라도 필요한 고객들은 언젠가는 찾아와 구매를 해 준다. 음식 맛이 훌륭한 식당은 차츰 입소문으로 찾아오는 고객들로 붐비게 된다. 약점은 실력만큼의 성과를 내지 못한다는 점이다. 최종 선택은 고객들의 인식된 가치에 의해서 이루어지는데, 제품 자체가 좋긴 하지만 고객이 아예 그 제품의 존재를 모르거나, 고객에게 꼭 맞지 않거나, 혹은 다른 요인들이 부족해서 구입하지 않을 경우가 많다. 실력이 훌륭하나 고객 응대하는 방법을 모르는 의사나 변호사 등 전문직들이 파리를 날리고 있는 경우도 많다.

2)의 방법은 제품을 만드는 실력은 부족하더라도 다른 방법으로 고객이 원하는 바를 맞추어 주어 제품이나 서비스를 판매하는 경우이다. 일례로 질이 떨어지는 제품을 만들지만 가격을 저렴하게 해서 많은

양을 파는 전략을 취하는 중국이나 인도 제품들의 성과를 보는 경우이다.

3)의 방법은 다른 별도의 방법을 찾기 어렵더라도 고객을 잘 이해하여 경쟁자 대비 차별화를 이루어 구매자의 선택을 받는 방법이다. 가난한 동네에 위치하고 자본 부족으로 다양한 약품을 준비할 수 없었는데도 큰 성공을 이룬 육일약국 약사가 좋은 예이다. 진찰을 위한 도구를 사용할 수 없지만 고객들의 말을 잘 경청하여 가족력, 생활 수준 등을 잘 파악하여 고객에 적합한 약을 제공하여 효과를 내게 하여 큰 성공을 하였다. 파는 약품의 가치를 높일 수 있는 방법이 아무것도 없는 것 같은 상황에서도 고객을 잘 관찰하고 이해하여 차별화 포인트를 찾아내어 경쟁자보다 더 나은 성과를 낸 예이다.

4)의 방법은 고객을 최고로 이해하여 고객의 욕구를 충족시키는 최고의 제품을 만들어 고객의 인식된 가치를 최고로 높이는 방법이며 이때 발생하는 성과는 최고이다. 애플, 월마트 등 우리가 아는 최고의 성과를 내는 기업들은 이 방법을 충실히 따른다. 우리가 아는 각 분야에서 세계를 리딩하는 중견기업 수준의 히든챔피언들도 이러한 방법을 충실히 따라 계속적인 선순환 사이클을 따르는 경우이다.

우리 기업들의 성장방식도 이런 패턴을 따르는 경우가 많다. 대부분 기업을 시작할 때는, 제공하는 제품이나 서비스의 가치가 낮아 저가격으로 교환가치를 맞추고자 한다. 그런데 다른 방법이 없으니 낮은 임금으로 저가격을 가능하게 한다. 최저 임금이 오르면 이런 한계 기업부터 타격을 입게 된다. 이는 어느 정도 제품의 질이 나오는 기업 중에서도 해당되는 경우가 많다. 가격에 장점을 두고 사업을 영위하는 업체가 많고 저개발국가 기업들과 경쟁하는 경우 계속적인 압박을 느끼며 불안해해야 한다. 저가격 문제는 글로벌 경쟁 상황에 있는 대기업들도 가격 이상의 제대로 된 가치를 만들지 못하면 항상 고민해야 하는 문제이다.

이런 어려운 상황에서 벗어나려면 우선 기술적 핵심역량에서 우위를 점하든지 아니면 고객을 이해하고 반응하는 능력이 우수해야 한다. 4차 산업혁명으로 인하여 기술적인 발전이 가속화되고 있어 산업이나 가치 네트워크의 위치와 관계없이 기술적 경쟁력이 먼저 갖추어져야 한다. 시장의 가격 인하 요구에 부응하면서 끊임없는 기술 변화에 대응할 수 있는 제품 개발과 제조 및 전달 능력을 갖추고 있어야 한다. 물론 기술적인 역량은 고객 가치를 증대시키는 방향으로 초점이 맞추어져야 한다. 이 상황에서 잘 해 나가는 기업들이 우리나라에도 많이 생기고 있다는 점은 고무적이다.

한 단계 더 발전하려면 고객의 요구에 수동적으로 대응하기보다는 제품 개발을 미리 선도하고 고객 기업을 리딩할 수 있어야 한다. 현재 우리나라는 물류를 담당하며 고객과 판매기업을 연결하는 기업들과 정보통신을 활용한 online 기업들, 게임업체들과 반도체, 전기자동차, 자율자동차, 가전, 스마트폰 등 스마트 기기 분야에서 세계시장의 리더가 되려는 노력들이 경주되고 있다.

마지막으로 성공적인 기업들도 가끔 초심을 잊어버리고 자신들이 잘하는 것에 익숙해져서 그 점만 강조하게 되고, 고객 모니터링하기를 게으르게 하여 실수를 하는 경우가 있다. 다만 이때 빨리 기본으로 돌아가 제자리를 잡는다면 회생할 수 있다.

5절

시장과 시장 세분화, 목표시장의 선정

엔지니어들은 기업 내부에서 일하고 마케터들은 주로 시장에서 활동한다. 엔지니어들이 마케터와 같이 일을 하기 위해서 마케터들이 무슨 일을 하는지 이해하는 것이 매우 중요하다.

마케팅에서 가장 중요한 것은 고객을 이해하고 기업에 적합한 목표시장을 선정하는 것이다. 고객 이해를 통해 기업이 어떤 기능과 특성을 가진 제품을 개발하고 만들지를 결정하게 된다. 엔지니어들은 모든 면에서 완벽하고 뛰어난 제품을 만들고자 하는 의욕을 가지고 있지만 그러기 위해서는 시간과 비용이 많이 들어가 고객이 비싼 가격으로 사야 하는 문제가 발생한다.

때문에 엔지니어들이 가진 역량을 최대한 활용하되 목표고객에게 정말 중요한 기능과 부차적인 기능을 위주로 제품을 개발하고 제공하여야 한다. 그러한 엔지니어의 일을 도와주는 것이 시장 세분화 및 목표시장 선정이다. 시장 세분화와 목표시장 선정을 통해 파악된 정보를 활용하여, 엔지니어는 목표고객이 제품에 대해 가장 높은 가치를 인식할 수 있게 제품 개발 및 제조를 실행하여 고객만족과 기업의 성공에 기여할 수 있다.

14장 시장의 의의

우리는 시장을 통하여 매일매일의 삶을 살고 있다. 기업이 만든 제품과 서비스를 구매자들이 시장에서 선택하여 구매한다. 시장에서는 제품의 필요성을 인식하고 구매를 할 수 있는 능력을 가진 구매자가 가장 중요한 역할을 하며, 기업은 생산 판매를 위한 활동을 하게 된다. 따라서 구매자와 기업이 가장 중요한 핵심 참여자들이다. 물론 교환이 가능한 장소와 교환의 수단인 화폐 그리고 시장을 지원하고 관리하는 조성자들의 도움을 필요로 한다. 시장은 물리적, 가상적 공간을 포함하며, 이 공간에서 교환 당사자들의 '가치 있는 것'들의 교환이 일어난다.

교환이 일어나게 하는 전제조건은 구매자와 소비자의 욕구와 필요성, 지불 가능성이다. 그런데 구매자들의 욕구와 특성 등이 매우 다양하고 이러한 다양성은 인간의 동물로서 살아온 시간과 태어난 후의 가족과 사회의 학습, 직업, 소득, 나이, 네트워크 등 기본 특성과 상황적인 요인, 환경적인 요인 등으로부터 온다. 시장에서의 교환의 주도권은 공급이 수요를 넘어선 후로 구매자에게 있고, 그 구매자들의 선택을 받아야 개별 기업은 교환이 이루어지므로(즉 제품을 팔 수 있으므로) 구매자들에게 자사의 제품이 최선의 선택으로 인식되도록 기업들은 노력해야 한다. 따라서 기업은 구매자들이 원하는 것을 제공할 수 있는 역량이 무엇보다 중요하며 기술의 발전 등을 통해 계속하여 역량을 증대시켜야 한다.

전술한 바와 같이 시장이 만들어진 배경은 특정 아이템을 생산하는 사람과 소비하는 사람이 분리된 것이다. 현생 인류의 선조인 호모사피엔스의 오랜 수렵 채취의 시절에는 모든 것을 본인이 다하거나, 가족 내에서 역할이 분할되어 필요한 것을 확보했지만, 규모가 커지면서 사회 구성원 각자는 자기가 잘 하는 일을 계속하게 되었고, 다른 필요 아이템은 다른 사람이 가지고 있는 것을 시장에서의 교환을 통하여 구매하여 사용하기 시작했다.

시장 이전에는 인간도 동물로서의 삶의 비중이 거의 절대적이었고 시장 이후에는 점점 동물과 분리되기 시작하였다. 그러나 인류는 종족보존이라는 기본적인 욕구충족을 위한 수단으로서 시장을 활용하였고, 시장 이전의 삶과는 비교가 안 되게 풍요로워졌다. 즉 시장은 인간의 종족유지를 위한 욕구충족을 위한 모습들을 그대로 반영하고 있다.

생산과 소비가 분리된 이후 생산을 담당한 측에서는 특정 제품을 생산하는 데 집중하여 전문적 역량이 늘어났고, 생산의 경험이 축적됨에 따라 효율성도 증가되었다. 덕분에 요즘은 일반 가정의 소득 수준별로, 크기나 품질은 다르지만 집은 물론이고 자가용, TV, 냉장고 등 가전제품, 소파, 침대 등 가구를 소지하고 있다. 만약 생산과 소비의 분리가 이루어지지 않고 내가 직접 모든 것을 스스로 만든다면 어떤 일이 벌어졌을지 잠시 상상해 보자. 한 개인이 평생 만들어도 2만 개 이상의 부품을 스스로 만들어서 자동차를 만들 수 없을 것이다. 우리의 삶은 그날 그날 일용할 양식 마련도 버거울 삶을 살고 있을 것이다.

생산과 판매를 담당하는 역할은 16세기경 상업혁명과 그 후의 산업혁명을 거쳐 기업이 주로 하게 되었으며, 규모와 역량이 점점 커져 오늘날에는 우리가 필요로 하는 제품과 서비스를 충분히 공급하고 있다. 더욱이 시장에서 축적된 자본은 기업이 필요로 하는 기술 수준을 높이기 위한 노력에 투자되어, 계속적으로 혁신적인 제품과 서비스의 탄생을 이루어 내고 있다.

구매와 소비의 경우는 기업 등 전문적인 조직에서 일하면서 획득한 재원을 활용하여, 충족되지 않았던 다양한 욕구를 충족시키고 있다. 욕구는 초기에는 배고픔 해결, 거주 등 생존과 안전을 위한 욕구 중심이었으나 점차 자기 만족과 존경, 집단에의 소속감 등의 사회적 욕구도 발생하여 충족시켜야 할 욕구의 종류도 다양해졌다. 이런 다양한 욕구는 다시 생산과 판매를 담당하는 기업에게 시장에서의 기회를 제공하여 시장에서의 교환의 규모가 커지고 복잡해져 왔다.

현재는 이러한 시장 성장의 선순환으로 인하여 많지 않은 인류의 기본적인 욕구도 충분히 해결하지 못하는 수준에서, 80억 명의 다양한 욕구를 해결할 수 있는 수준으로까지 발전해 왔다. 시장에서는 거의 모든 제품에서 공급이 수요보다 많으며, 글로벌 경쟁기업끼리 구매자의 선택을 받기 위한 노력을 기울이고 있다. 많은 판매 기업들은 제품만 잘 만들면 팔 수 있다고 종종 착각하지만 구매자의 최종 선택이 이루어지지 않으면 교환이 일어날 수 없다(사기나 강압에 의한 교환은 제외).

구매자의 선택은 객관적인 기준에 의해서라기보다는 개인적이고 주관적이다. 일단 개개인의 중요한 욕구가 다르고, 소득 수준이나 라이프 스타일, 가족 구성, 나이, 학력 등의 인구 통계학적인 요인은 물론 제품의 중요성, 구매 상황 등의 요인 등도 선택기준의 결정에 영향을 미친다. 일반적으로 이러한 구매자의 다양한 선택기준을 "인식된 가치"라는 개념을 사용하여 단순화시켜 설명한다(11장 참고). 인식된 가치는 교환을 통해 얻는 제품으로부터 얻는 가치(예: 제품 질, 서비스, 브랜드, 편의성 등)의 총합에서 지불해야 하는 비용(예: 가격, 시간, 갈등 등의 스트레스 등)의 차이를 의미하고, 이 차이가 가장 크게 인식되는 제품이나 서비스를 최종으로 선택하게 된다. 만약 선택 가능한 제품 중에 차이가 플러스인 제품이 없으면 구매를 미루게 된다.

판매 당사자인 기업은 교환이 가능하게, 즉 판매가 일어나게 하기 위해 시장에서 최선을 다해야 한다. 기본적으로 구매자의 특성과 욕구를 이해하고 그 이해를 바탕으로 예상 구매자의 가치 인식을 증대시키기 위한 툴을 사용한다.

제품과 서비스를 고객이 원하는 형태로 제공하고, 파는 장소와 방법을 고객이 편하게 제공하고, 가격 설정도 고객의 지불 의향에 맞추어야 하고, 광고 등의 커뮤니케이션과 할인 쿠폰 제공 등의 판매 촉진 활동도 결정하여야 한다. 현재 기업은 아주 다양한 방법의 조합을 활용할 수 있는데 그중 예상 고객의 인식 가치를 최대화할 수 있는 최적 조합을 선택해야 한다. 그러한 노력의 결과 구매자가 자사 제품의 가치인식을 최대로 하게 되면 교환을 통해 판매를 실현하게 된다. 그 결과 공급을 담당하는 기업의 역량이 급속도로 증대되어 왔다. 또한 기본적인 삶을 충족시켜 주는 것과 문화, 엔터테인먼트, 돌봄 등 그 이상의 것들이 제공되고 있다.

물론 현재의 시장에서는 이러한 바람직하고 공정한 교환만 있는 것은 아니다. 항상 존재하는 이기심으로 인한 경쟁 제한 행위, 독점적 지위 기업의 과다한 횡포, 정보 비대칭을 활용하여 구매자를 속이는 행위, 눈앞의 이익만을 보는 근시안적인 판매자의 불법, 사기, 강요 등의 불법 행위 등이 늘 존재하여, 구매자 및 힘이 약한 기업들이 희생되고 있다. 또한 다수가 참여하는 소셜미디어 등을 통해 개인 정보가 무한정 활용되어, 표적화된 메시지 등을 반복 전달하여 고객의 행위를 과다하게 조종한다든지, 과도한 판매촉진 유인책 사용으로 필요 없는 제품을 구매하도록 한다든지 하는 행위들이 빈번히 일어나고 있다.

그리고 팬데믹, 기후 변화 등 외부 환경의 급변이 강력하고 빈번해서 시장의 기능을 정지시키거나 왜곡하는 일들이 벌어지고 있고, 시장을 통제하여 관리하고자 하는 미성숙한 정책이나 간섭 등도 자주 일어나 정상적으로 시장 기능이 수행되지 못하도록 한다.

이러한 문제점들에도 불구하고 80억 명의 생활을 책임질 수 있도록 기업의 역량이 커진 이유는, 시장의 존재와 시장 내에서의 끊임없는 경쟁에서 이기고자 하는 이기적 동기가 맞물려 최적의 결과를 내고자 하는 쪽으로 바람직하게 진화해 왔기 때문이다. 단순히 이기고자 한 것이 아니라 효과적인 결정을 하고, 효율적으로 운영해 온 결과이다. 결국 이기적인 동기들이 80억 인류를 책임지는 이타적 목표를 달성하게 만들어 왔다.

시장은 인간의 기본적인 임무, 즉 다른 동물들과 같이 종족 유지를 위한 최적의 수단으로서 발전해 왔다. 물론 다른 동물들도 기본적인 교환은 하겠지만, 인간만큼 대규모로, 전문적으로 시장을 통한 교환을 수행하는 경우는 없다. 시장에서는 강자가 살아남기 위한 경쟁이 이루어지고, 이 경쟁을 통한 교환은 교환 당사자 간에 최적의 결과를 가지도록 해 준다. 시장 내의 참가자들의 역량은 계속 진화하여 더 나은 모습을 만들어 나가고 있다. 이 차이점이 같은 DNA를 공유한 인간과 동물의 현재를 반영하고 있다. 또한 시장은 종족 유지를 위한 우리의 본능을 반영하고 있기 때문에, 이념이나 신념 등과는 분리되어 자유롭게 두는 것이 바람직하다.

인류를 위해 시장의 기능을 극대화하기 위해서는, 각 기업들은 유효성과 효율성이라는 경영원칙에 입각한 노력을 하여 경쟁에서 이기도록 동기부여가 되고, 이러한 노력은 경영성과라는 보상으로 이어지도록 하여야 한다. 교환의 과정에서 적절한 행위를 하도록 참여자들의 거래행위의 투명성을 확보하여 위법이나 불법, 부당한 행위는 이루어지지 않도록 하면, 공정한 경쟁이 이루어져 결과의 최선은 확보될 수 있을 것이다.

이러한 완전한 교환이 가능해지면, 수요자의 다양한 수요를 최적의 역량을 가진 공급업자들이 자원의 낭비 없이 만족시켜서 완전한 수요와 공급의 매칭을 이루어 내게 될 것이다. 이러한 접근이 결과적으로 전체 인류의 기본적 목적 달성에 이바지할 것이다.

이상의 상황이 아직 만들어지지 않아서 현재 시장의 문제점이 발생하고 있다. 문제점을 해결하고 지금보다 시장의 기여를 한층 증대시켜 나가야 앞으로의 결정적인 상황에 대처할 수 있다. 시장이 현재는 80억 명을 책임지지만 앞으로는 110억 명에서 150억 명까지도 책임질 수 있도록 그 역량을 더욱 키워야 한다.

단순히 생존을 위한 욕구뿐만 아니라, 인류의 더 나은 삶을 위한 욕구까지도 시장이 담당할 수 있으면 더욱 희망적일 것이다. 그러나 시장이 모든 것을 다할 수는 없다. 시장은 인간의 본성을 반영하여 성과를 내왔다. 더 나은 삶과 사회를 위해서 시장 참여자들의 생각과 행동이 먼저 바뀌면, 시장은 자연히 이 변화에 반응할 것이다. 우선적으로 시장 수요자들이 사회나 환경을 위한 신념을 가지고 행동을 하면 공급자들은 자연히 따라갈 수밖에 없다. 요즘 ESG 경영이 강조되는 것도 이미 시장 구성원 중 수요자 일부의 요구가 더 나은 사회를 위한 쪽으로 바뀌고 있기 때문이다. 시장을 강제로 바꾸기 전에 사회 일원들의 선행적 변화가 필요하다.

엔지니어를 위한 팁

현대적인 시장은 산업혁명 이후 기업의 생산 능력이 비약적으로 늘어나면서 출현하였다. 산업혁명의 성공으로 기술 분야는 충분한 자원을 활용하여 또한 급속도로 발전하였고 이러한 선순환이 오늘날에는 더욱 가속화되고 있다. 시장은 전술한 바와 같이 전문성에 의해 분화가 되고 각자 잘하는 것을 더 잘하게 되어, 엔지니어의 경우 최종 시장에서 점점 더 멀어지게 되었다. 그러나 비즈니스 전반적인 성과 향상을 위해서는 시장에 가까운 마케팅 부서로부터 필요한 정보를 제공받아, 초기 단계부터 방향성을 최종 시장에서의 고객을 위한 최고의 가치 창출로 잡고 노력해야 낮은 가치 점유율을 극복하게 될 것이다.

15장 마케팅과 환경 변화에의 선행적 대응

현재 우리는 어느 시대보다 환경 변화가 극심한 시기에 살고 있다. 이러한 변화는 앞으로 더 강해질 것으로 보인다. 마케팅에서 가장 중요한, 최종 고객의 인식된 가치는 환경 변화의 방향에 따라 많이 바뀐다. 유통업의 변화를 보면 환경의 변화를 많이 받아왔음을 알 수 있다. 월마트 등의 대형 할인점의 탄생은, 경기가 침체하면서 많은 고객들이 수입이 줄게 되어 더욱 가격에 민감하게 변하게 되고 저가격의 제품을 대량으로 판매하는 대형 할인점을 주로 이용하였기 때문에 가능했다. 아마존은 초기에는 인터넷을 통하여 서적 판매를 함으로써, 오프라인 소매점 운영비용을 줄여 저렴하게 판매했다. 편의성과 가격할인을 제공하여 젊고 새로운 수단이었던 인터넷 사용에 능숙한 구매자들을 끌어들였다. 최근에는 기술 활용도를 넓히고 오프라인까지 진출하여, 현재 최고로 각광받는 유통사가 되었다. 새로운 미디어들의 출현을 더 빠르고 편리해진 물류와 결합하여 100년 만의 질병이라는 코로나 시대에 언택트를 원하는 구매자들의 인식된 가치를 높여 빠르게 성장하는 업태들도 있다.

최종 고객뿐만 아니라 가치 네트워크의 참여자들이 각자의 입장에서 변화를 수용하여 최고의 가치를 만들어 내야 하는 방향(제품 품질, 속도, 가격, 이미지 등)도 영향을 받는다. 시장에서의 경쟁에서 승리하기 위해 새로운 기술을 적극적으로 수용하고 새로운 환경 변화에 역동적으로 움직여 변화하는 고객의 가치판단 기준에 맞추어야 승자로 남을 수 있다.

기업 및 마케팅과 구매자 간의 교환 증대에 영향을 미치는 요인들은 많다. 그중 마케터들은 환경 변화에 최대한 대비를 해야 한다. 요즘 마케팅에서 가장 중요한 환경 분야는 기술인 것 같다. 그동안 가속화되던 정보통신 분야 중심의 기술 변화를 포함하여 4차 산업혁명이 소개되어 기업 및 사회 전반에 변화가 일어나고 있다. 지금까지 눈부시게 발전한 정보통신이 사람의 삶과 마케팅을 바꾸어 왔지만 지금 예견되는 많은 기술 변화들이 다 구현되면 지금까지의 삶은 더 이상 없을 것이고, 마케팅은 기업의 다른 기능들과 더불어 급격히 변화할 것으로 예측된다.

기업을 둘러싼 경제적 환경은 최근 들어 더 중요해지고 있다. 팬데믹을 겪으면서 풀었던 화폐들이 지금은 인플레이션을 유발하고 있고 환율에 영향을 주어 수출입이 주요한 경제활동인 우리나라에 큰 영향을 미치고 있다. 멀지 않은 과거에 발생했던 미국의 금융위기는 전 세계 경제를 초토화시켜 많은 기업들이 큰 손해를 보기도 했다. 미국의 이자율 관련 정책들은 전 세계의 경제를 요동치게 만든다. 우리나라의 주식시장이나 부동산시장은 직격탄을 맞을 수 있다. 기업의 자금 조달에도 영향을 주어 투자 결정의 중요한 요인이 된다.

특히 경제환경은 다른 이슈, 국제 간 분쟁, 이념 타툼, 전쟁 등과 맞물리면서 기업의 경영환경을 좋게도 하고 나쁘게도 하는 직접적인 영향을 주므로 늘 모니터링하면서 대비해야 한다.

마케팅을 바꿀 가장 중요한 기술적인 변화는 고객 정보를 획득하고 분석하는 방법의 고도화이다. 이미 발전된 정보통신기술을 통해 거의 대부분의 고객들은 인터넷과 스마트폰, 신용카드 등으로 많은 정보를 양산하고 있다. 방문 장소, 동행, 구매 여부, 구매량, 구매상표, 개인적인 의견 등이 실시간으로 노출되고 있다. 물론 이러한 Big data만으로 고객의 욕구를 파악하기는 쉽지 않으나, 어떤 제품을 원하고 구매하는지 등의 정보는 알 수 있다. 그러나 여전히 하이테크 제품의 경우는 기술을 모르는 고객들이 어떤 제품을 원하는지 스스로 알려주기 어렵다. 따라서 마케팅은 획득 가능한 정보는 효율적이며 효과적으로 수집해야 하며, 고객의 욕구를 알려주는 "deep data"의 수집도 게을리해서는 안 된다. 또한 분석에 있어서도 기술의 도움을 받을 수 있다. AI는 낮은 수준의 일은 물론 전문가의 일까지 대체해 나갈 것이며 데이터를 분석하는 데 큰 도움을 줄 것이다.

현재는 여러 가지 기술이 동시에 개발되고 있을 뿐만 아니라, 기술의 융합도 활발히 진행되고 있어 이들 기술이 앞으로 마케팅과 고객에 어떤 영향을 미칠지 상상하기조차 힘들어진다. 기업으로서는 어떻게 고객가치에 기여할지 그리고 비용 대비 고객가치 증대는 얼마나 될지에 대한 확신이 없는 상황에서 잘못 투자하면 언제 보답이 올지 모르는 답답한 상황이 될 수도 있다. 결국 어떤 기술에 투자할 것인가의 중요한 의사결정 기준은, 고객에게는 어떠한 가치를 부여하고, 내가 제공하는 제품이나 서비스의 가치를 제고하는 데는 기술이 어떻게 얼마나 기여할 것인가이다. 따라서 기술 자체를 보기보다는, 최종 수요자의 욕구를 얼마나 더 잘 충족시킬 수 있는지를 판단해야 한다.

또 다른 주요 이슈는 세계화이다. 지난 몇 십 년간 비약적으로 발전한 네트워크와 이동수단으로 말미암아 세계는 날로 좁아지고 있다. 그러다 보니 교류에 따른 부작용이 발생하기 시작했다. 이방인으로 말미암아 그동안의 직업을 잃어 갈등이 고조되고 있다. 물론 코로나 등으로 인한 이동 금지와 일부 정치인에 의해 선동되는 세계화에 대한 반대 움직임도 있어 단기적으로 문제가 발생할 수 있지만, 세계화를 돌이키기는 불가능하다. 특히 제품을 기획하고 판매하기 위해서는 처음부터 글로벌 시장을 목표로 시작하는 것이 정답이다. 이는 국내서만 제품을 판매하더라도 마찬가지이다. 이미 기업의 국경은 무너졌고 국내든 국외든 글로벌 경쟁기업들과 싸워서 이겨야 한다. 더구나 글로벌 시장을 전제로 하면 제품 판매의 기회가 더 많고 시장의 크기도 커져서 성과를 최대화하기 더 유리하다.

또 다른 주요한 추세는 선진국 시장의 노령화와 개발도상국의 인구 증대이다. 이전에는 메인 시장이 젊은층에 있었으나 일본을 대표로 유럽, 미주 등은 이제 55세 이상 층으로 옮기고 있다. 우리나라도 아직은 노인층 인구의 수는 적으나 노령화 속도가 세계 최고여서 10년 후에는 지금의 일본과 비슷한 수준의 노인국가가 된다. 인구의 수도 중요하지만 사람들이 노령화(aging)을 시작하면 젊은 층들과는 다른 변화가 일어나서 그동안 없던 욕구가 발생하게 된다. 이러한 욕구들은 기존의 제품이나 서비스로는 충족시킬 수 없는 새로운 기회가 된다. 전체 인구 분포로 볼 때 이 시장 말고는 성장할 시장이 선진국 시장에서는 없다. 연금, 건강관리, 일상생활 돌봄, 엔터테인먼트, 일상생활 용품 등 거의 전 분야에서 새로운 수요가 창출될 것이다. 주 시장에서 경쟁력을 잃으면 다른 시장에서도 힘을 잃듯이 앞으로는 에이징 혹은 실버 시장을 대비하지 않고는 기업이 성과를 내기 힘들어질 것이다. 개발도상국 인구는 앞으로도 계속 늘어 현재의 78억에서 2050년경에는 110억에 그리고 그 후로도 늘어나 150억까지 보고 있다. 이 시장을 위해서는, 고도의 비용 감소를 통한 대량생산을 통하여 저가격 제품을 준비해야만 한다.

또 하나 피해갈 수 없는 부분이 자연환경 문제이다. 자원은 유한하고 계속적인 기술의 발달로도 자원 사용의 효율성을 늘이는 데 한계가 있을 것이므로, 자원 사용에는 계속적인 제한이 따를 것이다. 최근의 연구 결과에 의하면 수동적으로 법적인 환경기준만을 따르는 기업들보다는 능동적으로 기업의 경쟁력 향상의 방안으로 활용하는 기업의 성과가 더 높은 경향을 보인다. 제품 개발, 생산 방식, 제품 품질의 향상을 통해 전체적인 효율성을 증가시키고, 그 역설적 결과로 원가를 절약하고, 도덕적이라고 어필하여 기업 이미지를 제고하고, 새로운 소재나 제조 방법의 발견을 통한 제품 혁신 등을 먼저 추구하면 환경친화적인 구매자의 가치인식을 증대시킬 수 있다. 이렇게 하면 환경에의 고려가 부담이 아니라 경쟁력으로 다가올 것이다. 최근 들어서는 환경과 사회, 거버넌스를 고려하는 ESG 경영이 대두되고 있다. 무조건 따라가는 것도 곤란하지만 마냥 무시하기에는 영향력이 너무 크다. 시장에서 이러한 움직임을 보이면 선행적으로 준비를 하여 대응하여야 한다. 환경친화적 제품에 대한 시장의 수요는 늦게 개발되었고 많은 국가에서는 아직 이슈가 되지 못하고 있음도 알고 있어야 한다. 최근에는 미국을 중심으로 환경 소비자 그룹의 크기가 커지고 있으므로 기업도 제품 개발, 생산, 유통, 시장의 전반적인 측면을 평가하여 선행적으로 대비할 필요가 있다.

앞으로의 기업환경은 점점 더 복잡해질 것이다. 이러한 환경의 변화를 원망할 것이 아니라, 기업의 성장 기회로 활용하는 기업만이 살아남을 것이다. 새로운 변화에 열려 있고 내부적인 지식을 쌓아 나가는, 학습하는 조직이 이긴다. 이를 통해 증가된 역량은 고객에 대한 이해를 높이고 필요한 기업의 핵심역량을 미리 준비시켜 고객의 변화하는 수요에 선행적으로 반응하게 하여 변화를 기회로 만들게 해 준다.

기업이 현재 성공적으로 성과를 내고 있다면 대부분 기업은 잘 하는 것을 더 잘하려고 한다. 기술의 경우 이러한 경향이 특히 강하다. 물론 마케팅도 마찬가지이다. 한참 각 산업이 잘 나갈 때는 급속히 성공한 공급업체들 중 일부는 더 큰 성장을 위해, 현재 고객이 나아가는 방향의 연장선에서 다음 제품을 준비하여 또 다른 성공을 계속 이루었다. 성장하는 말에 올라타는 것이 성공의 공식이었다. 그런데 잘 나가던 IT, 조선, 자동차가 동시에 휘청거리는 작금의 모습을 보면 이러한 전략은 더 이상 통하지 않는다.

현재의 급속한 환경 변화는 시장 수요의 급격한 변화를 야기한다. 금융위기 뒤 미국 자동차회사 빅3들이 동시에 큰 위기에 봉착했다. 영원히 큰 차를 살 것 같았던 미국 소비자들이 갑자기 연비를 중요하게 인식하였기 때문이다. 경기가 다시 좋아진 코로나 이전에는 오히려 SUV와 같은, 사이즈가 크면서 연료도 많이 사용하는 차들이 인기를 되찾았다. 작은 차종 때문에 금융위기 후 기회를 잡았던 자동차 업체들이 지금은 역으로 인기 있는 SUV 차량을 준비하지 못해 어려움을 겪기도 했다. 지금의 펜데믹이 종료되어 가는 상황에서는 어떠한 변화가 올지 잘 판단해야 한다.

이런 변화 때문에, 영원할 것 같던 글로벌 기업들도 시장에서 퇴출당하기도 한다. 따라서 내가 속한 가치 네트워크에서 최선의 노력을 다하고 최고로 효율적으로 일하더라도, 가치 네트워크 자체가 실패를 해 버리면 나 역시 실패할 수밖에 없다. 환경 변화에 적응할 수 있는 나만의 유연한 역량을 구성하여 대응하여야 살아남을 수 있다. 코로나 사태로 글로벌 생산 시스템이 급변하고 있다. 유연한 적응이 가능하게 관리되는 공급체인망을 가지지 못하면 적시에 제품을 공급하지 못하는 상황이 벌어지고 있다. 제한적이긴 하더라도 급변하는 환경에 대응할 능력을 키워야 한다. 글로벌 고객을 확보하는 것은 지역적 불황을 피해갈 수 있는 여지를 준다. 인접 분야로 기업의 핵심역량을 활용하여 그 시장에 필요한 제품을 준비하여 진출하는 것도 이러한 위험회피의 중요한 해법 중 하나이다. 그렇다고 경쟁력이 없는 분야로 가야 한다는 말은 아니다. 경쟁력을 유지하는 범위 내에서 새로운 기회 모색이 필요하다.

결론적으로 유연하고 빠르게 대응하는 시장의 변화에 대응하고 선행적으로 필요한 제품을 고객에게 제공할 수 있으려면, 변화에 항상 개방되어 있고 움직일 준비가 되어 있어야 한다. 변화에 선도적으로 대응하고 관련된 정보나 지식이 기업 전반과 가치 네트워크 참여 기업과 공유하고, 의사결정이 빠르게 이루어지는 시스템을 만들어서, 필요한 제품과 서비스가 적시에 혹은 미리 준비되도록 최선을 다해야 한다.

엔지니어를 위한 팁

아마도 엔지니어에게 가장 크게 와 닿는 환경의 변화는 기술의 변화일 것이다. 물론 엔지니어는 그 분야에서 최고의 기술을 확보하기 위해 최선을 다해야 한다. 그리고 기술의 융합이 활발하게 일어나므로 타 분야의 기술도 항상 안테나를 세우고 변화에 민감하게 대응하여야 한다. 다만 그 기술을 활용하여 제품을 만들 때 직접 고객 혹은 고객의 고객이 가치 결정을 할 때 환경 등의 요소를 얼마나 중요시하는지를 미리 고려해야 한다. 또한 파괴적 가치를 만들어 낼 수 있는 제품 설계와 제조를 위한 혁신적 기술의 진보를 만들기 위한 노력을 해야 한다.

16장 진짜 마케팅을 위한 전략적 마케팅 프로세스

시장에서 판매자와 구매자 사이의 교환이 일어나게 하는 과업을 마케팅은 절차에 따라 단계적으로 수행한다. 많은 경우에는 전술적 마케팅인, 이른바 마케팅 믹스라 통칭되는 제품, 가격 설정, 광고, 유통, 커뮤니케이션 등 활용하는 마케팅을 실행한다. 진짜 마케팅이 아닌 이런 "유사" 마케팅이 아직도 보편적이라 제품을 미리 만들고 팔려고 한다. 판매 촉진이 요즘 활발하게 사용되고 있다. 특히 최근 들어 가장 큰 변화인 소셜미디어의 활용이 최대화됨에 따라, 이를 판매 촉진을 위한 커뮤니케이션에 활용하는 비율이 높아지고 있다.

하지만 선행되어야 할 것은 시장을 먼저 이해하고 누구를 대상으로 마케팅할 것인가를 결정하는 것이다. 어디로 갈지에 대한 방향을 바르게 정하지 못하면 그 뒤 따르는 활동들은 의미가 없어지기 때문이다. 이런 활동을 전략적 마케팅이라 한다. 방향을 정하는 과정에 노력이 많이 들기는 하지만, 이것이 가져다줄 성과와 비교하면 충분히 투자의 가치가 있는 것이다.

전략적 마케팅 프로세스는 크게 나누어 시장을 정의하고 효과적인 기준을 정해 시장을 분석하면서 유사한 욕구를 가진 집단별(세분시장이라 함)로 구분하는 세분화(segmentation), 세분화를 통해 나눠진 세분시장들(segments) 중에 기업의 역량과 기업에 가장 매력적인 시장이 겹치는 부분을 찾아 목표시장(target market)을 정하고, 목표시장이 원하는 제품/서비스를 구매자에게 각인시키기 위해 포지셔닝(positioning)을 정하고, 이 포지셔닝을 지원하는 최적 마케팅 믹스를 정하여 차별화(differentiation) 작업을 실행에 옮기는 작업으로 나뉜다. 이런 과정을 거쳐 마케팅을 진행하면 앞 장에서 설명한 "진짜 마케팅"을 실행하는 것이 된다.

물론 현재 마케팅의 흐름이 개별화(personalization)를 추구하고 있어, 개개인이 하나의 시장이 되어 가는 상황이지만 전략적 의미에서는 어느 기업도 전체 시장을 대상으로 개별화된 제품/서비스를 제공할 능력이 없고, 자원도 부족해서 모든 경쟁에서 이길 수 없다. 제일 잘할 것 같은 시장을 선택하고 거기에서 경쟁기업보다 더 잘 할 수 있는지 여부에 대한 중요한 의사결정이 선행되어야 한다. 물론 시장에 대한 철저한 이해와 기업 역량에 대한 냉정한 평가가 선행되어야 한다.

서로 다른 기업들과 다양한 조직들이 행하는 이러한 프로세스의 각 단계는 기업이나 제품, 시장 상황에 따라 다르고, 현저하게 다른 내용이나 방법의 작업을 필요로 한다. 어느 정도 규모 이상의 기업에서는 세분화를 통한 목표시장 선정, 포지셔닝, 신제품 계획 및 개발은 조직 내·외부의 각기 다른 장소에서, 서로 다른 부서와 사람들에 의해서 수행되어지는 경우가 일반적이다. 공식적인 시장 세분화를 통해 목표 시장을 정하는 노력은, 일반적으로 기업 내부나 외부의 마케터들과 제조, 재무, 물류, 서비스 등 관련 부서의 관리자들에 의해 수행된다.

구매자의 마음에 자사의 제품을 새기는 포지셔닝은 마케터에 의해 만들어진다. 한편 구체적인 제품/서비스 포지셔닝은 광고 대행사의 크리에이티브 감독들에 의해서 보통 개발된다. 이를 위한 조사는 광고 대행사 내부 조사담당 부서나 시장조사 전문업체에서 이루어지는 경우가 많다.

신제품/서비스에 대한 개념 설정과 제품원형(prototypes)은 제품 개발 부서의 엔지니어들, 제품관리자들, 판매담당 관리자, 혹은 최고경영자들이 결정한다.

많은 대기업들의 경우 부서별 경쟁으로 인하여, 이 단계들이 분리된 것으로 인식된다. 그렇게 되면 부서별로 독립적으로 작업되며, 회사 전체적으로 조정하기가 힘들다.

물론 규모가 작은 기업의 경우 전체 전략 마케팅 프로세스를 개인이나 한 부서에서 타 부서의 도움을 얻어 수행할 수도 있다. 그런데 의외로 많은 기업들이 편의에 의해 전략적 마케팅 프로세스를 수행하거나 아예 생략하기도 한다. 비용과 시간이 많이 드는 작업이 아니고, 그 효과는 엄청나기 때문에 처음에 힘들더라도 외부 도움을 받아 절차를 경험하고 공식적인 프로세스화하는 노력이 필요하다. 엔지니어들로만 구성된 스타트업의 경우에도 절대로 빠트리고 넘어가면 안 되는 중요한 전략적 과업이다.

이러한 단계들은 전략적 마케팅 계획 수립과정의 중요한 요소들이

기 때문에 서로 밀접한 관련이 있다. 이 과정을 단순화한 것이 [그림 16]에 나타나 있다. 이 과정은 편의상 단계적으로 순서를 제시하고 있지만 한 방향보다는 양방향으로 조정을 거치며 진행되며, 전략적 계획 수립 단계가 마무리되면 실행을 거쳐 결과를 평가하여 계획에 반영하는 순환적 프로세스로 이루어진다.

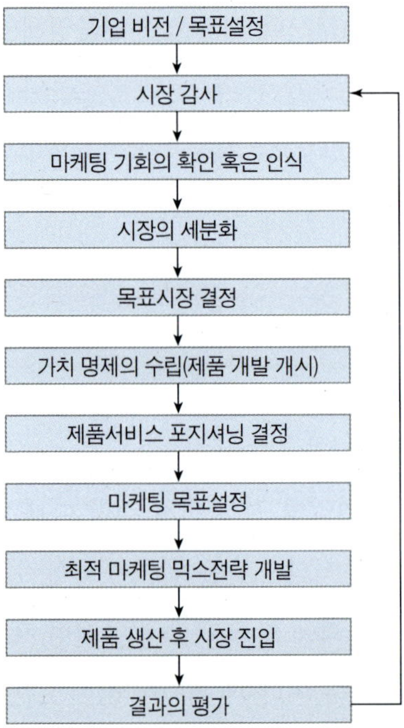

[그림 16] 전략적 마케팅 계획 수립 과정

기업 전략과 마케팅 전략은 밀접한 관계가 있다. 기업 전략의 핵심은 기업의 비전을 설정하고 어디로 가야 하는지를 파악하고 이길 방법을 찾는 일인데, 마케팅 전략 수립과정에서 필요한 정보를 취할 수 있다. 기업의 가장 중요한 정보는 시장에서 오기 때문이다. 시장에는 고객과 경쟁자가 있고 기업은 시장에 영향을 주는 환경에 민감하여야 방향을 정할 수 있다. 시장의 핵심인 교환을 담당하는 마케팅이 기업 전략 수립에 필요한 핵심정보를 제공할 수 있다.

전략적 마케팅 계획 수립과정의 각 단계들은 세밀하게 조정되고 통합되어져야 한다. 왜냐하면 각 단계의 결정사항들은, 해당 제품이나 서비스를 위한 마케팅 실행 계획이 개발되는 데 있어 기본적 토대를 제공하기 때문이다. 또한 각 단계의 발견사항들은 기업의 관점이 아닌, 구매자의 관점에서 보여지는 시장 구조의 모습을 보여준다. 이는 전략 형성 과정에서 또 다른 통찰력을 제공해 준다. 전략 수립 과정에 있어서 고려되는 단계의 순서는 주어진 상황과 마케터들에 따라서 달라질 수 있다. 그러나 "진짜" 마케팅의 경우에 있어서는, 일반적으로 다음과 같은 순서를 따른다:

- 구매자들은 어떻게 다르며, 그들의 욕구는 무엇인가, 그리고 누가 우리의 고객인가?
- 그들의 욕구를 충족시켜 주기 위한 우리의 역량은 무엇이며, 어떤 제품/서비스를 제공해야 하는가?
- 우리가 제공하는 것을 어떻게 경쟁 제품/서비스와 차별화시킬 것인가?

이러한 이슈들을 완전히 분석하여 일련의 의사결정들이 명확히 이루어진 후에, 신제품이나 서비스 개발 및 제조, 또는 기존의 제품이나 서비스를 중심으로 제품관리, 가격결정, 커뮤니케이션 전략 수립, 유통결정 등의 전술적 혹은 실행적 단계로 나아갈 수 있다. 이 과정에 엔지니어들도 적극 참여하여야 한다. 마케팅 전략 수립이 엔지니어들의 직접적인 업무는 아니더라도 이러한 과정에서 발생되는 정보들을 잘 활용하여 제품 개발 및 제조를 수행하여야 한다. 본업도 바쁘고 힘든 상황에서 부가적인 일을 하는 것이 부담스럽겠지만, 반복하여 강조하는 이유는 엔지니어들의 힘든 노력의 결과가 시장에서 정당하게 평가받기 위해서는 필수적이기 때문이다.

시장 세분화 의의

시장 세분화는 오늘날 마케팅에서 매우 중요한 전략적 개념이다. 시장 세분화에 대한 기본적 아이디어는 시장에서 교환이 시작된 이후로 계속해서 있어 왔다. 이 세분화는 미국의 경우 1950년대에 이르러서야 비로소 학자들에 의해서 공식화되어졌고, 수많은 기업과 여러 형태의 조직 그리고는 최근 정치권에서도 활발히 사용되고 있다. 우리나라는 이보다 더욱 늦다. 마케팅이란 용어도 1960년대 말에 처음 도입되어 사용되었고, 대기업에 마케팅 부서가 생기기 시작한 지는 1970년대이다. 더구나 여전히 많은 기업들은 시장 세분화를 전혀 하지 않거나, 제대로 하지 못하고 있다.

성공적인 기업들은 전체시장에서 세분시장들을 확인하고, 어느 세분시장이 제품이나 서비스에 최대의 기회를 제공하는지를 결정하는데 많은 시간과 노력을 들이고 있다. 최근에는 집단별로 마케팅 활동을 실행하는 단계를 넘어, 구매자 개인에게 소구하는 개별화 마케팅 노력을 하고 있다. 원래 기술과 비용 문제로 가능하지 않다고 하던, 개별화된 제품 생산도 현재 가능하다. 커뮤니케이션 전략 등은 이미 고객 개개인을 위한 메시지 전달 등의 개별화로 나가고 있다. 그렇지만 전략적인 차원에서는 전술한 바와 같이, 세분화를 통해 목표시장을 정하는 것이 효과적이다. 그럼에도 불구하고 여전히 많은 기업들은 세분화 어프로치 없이, 전체시장을 기반으로 혹은 아예 시장은 염두에 두지 않고 판매 전략을 수립하고 있다.

기업은 통상적인 시장 세분화 전략의 이행을 위해, 기본적 소비자 조사를 통해 인구통계, 제품 사용 습관, 특정 제품/서비스의 대량 소비자와 소량 소비자의 태도 등에 관한 정보를 확보한다. 이러한 모든 노력의 기본적 목적은 주어진 마케팅 믹스(제품, 가격, 촉진, 유통)에 유사하게 반응하는, 또는 마케팅 계획 수립 목적에 유용한, 소비자 집단이나 잠재적 소비자들을 확인하고자 하는 것이었다. 간단히 말하면, 시장 세분화 전략의 목적은 여타의 세분시장들에서 요구되는 것과는 차별화되면서, 목표 세분시장 내에서는 유사한 종류의 제품/서비스를 원하는 소비자들이나 기업들을 확인하는 것이다.

지금은 종래의 시장 세분화 시도들보다 한층 효과 있는, 더 명확하고 더 유용한 세분화 시장을 나타내 줄지도 모르는 행위, 욕구, 가치, 태도, 인구통계학적 패턴을 확인하기 위해, 많은 기업체에서 다변량 분석 등의 세련된 기법들을 사용하고 있다. 최근에는 Big data와 AI를 활용하여 더 편리한 결과물들을 빠르게 얻기도 한다(하지만 아직은 Big data와 AI에 전적으로 의존하기에는 통계적 유의성 확인이 어려워 위험이 크다). 세분화 기법들을 활용한 분석을 통한 결과물들은 마케터, 경영자 등 사용자들에게 깊은 통찰력을 제공해 준다. 이러한 기법들이 가장 많이 사용되는 소비자 시장 연구에서는 특히 그렇다. 엔지니어들이 주로 관여하는 B2B 시장에서의 세분화 연구는 복잡한 분석기법들보다는 대상 기업과 시장에 관한 깊고 직접적으로 구할 수 있는 정보에 의해 수행되어도 효과적이다.

이러한 발전된 세분화 기법들을 활용하여 얻어진 결과들은 시장 세분화 의사결정, 목표시장 선택, 마케팅 믹스 계획의 기초로서 매우 유용하며 시장에 대한 새로운 관점을 제공한다. 많은 기업은 이러한 기법들을 직접 사용하여 세분화 과정을 수행하기 어렵다. 이런 경우 이러한 전문적인 과업은 외부 전문기관에 맡기는 것이 필요하다. 그런 경우에도 기업은 이러한 과정을 점검하고, 기업의 필요성을 정확하게 대행기관에게 전달할 수 있어야 한다. 그리고 외부 기관들은 분석은 잘하나 기업의 전략적 접근을 이해하는 데 어려움이 있으므로, 전략적 해석과 실행을 위해 필요한 결과물들을 대행기관으로부터 확보할 수 있도록, 필요한 정보와 활용 계획을 정확히 알려야 한다. 많은 비용을 들인 연구 결과물들을 실제로 활용하기 어렵다는 이유로 버려두는 경우도 많이 있다는 점을 명심하여야 한다.

세분화를 위한 노력은 단순히 시장을 세분시장들로 나누는 것이 목표가 아니다. 일차적인 목적은 시장을 정의하고 적절한 세분화 기준을 찾아서, 같은 세분시장 내에서는 유사하지만 다른 세분시장과는 다른 구매자 특성을 가진 세분시장들을 발견하고, 그 과정에서 세분시장들에 관련이 있고 유용한 정보들을 파악하는 것이다. 이렇게 구해진 정보는 제품 개발이나 마케팅 활동을 위해 사용된다. 세분시장에 대한 설명을 위한 프로파일도 작성한다.

가장 중요한 목적은 그 세분시장 중에서 기업에 매력적이고, 기업이 세분시장이 원하는 제품/서비스를 경쟁기업보다 더 잘 제공할 수 있는 목표시장을 발견하는 것이다. 목표시장을 정한다는 것은 고객을 정하고 경쟁할 기업을 정하는 중요한 의사결정을 요구한다. 또한 목표시장을 잘 이해하고 있기 때문에 적절한 포지셔닝을 결정할 수 있게 되고 최적 마케팅 믹스의 결정을 효과적이면서 용이하게 할 수 있게 해준다.

이런 일련의 활동으로부터 얻어지는 고객 관련 정보들은 엔지니어에게 매우 유용하게 쓰일 수 있다. 제품 아이디어 확보, 제품 개발을 위한 제품 특장점 방향 결정, 제조의 방식 및 제품의 수 결정, 물류 시스템 및 실행 결정 등이 주요한 예들이다.

시장 세분화를 꼭 해야 하는 이유

기업이 성과를 낼 수 있는 목표시장을 정하기 위해서는 시장 세분화는 필수이다. 시장 세분화의 목적은 결국 고객을 잘 이해하고자 하는 노력에 있다. 왜냐하면 세분화의 첫 걸음은 고객의 이해로부터 시작하기 때문이다. 심층적인 고객의 이해를 통하여 시장이 어떻게 다른가를 분석해 나가면서 고객의 프로파일을 확보할 수 있다. 다양한 기준으로 고객을 분석할수록 고객을 진정으로 이해할 수 있다. 어떠한 기업이든 고객에 대한 이해를 기반으로 의사결정을 내려야 고객이 원하는 제품이나 서비스를 개발하여 제공할 수 있게 되어 기업이 성공할 확률이 높아진다. 고객 이해를 통한 시장 세분화 전략이 가져오는 가상의 결과가 아래의 그림으로 설명된다.

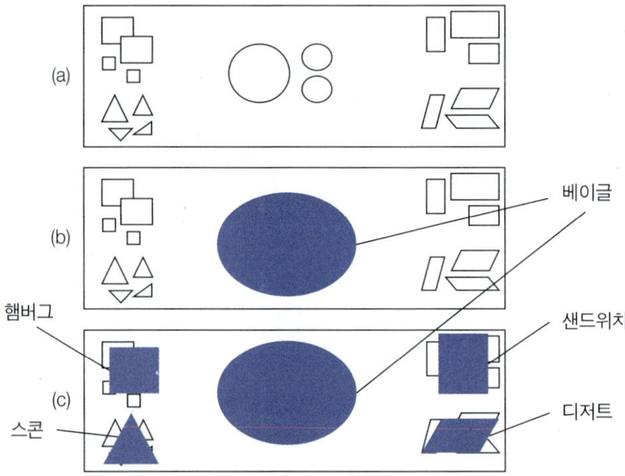

[그림 17] 시장 세분화의 가상적인 예: 베이커리 시장

우리가 자주 이용하는 베이커리를 예로 생각해 보자. 가상의 식당인 '샌프란시스코 베이커리'는 베이글을 팔고 있다. [그림 17]의 첫 번째 (a) 상황은 도형별로 분식에 대한 수요가 있음을 보여주고 있다. 예를 들면 왼쪽 위편의 사각형은 햄버그를, 오른쪽 긴 직사각형은 샌드위치 수요를 나타낸다. 두 번째 (b) 상황은 이 베이커리 중간에 있는 베이글을 제공하고 있는 것을 보여주고 있다. 아직 다른 베이커리 제품이 개발되지 않아 시장에서는 유일하게 제공되는 베이글이 모든 시장을 장악하고 있는 것으로 보인다. 만약 이 베이커리가 시장을 제대로 파악하지 못하고 있다면 이 시장의 소비자들은 현재 제공하는 베이글을 좋

아하고 있다고 판단하고 내년에는 이 베이글을 더 많이 제공하기 위해 매장을 두 배로 늘리고 내부 시설 및 주방 시설을 개선하는 투자를 할 것이다. 그런데 이러한 움직임이 있으면 세 번째 상황인 (c)에서는 잠재 경쟁자들이 이 베이커리의 움직임을 포착하고 시장을 살펴보고 기회를 찾기 시작할 것이다. 그 결과 시장에서는 다른 제품에 대한 욕구가 존재하며 현재의 베이글 외에도 다른 종류의 베이커리들을 원하는 네 가지 작은 시장이 존재한다는 것을 발견하게 된다. 경쟁업체들은 각각 잘 할 수 있는 제품을 개발하고 네 개의 미충족 세분시장에 제공한다. 처음 베이글을 제공하고 있던 샌프란시스코 베이커리는 경쟁업체에게 고객을 빼앗기게 된다. 이때 이 베이커리는 매장을 확장하는데 많은 투자를 했었기 때문에 기대했던 매출 증대는커녕 매출 감소로 인한 막대한 손해를 입게 된다.

이 베이커리가 제대로 했다면 어떻게 했어야 할까? 반드시 고객의 욕구를 확인했어야 한다. 만약 고객의 욕구가 충족되지 않은 세분시장이 존재하는 것을 파악했더라면 오히려 미충족 세분시장을 위해 스스로 제품을 개발하여 만족도를 높여 충성고객화하든지 아니면 다른 시장을 포기하고 베이글만을 원하는 시장으로 집중하여 더 좋은 제품으로 만족시켰다면 일부 고객은 잃더라도 대다수 베이글 고객의 만족을 증대시켜 최고 베이글점의 프리미엄을 누렸을 수 있다.

지속적인 성공을 원한다면 시장의 이해를 바탕으로 적절한 전략을 구사하여야 원치 않는 실패를 피할 수 있다. 우연히 내가 잘하는 제품으로 처음 접근한 시장에서 성공을 하였더라도 거기서 그친다면 이 베이커리점 같은 실수를 언제든지 할 수 있다. 항상 고객과 경쟁자를 이해하려는 노력을 기울여야 한다.

시장 세분화 실행 단계

[그림 18]은 시장 세분화 전략을 구현하여 기업의 성과를 높이는 과정을 보여준다. 세분화를 통한 마케팅 전략 과정의 첫 번째 단계는 시장을 정의하는 단계이다. 놀랍게도 많은 기업은 자기 제품의 시장을 정확히 파악하고 있지 못한 경우가 많다. 더구나 기술의 융합 등으로 산업의 경계가 모호해지는 지금으로서는 제대로 시장을 정의하기가 어렵다. 그러나 시장을 정확히 정의해야만 경쟁자도 파악이 되고 시장점유율도 알 수 있게 된다. 일반적으로 시장 정의를 제품을 기준으로 하는 경우가 많다. 예를 들면 라면 시장, 경차 시장 등이다. 그러나 시장의 정의는 고객의 욕구에 따라 하는 것이 맞다. 욕구는 늘 상존하므로 욕구를 이해하면 고객들이 욕구충족을 위하여 어떤 대체안들을 고려하는지 욕구충족 대상이 어떻게 바뀌어 가는지 등을 이해할 수 있다.

현재는 누구나 스마트폰을 사용하지만 10여 년 전에는 없던 제품이다. 그때 당시의 모바일폰의 글로벌 1위 기업은 지금은 거의 존재가 없어진 것을 늘 염두에 두어야 한다. 이러한 변화는 기술의 발전에 의해 더욱 가속화될 전망이다. 자동차만 보아도 전기차, 자율주행차, 수소차 등 다양하다. 그럴수록 인간의 기본 욕구를 파악하는 것이 선행되어야 기술적 변화 속에서도 혼란스럽지 않을 수 있다.

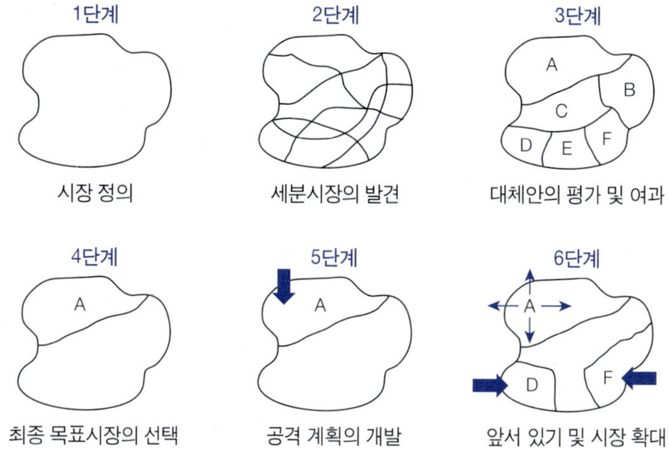

[그림 18] 세분화를 통한 기업전략의 수행 과정

일단 시장이 정의되면 시장을 세분화(두번째, 세번째 단계)하게 된다. 시장을 세분화하는 기준은 다양하다. 가격, 제품 질, 서비스 등과 인구사회적 고객의 특성, 라이프스타일, 태도, 개성, 의사결정 과정, 구매행동, 경쟁자 등 다양한 기준이 있다. 이러한 기준 중 의미가 있는 것들을 골라 시장을 세분하는 기준으로 사용한다. 이러한 기준을 사용하기 때문에 이 과정에서 고객을 좀 더 잘 이해할 수 있게 된다. 세분화의 결과로서 고객에 대한 심층적 이해가 가능한 프로파일을 확보할 수 있다. 이를 통하여 기업의 역량과 함께 검토하여 목표시장을 정하고(네번째 단계) 그 시장에 적합한 제품을 개발하고 가격을 결정하고 영업 방법을 정하고 전달을 어떻게 할지 정하고 커뮤니케이션은 어떻게 할지를 결정할 수 있게 된다(다섯번째 단계). 따라서 놀랄 정도로 모든 결정이 쉬워지고 가장 효과적인 방안들이 도출된다.

마지막 여섯 번째 단계에서는 앞서 단계를 통해 일단 시장을 확보하면 마지막으로 시장을 방어하면서 공격적으로 확대해 나가게 된다.

한 기업이 경쟁력을 가지고 제품 혹은 서비스를 제공하는 세분시장은 필요한 욕구를 충족시킬 제품이나 서비스를 제공받게 된다. 그런데 한 기업이 포기한 시장의 구매자들은 다른 기업의 목표시장이 되어 원하는 제품이나 서비스를 공급받게 된다. 충분한 경쟁이 이루어지면 결과적으로 전체 시장의 구매자들이 최고의 역량을 가진 기업들에 의해 제품이나 서비스를 제공받게 되어 최적의 만족을 누릴 수 있다.

17장 목표시장의 선정

세분화 과정(앞 장 네번째 단계) 중에서 기업의 입장에서 매우 중요한 과업은 기업의 역량과 목적에 맞는 목표시장을 선택하고, 목표시장 공략을 위한 적절한 전략을 수립하는 것이다. 목표시장을 선택할 때는 시장이 매력적이면서도, 그 시장에서 경쟁력을 갖추었는지를 동시에 고려하여서 결정하게 된다. 시장매력성과 시장경쟁력은 세분시장을 나눈 기준을 주로 사용한다. 세련된 기법을 사용해도 되지만 직접 결정할 때에는 실제 적용의 편의를 위하여 세분시장들의 매력도 및 경쟁력을 판단하는데 관련되는 기준들 중 다섯 가지 정도 선택한다. 매력도를 정하는 기준들은 일반적으로 세분시장의 크기, 세분시장의 성장률, 경쟁의 정도, 세분시장 수익성, 순환성과 계절성, 가능한 기술적인 변화, 가격민감도, 진입장벽, 구매자나 공급업자의 구매력, 사회-정치적 고려, 순환성과 계절성, 제품의 수명주기의 위치 등이 있다. 시장경쟁력을 판단하는 중요 기준들은 시장 점유율, 자사 수익률, 기술상의 역량, 이미지, 유통 경로, 제품의 질, 서비스 지향성, 혁신의 정도, 개인적 관계, 변화 능력, 비용 등이다. 이런 요소들을 고려하여 [표 2], [표 3]을 작성하면 매력도와 경쟁력의 정도를 파악할 수 있다.

[표 2] 세분화 매력도 평가

요소	부여점수			획득점수	가중치***	결과치
	10	5	0			
1. 매출액(단위: 억)	>20*	10–19	<10	10	20	1
2. 세분 성장률(%/년)	>10	5–9	<5	5	30	3
3. 경쟁의 정도	저**	중	고	0	10	0
4. 수익성(%)	>15	10–14	<10	5	30	1.5
5. 기술상의 변화	저	중	고	5	10	0.5
				총계	100	6

* 실제 성과
** 평가팀의 합의에 의한 현재 상황
*** 평가팀의 합의에 의해 각 요소의 중요도에 따라 가중치 부여

[표 3] 사업 경쟁력 평가

요소	부여점수			획득점수	가중치***	결과치
	10	5	0			
1. 시장점유율	>25*	10–24	<10	10	30	3
2. 수익성(%)	>15	10–14	<10	5	20	1
3. 차별화	고	중	저	10	30	3
4. 제품 질	고	중	저	0	10	0
5. 혁신의 수준	고	중	저	5	10	0.5
				총계	100	7.5

* 실제 성과
** 평가팀의 합의에 의한 현재 상황
*** 평가팀의 합의에 의해 각 요소의 중요도에 따라 가중치 부여

선정된 기준에 적절한 중요도를 배정하고 기업 역량 및 매력도를 판단하는 것은 여러 부서의 임원들로서 구성된 팀이 의사결정을 하도록 해야 한다. 부서 간 협조와 이해 없이는 아무리 훌륭한 목표시장을 선택하더라도 기회를 잡을 수 없다. 판단을 할 때 동일한 요인들을 모든 세분시장들을 대상으로 사용하여야 한다.

최종 목표시장은 시장 매력성과 시장 경쟁력을 연결하여 판단하여야 한다. [그림 19]에서 보듯이 시장 매력성과 시장 경쟁력을 각각 고·저로 판단하여 연결하면 네 가지 사분면이 나온다. 목표시장으로 정해야 하는 시장은 1사분면에 있는 시장이다. 만약 1사분면에 적절한 목표시장을 찾을 수 없다면 2, 3사분면에서 적절한 방법으로 보완 가능한 것을 전제로 선정하여야 한다. 4사분면은 물론 선택하면 실패할 가능성이 아주 높다. 많은 벤처기업들이 실패하는 이유도 성공이 거의 불가능한 4사분면의 시장을 목표시장으로 하고 접근하기 때문이다.

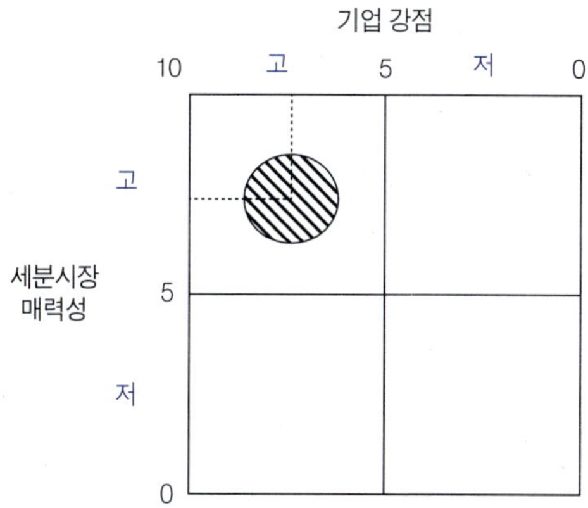

[그림 19] 목표시장의 선정

제대로 된 목표시장을 선정하는 것은 사업이나 제품의 성패를 결정지을 수도 있는 중요한 결정이다. 많은 기업이 이러한 과정을 생략하고 편의와 선입견에 의해 어렵거나 성공 확률이 지극히 낮은 시장을 선정하여 처음부터 고전한다.

세계적인 경쟁력을 갖추고 성장 중인 히든챔피언들의 가장 중요한 전략적 선택은, 틈새시장을 선정하고 그 시장에서 최고가 되는 기술 및 제품을 개발하여 국내 시장을 석권한 다음 글로벌 시장으로 확대해 나가는 것이다. 일견 작은 시장 같으나 글로벌 시장을 놓고 보면 상당한 크기이며, 틈새시장이다 보니 경쟁기업의 수도 평균 6개를 넘지 않는다고 한다. 물론 대기업들이 넘보는 시장도 아니고, 좋은 제품을 꼭 필요한 고객들에게 팔다 보니 평균적으로 제품가도 경쟁제품에 비해 10~15% 비싸게 판다. 소위 프리미엄 가격을 즐길 수 있게 된다. 최근에 우리나라도 이러한 전략을 구현하여 상당한 영업이익을 올리고 있는 기업들이 많이 생기고 있다. 더구나 글로벌 시장으로 눈을 돌리면 현재 매출액을 크게 증대시킬 가능성이 높다.

마지막으로 목표시장을 선정하고 최적의 가치 네트워크를 결성하여 목표시장에서 원하는 제품을 공급하여 성공한 경우라도 환경 변화나 국제 정세 등을 고려하여 유연하게 대응할 수 있는 준비를 하여야 한다. 기업의 역량이 향상되어 경제성 시장에 값싼 제품을 공급하다가 목표시장을 가치추구 시장으로 진입하려고 한다면 새로운 가치 네트워크를 미리 구성하여야 한다. 그리고 경제환경의 변화로 프리미엄 시장이 급격히 커진다면 마찬가지로 최고의 가치를 만들 수 있는 가치 네트워크를 유연히 만들 수 있어야 대응할 수 있다.

엔지니어를 위한 팁

시장 세분화 과정과 목표시장 선정은 엔지니어들의 과업의 방향과 목적을 결정하게 된다. 세분화와 목표시장 선정 시에 기업의 경쟁력은 평가되어야 하므로 기술적 경쟁력에 대한 평가 등에 있어서 적극 참여하여야 한다. 그리고 세분화 과정을 통해 각 세분시장에서의 요구사항의 파악이 가능해지므로 제품 및 기술 개발, 제조 시스템의 결정 등에 충분히 활용하여 기업의 최종 목적인 최종 고객에 의한 자사 제품의 선정이 이루어질 수 있도록 제품의 가치 제고 방향을 적절히 설정하여야 한다.

6절

포지셔닝의 결정과 최적 마케팅 믹스의 구성

엔지니어와 마케터, 그리고 기업의 다른 부서원들이 최선을 다하여 목표고객이 원하는 제품을 만들어도 최종적으로 고객이 자사의 제품을 선택하기까지 한 가지 중요한 고비가 남아 있다. 제품을 만들기까지는 기업 내부와 협력업체들의 도움을 통해서 자체적으로 관리할 수 있지만 제품 선택은 고객에 의해 결정된다. 때문에 기업이 제공하는 제품이 고객이 원하는 것으로 받아들여져야 한다.

현재 고객들이 살아가는 삶은 너무 복잡하고 중요한 일들이 많아 제품 정보를 모으고 제품을 선택하는 일은 중요한 일이 아닌 경우가 대부분이다. 따라서 엔지니어와 마케터가 협력하여 고객이 원하는 제품을 만들어 제공한 경우에도, 고객이 그렇다는 사실을 인식하지 못하면 고객이 자사 제품을 선택하지 않을 가능성이 높다.

따라서 기업은 자사의 제품이 고객이 원하는 것을 충족시켜 줄 것이라는 것을 고객의 마음속에 인식시키는 중요한 일을 하여야 하는데 그것이 포지셔닝이고 더불어 가치 인식을 마지막까지 증대시키기 위해 제품, 가격, 장소, 커뮤니케이션의 최적 조합을 결정하는 노력을 하여야 한다.

18장 가치 명제와 제품/서비스 포지셔닝

포지셔닝(positioning)은 중요한 전략적 개념 중 하나이다. 포지셔닝은 시장 내에서 자사의 제품/서비스를 경쟁기업들의 것들과 차별화하고자 할 때 활용된다. 포지셔닝은 마케팅 전략 개발에 있어서 중요해지고 있다. 그 이유는 수많은 제품 및 서비스 범주 내에서 경쟁자들 수가 엄청나게 많아지고 있기 때문이다. 때문에 차별화를 위하여, 여러 종류의 미디어를 통한 광고 및 기타 여러 형태의 촉진활동이 활발히 이루어지고 있다. 이러한 모든 정보를 전부 기억할 수 있는 사람은 아무도 없으며, 대부분의 사람들은 그러한 정보의 일부분만 기억한다. 포지셔닝은 구매자들이 시장 내에 존재하는 혼란스러운 정보들을 구분하고 정리하는 데 도움을 준다.

목표시장이 결정되면 기업은 어떤 가치를 목표고객에게 전달할 것인지에 대한 결정을 해야 한다. 전술한 가치 명제는, 기업이 고객에게 어떤 혜택들을 전달하여 고객의 욕구를 충족시킬 것인지에 대한 기업의 방향 설정이다. 이 가치 명제를 달성하기 위하여 기업은 목표시장에 진입하기 위한 제품 개발, 제조 시스템의 구축, 유통채널의 결정 등 여러 가지 준비를 한다. 이때 기업 내 다양한 부서는 부서 간 차이를 극복하고 가치 명제를 달성하기 위해 협력을 준비한다. 기업은 협력을 통해 개발되고 만들어진 제품을 유통시스템을 통하여 전달하게 된다. 기업으로서는 고객의 욕구를 만족시킬 노력을 해서 제공하는 것이라, 고객도 알아줄 것이며, 당연히 고객의 구매로 이어질 것이라고 기대한다. 그러나 실제로 구매가 일어나기 전에 넘어야 할 중요한 잠재적 장애 요인이 남아 있다.

그것은 기업이 고객에게 제공하는 제공물(offering: 제품, 서비스 등 모든 것 포함)을 고객들이 "그래 바로 그것이야" 하고 받아들이는 것이다. 많은 경우 이 부분에서 기업과 고객의 인식 차이가 발생한다. 다시 말하면, 실제로 제공하는 것과 고객의 인식 차이가 발생할 수 있다는 것이고, 이 인식의 차이는 거의 대부분 발생한다고 봐도 무리는 아니다. 따라서 고객이 진정으로 필요한 것을 준비하였다 하더라도, 고객 역시 그렇게 인식하도록 하는 절차가 마무리되어야 한다. 그 작업이 포지셔닝이다.

<table>
<tr><td>기업</td><td rowspan="2">인식의
차이</td><td>구매자</td></tr>
<tr><td>가치 명제 ⇔ 제공물 ⇔ (실행) 포지셔닝</td><td>인식된 가치</td></tr>
</table>

[그림 20] 가치 명제와 포지셔닝 관계

시장 세분화처럼 제품/서비스를 "포지셔닝"하는 기본적인 아이디어는, '진짜 마케팅' 개념이 공식적으로 소개되기 오래전부터 사용되고 있었다. 대부분의 회사들, 특히 광고를 많이 하는 회사들은 기업 커뮤니케이션의 주요 방법 중의 하나인 광고 문구들(Jingles 또는 Mottos)을 만들어 사용했다. 누구나 훌륭한 사례로 드는 것 중, 나이키(just do it), 코카콜라(코카콜라 그것뿐, Tastse the feeling), 애플(get a Mac), 캘리포니아 우유 가공 위원회(got milk), 드비어스(diamond is forever) 등이 있다. 아직도 사람들 뇌리에 심어져 있는 유명 포지셔닝의 예이다. 우리나라의 예는, 우리가 어떤 민족입니까(배달의 민족), 밥맛이 좋아요(햇반), 사나이 울리는 매운 맛(신라면) 등이 있다. 머릿속에 맴도는 광고가 있다면 일단은 성공한 포지셔닝들이다. 포지셔닝은 목표고객을 대상으로 회사, 상품, 서비스 등에 대해 실행되어야 한다. 또한 다양한 종류의 광고, 소셜미디어 등의 활동을 통하여 간결하고 반복적으로 표현할 수 있는, 정말 중요한 점을 소구하여야 한다.

현재 시장은, 경쟁이 아주 복잡하고 고도화되어서 제품과 서비스의 실질적 차이를 슬로건에 이용하기가 더욱 어려워졌다. 때문에 같은 시장에서 자사와 경쟁 회사 제품, 서비스의 제공들 간의 실제적이든 또는 가상적이든, 차이점을 찾기 위한 더 많은 노력을 해야 한다. 강한 포지셔닝을 가진 다른 품목과 성공적으로 경쟁하려면, 각각의 제품/서비스들이 시장 내에서의 자기 스스로의 정체성, 즉 독특한 "위치"를 차지할 필요가 있다. 문제는 최적이며 최강인 위치를 어떻게 찾느냐 하는 것이다.

현재 대부분의 포지셔닝들은 경영층, 또는 그 기업의 광고대행사에 의해 결정되고 있다. 이때 소비자 조사의 도움을 통하면 효과적인 포지셔닝을 정하는 데 도움이 되는데, 많은 기업이 소비자 조사 없이 포지셔닝을 결정하는 실수를 범하고 있다. 또한 마케팅 전략 실행의 앞 단계에서 수행되어야 하는 세분화 및 목표 설정의 단계 없이, 그리고 포지셔닝을 위한 정보 없이 결정했기 때문에 큰 실수를 한 경우가 많다. 예를 들면, 요리 기구 브랜드인 테플론(Teflon)이 시장에서 실패하였던 이유는 듀퐁이 테플론을 '식용유 없이 요리할 수 있는 요리 기구'로 포지셔닝하였기 때문이다. 그런데 사람들이 원하는 가장 큰 이점은 '요리 기구를 쉽게 닦을 수 있는' 것이었다. 미국서 초기에 인스턴트 커피를 포지셔닝할 때 손쉽고 빠르게 준비할 수 있는 간편한 커피라고 포지셔닝했는데, 오히려 게으른 주부들이 이용하는 커피로 받아들여져 실패하였다. 이런 실패 사례들을 통해서 보면 구매자의 욕구, 가치, 열망, 라이프 스타일에 맞아떨어지고, 어떻게 특정 상품이나 서비스가 해결책이나 도움을 제공하는지 등을 전달하는 포지셔닝을 찾기 위한 매우 잘 계획되고, 집중적인 연구가 필요하다는 점을 알 수 있다.

효과 있는 포지셔닝을 결정하기 위해서 포지셔닝 지도(positioning map)나 인지도 맵, MDS, 선호도 맵, laddering 기법 등 여러 가지 기법이 사용된다. 포지셔닝은 구매자의 마음속에 있는 이미지를 시각화하는 작업이라 어려운 작업이지만 잘못된 포지셔닝을 사용하여 실패를 하는 비용을 고려하면, 반드시 수행되어야 하는 작업이다.

기업은 자사 제품과 경쟁 제품의 포지셔닝을 같이 표시하는 포지셔닝 지도를 특정 제품/서비스 범주의 전체 시장에 대하여 구축할 수도 있지만, 기업이 특별히 관심이 있어 하는, 하나 혹은 그 이상의 세분화된 목표시장 안에서 구축하는 것이 좋다. 왜냐하면 일반적으로 구매자들이 다양한 경쟁적인 제품들을 지각하는 방법이 세분시장들 사이에서 차이가 있고, 선호도 측면에서는 더 큰 차이가 있기 때문이다. 예를 들면 자동차 시장의 마음속에 있는 포지셔닝 지도는 노년층들의 것과 십대들의 것이 다를 것이고, 거기에 따른 선호도의 차이는 더 클 것이다.

아래의 [그림 21]은 **가상**의 자동차 포지셔닝 지도의 예이다. 수평축은 "보수적-스포츠 스타일"을 보여주고 있고 수직축은 "고전적-실용적 스타일"을 보여준다. 아우디의 경우는 고전적이며 스포츠 스타일이고, GM은 실용적이면서 보수적인 차로 인식되고 있다. 물론 이러한 포지셔닝 지도상의 위치를 자동차 회사들이 원했을 수도 있고 아닐 수도 있다. 만일 원하는 위치에 있지 않으면, 원하는 위치로 옮기는 수단을 강구하여 이동시키도록 하여야 한다. 이때 주로 광고와 커뮤니케이션 수단이 활용된다.

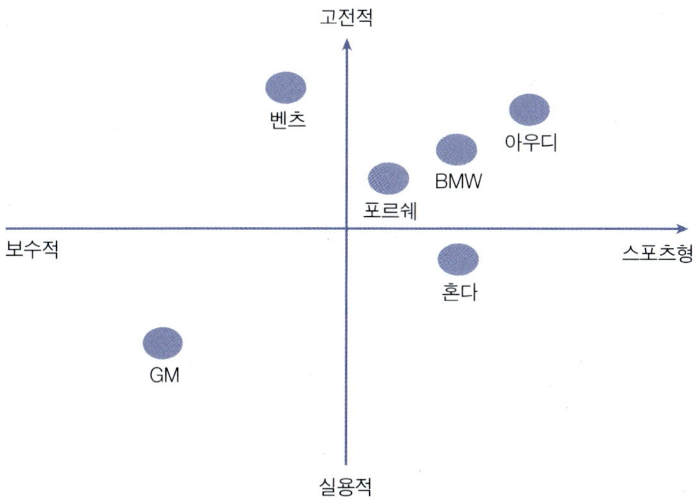

[그림 21] 자동차의 포지셔닝 지도의 가상적 예

엔지니어를 위한 팁

포지셔닝이 어떻게 수립되고 활용되는지를 엔지니어들이 잘 이해하면 제품 개발 시 목표고객들에게 어떤 속성들이 중요하고 어떤 속성들이 부차적으로 고려되어야 하는지를 파악할 수 있다. 이는 엔지니어들의 과업의 방향을 명확하게 해주고, 마케터들이 팔 수 있는 제품을 제공하게 해 준다.

엔지니어는 자신이 가진 기술적 역량을 최대한 발휘하고, 마케팅으로부터 고객에 대한 정보를 받아서 그것까지 반영한 최선을 다했는데도, 시장에서 성과가 나지 않는 상황을 자주 경험할 것이다. 물론 그 부분은 마케팅 부서의 책임이기도 하다. 그리고 스타트업 같은 작은 회사는 별도로 마케팅 팀이 없으므로 고객을 설득할 포지셔닝을 엔지니어가 직접 개발하고 전달해야 할 때도 있다. 그 경우 지금까지의 노력에 대한 보답을 위해서라도 포지셔닝 개발 역시 적극적으로 하여야 한다. 물론 고객을 충분히 이해하였다는 것을 전제로 한다. 그렇지 않으면 전문가의 도움을 받는 것이 좋다. 포지셔닝은 마지막 허들인 고객의 수용의 벽을 넘는 것을 가능하게 하는 효과적인 툴이다.

19장 포지셔닝의 설정과 전달

우리나라의 경우 20세기의 생활은 지금보다 단순했었다. 많은 제품/서비스 범주는 있었지만, 개별 제품/서비스 범주에서는 특징 혹은 약간의 실질적 차이점에서는 혜택을 주는 소수의 브랜드만이 존재하여, 서로 효과적으로 경쟁할 수 있었다. 즉 기업들은 차별성 측면에서 경쟁기업이 제공하는 것보다 우월하다고 주장할 수 있는 "어떤 것"을 쉽게 발견할 수 있었다. 모든 광고는 의뢰기업의 제품 혹은 서비스가 실제로 갖고 있는 강점이라고 생각되는 한 가지 특징 또는 혜택에만 초점을 두는 것이 필요하다. 이것을 "독특한 판매 명제(Unique Selling Proposition)"라고 한다.

우리나라는 산업화가 시작되고 시장 개방 정책이 수용된 후, 최근에는 새로운 제품과 서비스 그리고 수많은 상표들이 시장에 쏟아져 나오고 있다. 엔지니어들은 경쟁이 심한 상황을 만들어 내는 데 큰 역할을 하고 있다. 그 결과 자신들의 노력이 시장에서 물거품이 될 수 있는 위험이 늘어나 주의를 요하는 상황이 되었다. 이러한 상황 때문에 마케팅팀과 광고회사는 제품이나 서비스의 진정한 특징적 차별점을 찾아서 이를 목표고객에게 소구해야 하는 큰 짐을 지게 되었다. 다음은 포지셔닝을 정할 때 고려해야 할 중요한 내용들이다:

- 포지셔닝은 '제품에 당신이 무엇을 할 것인가'가 아니다. 포지셔닝은 '목표고객'들의 마음에 무엇을 할 것인가 하는 것이다. 즉 목표고객들의 마음속에 제품을 위치시키는 것을 말한다.
- 포지셔닝이 효과적이려면 고객에게 중요하고, 차별적 우월성을 제공하여야 한다.
- 포지셔닝은 마음속의 창문을 찾기 위한 조직적인 시스템이다. 효과적 의사소통은, 적시에 그리고 적절한 상황에서만 일어난다.
- 예상고객의 마음에 최초로 들어가야 한다. 만약 예상고객의 마음에 먼저 들어가지 못했다면, 당신은 포지셔닝 문제를 가지게 된다.
- 예상 고객의 마음 속에 비어있는 구멍을 찾아서 그 구멍을 채워라. 구멍을 발견하기 위해서 역으로 생각할 수 있고, 자기 성향에 맞지 않는 일을 할 수 있는 능력을 가져야 한다.
- 포지셔닝을 실행에 옮기기 위해서는 비용 집행이 가능한 수준이어야 하고, 수익이 창출될 수 있어야 한다.

기업은 예상고객의 마음속에 제품이나 브랜드를, 남들보다 일찍 그리고 명확하게 위치시키지 않는 한 "크게 성공할" 수 없다. 명확한 위치화는 자사 제품이나 서비스가 한 가지 이상의 중요한 측면에서, 경쟁 제품들에 비해 확실한 경쟁우위를 가지고 있을 때 실행하기가 쉽다. 그러나 차별화되지 않은 제품이나 서비스의 경우 포지셔닝은 매우 어렵다. 왜냐하면 제품범주 내에서는, 가장 중요한 상표들이 중요한 특성들에서 차이가 별로 없기 때문이다. 그래서 오히려 포지셔닝이 성공해야 하는 중요한 이유를 제공한다. 그런데 성공하기는 매우 어렵다.

포지셔닝 설정을 위한 경쟁적 시장 구조의 이해

포지셔닝은 자사 제품 혹은 상표를 경쟁사의 제품이나 상표와 차별화한다는 개념에 근거하고 있다. 때문에 다양한 시나리오 하에서 어떻게 차별화를 성취할 수 있을 것인가 하는 것을 보기 위해서, 시장의 경쟁 구조를 먼저 보는 것이 중요하다. 제품의 우수성, 제품 차별성, 그리고 제품의 동등성 등의 세 가지 수준으로 제품/서비스 경쟁을 단순화하여 검토하는 것이 필요하다.

기업의 관점에서 보면, 경쟁사의 서비스나 제품보다 자사의 제품이나 서비스가 중요한 측면에서 명확하게 우수하다면 더 이상 바랄 나위는 없다. 이 경우, 그 기업의 제품은 다른 모든 것과 확연히 분리된다. 예를 들면, Mercedes-Benz 자동차는 세계에서 다른 어떤 차보다도 가장 잘 만들어졌고, 애플 스마트폰 제품은 프리미엄 시장을 석권하고 있고, 그리고 테슬라는 전기자동차 분야에서 제품의 표준을 세우고 있다. 이러한 기업들은 전반적인 제품의 명백한 우수성을 주장하는 것이 당연하고 효과적이다

제품 차별성의 경우, 기업의 제품이나 서비스가 경쟁 제품들보다

뛰어난 한 가지나 그 이상의 구체적인 특성이 있을 때 쉽게 성립된다. 예를 들면, 최근 화제가 된 모다모다 샴푸는 염색을 하지 않고 흰머리를 갈변시키는 것을 처음으로 가능하게 하였고, 애플의 아이폰은 모든 것이 다 되는 스마트폰의 최초 상표이고, 크레스트 치약은 불소성분을 최초로 첨가했고, 사우스웨스트항공은 최저가격의 항공권을 최초로 제공하여 최근 유행인 저가항공의 시발점이 되었다. 이러한 특징들은 그렇지 않았으면 대단히 유사하였을 제품과 브랜드를 차별화를 하여, 경쟁 제품과 분리하도록 활용할 수 있다.

마지막으로, 동등한 상품과 서비스는 다른 제품과 비교하여 근본적으로 차이가 나지 않는다. 예를 들면, 블라인드(상표를 보여주지 않는) 맛 테스트와 음용 테스트에 의하면 콜라, 커피, 맥주, 담배와 같은 범주들의 선도 상표들 사이의 제품 차이는 대부분의 사람들이 인지할 수 없다. 대부분의 항공사, 은행, 보험사, 정유업체, 건강보험단체 등의 경우에서도 비슷한 양상을 보여줄 것이다.

포지셔닝은 이러한 모든 경쟁적 상황에서 중요하고, 마케팅 전략으로도 중요하다. 모든 상표는 예상 고객의 마음속에서 어떤 뚜렷한 방법으로 자신의 위치를 차지하여야 한다. 고객에게 제공되는 모든 것은, 어떤 독특함을 나타낼 수 있어야 한다. 그런데 동등한 시장에서는 어렵지만, 그래서 오히려 더 중요하다. 그 시장에서는 제품들 간에 다른 점보다는 유사한 점이 훨씬 더 많다. 명확한 제품의 차이는 거의 없으므로, (펩시가 그럼에도 불구하고 그 반대에 "도전해 왔지만") 마케팅팀과 광고대행사는 어쨌든 고객의 상표에 대해서 차이를 만들어 내야 한다. 유머, 이미지, 만화 그리고 동물 캐릭터, 유명인사 이용, 오락 그 자체, 생각할 수 있는 여러 가지 방법을 사용하여 종종 독특함을 추구한다. 이러한 차이점들은 순수하게 이성적인 관점에서 보면 의미가 없을지도 모르지만, 그럼에도 불구하고 고객의 마음속에 명확하고 바람직한 포지션을 정립시키는 데는 매우 유용할 수 있다.

효과적인 포지셔닝을 위한 필요조건

포지셔닝은 기업이 광고캠페인을 한다고 해서 저절로 생기게 되는 것은 아니다. 묘수는 고객의 마음속에 있는 적절한 구멍을 적절한 시기에 찾는 것이다. 따라서 지금 고객의 마음속에 무엇이 있는지에 대한 정보가 필요하다. 이를 위하여 다양한 분석 방법들이 있는데, 이 책에서는 다루지 않지만 이해할 필요가 있다(전문가의 자문이나 시장조사론 책 참고). 이러한 기법을 직접 사용하여 포지셔닝을 개발하지 않더라도 이것을 이해하면 포지셔닝을 활용하는 데 도움이 된다.

효과적인 포지셔닝 진술문을 개발하기 위한 필요조건은 크게 독특함, 바람직함, 신뢰성의 세 가지로 나뉘어진다. 이 세 가지 요소들이 포지셔닝 진술문에서 포함되지는 않겠지만, 많이 포함될수록 진술문은 더욱더 효과적이 된다:

- 독특함(Uniqueness): 구멍을 찾아내고 그것을 채우는 처음이 되라. 포지셔닝의 가장 기본적인 원칙은 모든 경쟁자와 어떤 형태로든 달라야 한다. 무엇인가 독특함을 내세워야 한다. 물론 이러한 무엇인가는 고객에게 또한 중요해야 한다. 그러나 경쟁사의 가장 중

요한 한 가지 특성과 똑같거나 약간 나은 것보다는, 그만큼은 중요하지 않더라도 다른 몇 가지 특성들에 있어서 차이가 나는 것이 더 바람직할 수도 있다. 혼란을 극복하고 고객의 주목을 받아야 한다.

요즘처럼 어떤 제품이나 서비스 범주에 많은 경쟁자와 많은 광고가 있는 상황에서, 독특성을 확보하는 것은 매우 어렵다. 수백 개의 상표 중에서 선택 가능한 자동차와 샴푸, 헤어 컨디셔너, 잡지, 담배, 맥주, 화장품, PC 그리고 여러 가지 금융 서비스 형태 등과 같은 범주의 수많은 상표를 고려해 보라. 이와 비교하면, 코카콜라와 펩시는 비교적 용이하다.

이론적으로는, 기업의 제품/브랜드는 소비자의 마음속에 어떤 의미 있는 특성에서 다른 제품/브랜드와 떨어져서 위치해 있어야 한다. 경쟁 제품들이 같이 제공하는 효익을 주제로 광고를 많이 하는 것은 효과적이지 않다. 아직 점유되지 않은 틈새를 찾아야 한다. 경쟁 제품보다 어떤 중요한 특성이나 혜택이 더 우수하다고 고객에게 말하는 것으로는 충분하지 않다. 만약 누군가 시장에서 선점하고, 그러한 특성을 고객들의 마음속에 선점하였다면 이 점을 충분히 고려하여야 한다.

- 중요도/바람직함: 일부 기업들은 독특성이 중요하다는 사실을 알고 있지만, 상대적으로 고객에게 중요한 어떤 측면에서 달라야 한다는 것을 잊기 쉽다. 자동차 광고를 보면 연비를 강조하는 경우가 많다. 그런데 고급차인 경우 이러한 것은 중요한 의사결정 요인이

아니다. 그래서 새로운 고급차에 연비의 중요성을 최초로 강조하였다고 해도 실질적인 구매로 이끌지는 못한다. 독특함은 필요한 것이지만, 고객이 무엇을 원하고 있는지에 대해 더욱 주의하고, 경쟁사와 차별화하는 데는 주의를 덜 기울여야 하는 경우도 있다는 사실을 명심해야 한다.

시장에서 단순히 어떤 구멍을 찾아내는 것 대신에(아주 많은 것이 가능하다), 시장지향적 기업은 예상고객을 구매자로 전환시킬 "hot buttons"을 찾기 위해서, 이런 저런 소비자 조사에 많은 시간과 돈을 사용한다. 만약 진정으로 우수한 특성이나 혜택을 찾을 수 있다면 이것은 가장 좋은 후보안이 될 것이다. 만약 그러한 것들이 없다면, 그 일은 매우 어렵게 된다. 따라서 기업은, 예를 들면, 이미지, 스타, 유머 등을 이용하여 그들의 제품이나 서비스를 위치화해야 할 것이다. 일반적인 의미에 있어서 "중요"할 수도 있고 그렇지 않을 수도 있지만, 광고에 대한 긍정적인 감정을 만드는 데 도움이 될 수 있다. 그러한 긍정적인 감정은 그 제품이나 서비스에 전이될 수 있다.

- 신뢰성(Believability): 마지막으로 포지셔닝이 주장하는 바는, 신뢰성과 관계가 있다. 모든 제품/서비스군의 도전 상표들은, 특별한 특성이나 혜택의 측면에서, 혹은 전반적인 면에서 상표선도자와 자사의 상표를 비교하려 한다. 요즘은 다른 제품과의 비교 광고도 허용되어, 비교 광고캠페인을 하기도 한다. 삼성 스마트폰은 애플을 상대로 비교광고를 많이 해왔다. "문제는 누가 가장 먼저인가

하는 것이 아니라 누가 최고인지 하는 것이다." 종종 이런 식으로 상대방 제품에 대하여 도발하기도 한다. 몇몇 자동차 제조업체는 이런 저런 기준(예: 승차감, 핸들 조작)에서 선도제품보다 더 선호되었다고 소비자 테스트나 조사를 직접 수행하여 증거로 제시하기도 한다. "세상에서 가장 아름다운 여자"가 나오는 프로그램이나 영화는 수도 없이 많지만, 애초에 누구나 인정하는 세상에서 아름다운 여자는 없다. 모든 사람들이 미의 기준이 다르기 때문이다. 똑같이 소비자들이 중요시하는 특성이나 혜택은 다르다.

때문에 이런 종류의 주장은 대부분의 사람들에게 신빙성이 없을 것이다. 제품의 특별한 특성에 대한 우수성은 받아들여질 수 있다. 그러나 만약 어떤 종류의 믿을 만한 증거를 제시한다면 더욱 그럴 듯할 것이다(예: J. D. Power 소비자만족 지수, Consumer Reports). 일반적으로 주장이 더 이성적일수록, 그 주장에 대한 증거가 더 객관적일수록 더 믿을 만한 것이 될 것이다. 어떤 주장을 하기 전에 기업은, 다음과 같은 질문을 스스로에게 해 보아야 한다:

- 어떤 경쟁사가 사람들의 마음속에 이러한 포지션을 이미 점유하였는가?
- 목표시장에 이러한 특성과 효익이 진정으로 중요한가?
- 이러한 것을 지지해 줄 어떤 객관적인 증거는 가지고 있는가?
- 이러한 주장에 대항하여 반박할 수 있는가?
- 자신의 고객이나 잠재고객이 고객들이 필요로 하는 것을 우리가 전달할 수 있음을 믿는가?

- 더욱 더 신뢰할 만한 주장이 되려면 어떤 종류의 지원을 제시해야 하는가?
- 목표소비자들의 마음속에 이러한 포지션을 확고히 새기기 위해서, 판촉 노력이 어느 정도 필요한가?

기업이 저지르는 일반적인 오류는 너무 많은 포지션을 확보하기 위하여 애쓰는 것과, 기업이나 브랜드에 대해 너무 많은 주장을 하는 것이다.

포지셔닝 진술문

가능한 모든 관련 자료가 모아지면, 누군가(주로 광고 크리에이티브 담당자)가 포지셔닝 진술문(positioning statement)을 만든다. 이 진술문은 광고나 다른 형태의 촉진에서 무한히 반복되어도 좋을 만큼 간결해야 한다. 그리고 영향을 미칠 표적을 대상으로 해야 한다. 어떤 종류의 주장도 만들 수는 있지만, 가장 효과적인 포지셔닝 진술문은 간결한 진술문 내에 독특한 주장과 그 주장에 대한 지원을 담고 있는 것이다.

"우리는 아직 No. 2이다. 그래서 우리는 더 열심히 한다!"(Avis 렌탈카), 그리고 "삼성이 만들면, 좋아야만 한다!"(전자), "제네시스: 소비자 만족도 1위"(자동차) 등이 이러한 접근방법의 예이다. 포지셔닝 주장에 대한 회사의 지원은 암묵적으로 받아들여지는 것이거나, 제품이나 서비스의 경험, 구전, 혹은 어떤 종류의 홍보 등을 사용하여 할 수 있다. 그러한 진술문들은 똑같이 효과적일 수 있으나, 한편으로 사람들의 마음속에 새겨 넣기 위해 더 많은 시간과 노력을 필요로 한다.

구체적인 포지셔닝 진술문에는 대상(목표시장과 욕구), 제품이나 기업 개념, 경쟁사 대비 차별화 점이 포함되는 것이 바람직하다. 예를 들면 "우리 기업은, 많은 가치 및 편의 추구 구매자들이 더 나은 제품들에 접근 가능하고 구매 가능하도록 하는 온라인 식품 및 가정용 제품 소매점입니다" 등으로 표현하는 것이 필요하다. 다음은 잘 알려진 기업들의 포지셔닝 진술문 예이다:

- Amazon: 빠른 배송으로 다양한 제품을 온라인으로 구매하려는 소비자를 위해, Amazon은 원 스톱 온라인 쇼핑 사이트를 제공합니다. Amazon은 고객 밀착, 혁신에 대한 열정 및 운영 우수성에 대한 헌신으로 다른 온라인 소매 업체와 차별화됩니다.
- 나이키: 고품질의 세련된 운동복이 필요한 운동선수를 위해, 나이키는 최고 품질의 재료로 만든 최고 성능의 스포츠 의류와 신발을 제공합니다. 자사의 제품은 최신 기술에 대한 혁신과 투자에 대한 나이키의 헌신 때문에, 운동 의류 업계에서 가장 진보된 제품입니다.
- Apple: 최고의 개인용 컴퓨터 또는 모바일 제품을 원하는 개인을 위해 Apple은 가장 혁신적인 제품으로 기술 산업을 선도합니다. Apple은 기술 연구 및 발전을 강조하고, 비즈니스 모범 사례에 대한 혁신적인 접근 방식을 취합니다. 우리의 제품과 프로세스가 고객과 지구에 미치는 영향을 고려합니다.
- 맥도날드: 탁월한 고객 경험을 갖춘 패스트 서비스 레스토랑을 찾

는 개인을 위해, 맥도날드는 수천 개의 편리한 위치에 있고, 친절한 서비스와 일관성을 갖춘 패스트푸드 업계의 선두 주자입니다. 운영 및 고객 만족도 향상에 대한 맥도날드의 헌신은, 다른 패스트푸드 레스토랑과 차별화됩니다.

- **코카콜라:** 고품질 음료를 찾는 개인을 위해 코카콜라는 가장 상쾌한 다양한 옵션을 제공하며 코카콜라 브랜드 음료를 즐길 때 고객에게 긍정적인 경험을 선사합니다. 다른 음료들과는 달리 코카콜라 제품은 행복을 고취시키고 고객의 삶에 긍정적인 변화를 가져오며 우리 브랜드는 소비자와 고객의 요구에 집중적으로 초점을 맞추고 있습니다.

엔지니어를 위한 팁

적절한 포지셔닝을 만드는 것은, 엔지니어의 일의 성과가 더 나게 도와준다. 우선적으로 제품 개발 및 제조에서 고려되어야 할 사항은, 고객이 중요하게 생각하는 요인에서 차별적 경쟁력이 있도록 제품을 만들어 공급하는 것이다. 모든 것에서 다 뛰어난 제품을 만들기는 어렵고, 가능하다고 하더라도 비용이 많이 든다. 애플의 경우에도 최신의 기술을 전부 담는 것이 아니라, 그 상황에서 적절한 기술들을 탑재하여 제품 원가를 줄인다. 2G, 3G, 4G, 5G 기술을 거의 항상 삼성 제품보다 한 박자씩 늦게 제품에 담았다. 그러나 경쟁력이 우수하여 차별적 가치를 제공할 수 있는 카메라의 경우는 경쟁 제품보다 앞서서 탑재하여 차별성을 포지셔닝에서 강조하여 성과를 보았다.

그리고 기술적 차별성을 확보하지 못해도 최소한 동등할 정도로는 제공하여 마케팅이 최종 시장에서 다른 요인, 서비스, 브랜드, 사용 편의성, 가격 등에서 차별성을 확보할 수 있도록 도와야 한다.

이런 모든 접근 방법에 대해, 사전에 마케팅과의 협력을 통하여, 면밀한 전략적 결정을 하도록 하여야 한다.

20장 차별화의 실행과 최적 마케팅 믹스의 발견

기업 노력의 최종 성과는 최종 시장의 소비자가 우리 제품을 선택해 주어야 발생한다. 따라서 마지막 구매자의 선택 순간 우리 제품의 가치가 경쟁 제품들보다 더 높게 인식되어야 한다. 때문에 우리 제품은 차별적 경쟁우위를 점하여야 한다. 이때 차별적 경쟁력은 제품의 기본적 성능은 물론 브랜드, 이미지, 서비스, 편의성, 공감, 충성도 등 부수적인 내용들을 포함한 것이다.

전략적 마케팅이 중심이 되는 진짜 마케팅의 초점은, 한 기업에게 최고의 시장 접근 기회를 제공하는 전체 시장 중 일부분(즉 목표시장)을 확인하는 것, 그리하여 그 목표시장의 구체적인 욕구를 충족시키는 것에 자원을 집중시키는 것에 있다. 이렇게 여러 세분시장들을 명확히 찾아내고, 그중에서 최적의 목표시장을 정하는 최고경영층의 의사결정에 필요한 정보를 제공하는 것이 마케팅의 가장 중요한 임무이다.

산업시장의 경우에는 이 과정이 그렇게 어렵지는 않다. 그러나 여러 유형의 소비재와 서비스가 존재하는 시장의 경우에 있어서는 이 과정이 매우 모호해질 수 있다. 특히 스마트 기기, 금융 서비스, 정보통신, 건강 서비스 분야 등 복잡한 경우 더욱 그렇다. 이런 분야들은 구체적인 제품/서비스의 특징이 아니라, 사람들이 원하는 혜택(benefits)으로 표현되는, 시장 욕구들에 대한 구체적인 자세한 지식을 필요로 한다.

소위 말하는 STP(Segmentation, Targeting, Positioning)과정을 잘 거치면 기업은 새로운 기회(구매자의 충족되지 않은 욕구)를 발견하게 된다. 물론 이 기회를 잡을 핵심역량을 가지고 있어야 한다. 마케팅의 모든 분야에서 가장 어려운 것들 중의 하나가 신제품/서비스의 성공적인 개발(엔지니어뿐만 아니라 마케터도 적극적으로 관여해야 함)과 시장 진입이다. 신제품/서비스들 중의 많은 것은 단순한 제품계열의 확장이며, 이것은 모 브랜드의 자산으로부터 직접적으로 끄집어내기 때문에 시장에 진입하기 더 쉬워야 한다. 그러나 실제로 크게 성공하는 것들은(1000억 이상 판매) 거의 없다. 그러나 이런 것들이 최고경영층, 이사회 그리고 주주들의 주목을 받는 것들이다.

신제품 진입 성공률이 낮은 것은 여러 가지 이유가 있을 수 있다. 신제품 런칭 단계마다 의사결정을 내려야 하는데 필요한 정보를 충분히 확보하지 못했거나, 의사결정을 하는 경영자의 역량이 부족했을 수 있다. 기업도 우연히 성공하는 경우가 있지만 우리가 로또를 맞을 경우의 수를 생각해 보면 성공할 확률이 매우 낮음을 알 수 있다. 최근에 정보 획득을 위한 기술과 기법들이 많이 개발되어 정보 과잉까지 일어나고 있는데 아직도 많은 기업들이 가장 중요한 고객 정보를 모으는 일을 게을리하고 있다.

기술적 경쟁우위를 활용한 차별화

차별화란 주어진 세분시장에서 제품의 명확한 경쟁적 우수성을 표현하는 용어이다. 이상의 분석을 통하여 목표시장을 정하고 어떤 제공물을 준비하여야 하는지 파악하고, 실제로 그러한 제공물을 준비하였다고 하더라도 여전히 최종 순간에 경쟁 제품들 중 우리 제품이 선택되어야 성과가 발생한다. 그래서 최종 결정 순간 차별적 경쟁력을 갖추어야 한다. 그래서 대부분의 기업들은 많은 경쟁업체들과 자신들의 제품/서비스를 명확히 구분할 수 있도록, 중요한 혹은 소소한 정도의 기술적 비약을 위해 끊임없이 노력한다. 그렇지만 불행히도 그러한 기술적 비약들은 매우 드물다. 때문에 첨단 부품소재, 자율 자동차 전장, 제트 비행기 엔진, 산업 정보통신 네트워크, 인공위성 그리고 반도체와 같은 하이테크 장치를 만드는 회사들조차도, 그들의 제품이나 서비스가 크게 차이점이 없이 경쟁하고 있다. 이러한 상황에서는 각 회사들은 중요한 구매 결정요인에서 독특한 실체(identity)를 주장할 수 있는 길을 찾아야만 한다.

포지셔닝을 활용한 차별화

마케터들은 차별화를 위해 포지셔닝을 활용한다. 포지셔닝은 제품이나 서비스군들이 수명주기의 성숙기에 진입하여 일용품(commodities)의 단계나 그에 가깝게 내려앉은 후에 그 군에 더욱 중요하게 되는 하나의 사업전략에의 접근방법이다. 그러나 포지셔닝은 제품이나 서비스 그 자체에서 일어나는 것이 아니다. 포지셔닝은 소비자의 마음에서 일어나는 것 즉, 소비자들이 경쟁 상품을 어떻게 보느냐는 것이다. 만약에 이것이 사실이라면, 효과적인 포지션을 개발하기 위한 최고의 방법은 이미 소비자의 마음에 있는 것을 발견하는 것에 의해 시작한다. 즉, (잠재 및 현재) 소비자들이 구매결정을 하는 데 가장 중요하게 고려하는 속성들뿐만 아니라 기존의 제품이나 서비스들 사이의 유사점과 차이점을 어떻게 인식하고 있는가를 알아내는 것이다.

시장 세분화와 포지셔닝은 시장이 점점 더 세계화됨과 동시에 분화됨에 따라, 기업 전략 수립에서 최근 들어 매우 중요해지고 있다. 이러한 변화들이 유지 가능한 경쟁우위로 이끄는 효과적인 사업 전략을 개발하기 위해 경영자들에게 소비자의 수요와 현존 제품/서비스들에 대한 사람들의 평가와 인식을 이해하도록 재촉하였다. 그것이 이루어져야만 기업들은 지속적인 경쟁우위를 확보해 주는 효과적인 기업 전략을 수립할 수 있다. 기업 전략 수립을 도와주는 다양한 기법들은 대부분의 기업체와 여러 유형의 조직에서 의미 있는 기여를 할 수 있다.

다시 한번 강조하지만 제품 개발, 생산, 시장 진입에 들어가는 천문학적 비용을 효과적으로 사용하는 방법은 고객과 시장에 대한 관련 정보를 적절한 수준으로 모으는 것이다. 직접 정보수집 능력이 부족하면 전문가의 도움을 빌려서라도 반드시 수행해야 한다. 이것이야 말로 비용 대비 효과를 최대화하는 방법이다. "진짜 마케팅"을 강조하는 이유이다.

최적 마케팅 믹스를 통한 차별화

목표시장에 대한 충분한 이해를 바탕으로 포지셔닝이 결정되면 기업은 포지셔닝을 실제로 전달하기 위한 수단을 가져야 한다. 최종적으로 소비자가 구매하는 시점에 내 제품이 다른 경쟁 제품들과 달라야 하고 더 나은 가치를 주어야 한다. 따라서 기본 제품을 만들어 전달하는 것으로 만족하지 말고, 최고의 가치를 제품에 더할 수 있도록 마지막 순간까지 노력해야 한다. 이러한 과업을 위해 마케팅이 이용할 수 있는 수단이 마케팅 믹스(가격, 제품, 유통, 촉진)이며 각각의 요소들은 서로 연관이 있어 의사결정에 깊은 영향을 미친다. 진짜 마케팅이 이루어지려면 마케팅 믹스의 결정은 기업이 독자적으로 하지 말고, 목표시장의 욕구 충족 및 목표시장에서 수립한 포지셔닝을 기준으로 결정되어야 한다.

제품은 기본적인 가치를 전달하는 수단이며 여기에 차별적 기능 장착, 브랜드, 포장 등 다양한 가치 부가적인 활용이 일어난다. 가격은 마케팅 믹스 요인 중 유일하게 수입을 창출하는 수단이므로 신중한 결정이 요구된다. 원가에 일정 수익을 더하는 가격결정은 지양하고, 가치 기반 가격결정을 추구하여야 한다. 물론 고객의 제품가치에 대한 인식을 확인하는 것이 선행되어야 한다. 또 다른 마케팅 믹스의 중요한 요인인 유통의 경우도 목표고객이 원하는 방식으로 편하고 접근 가능성이 높게 결정되어야 한다. 최근에는 기술 발전으로 인하여 스마트 소매점, 빠른 당일 배송 혹은 새벽 배송 등의 새로운 유통 방식이 나타나고 있다. 가장 변화가 많은 요인이 커뮤니케이션 분야이다. 고객 정보를 기반으로 개별 고객에게 필요한 정보를 맞춤형으로 전달할 수 있을 정도로 발전하여 기존 방식인 대량광고 등에 많은 영향을 주고 있다. 이들 요인은 서로 연관되어 있어 수많은 마케팅 믹스 조합이 가능하다. 예를 들어, 제품, 가격, 장소, 촉진의 네 가지 요인에 각각 네 가지 옵션이 있다고 가정하면, 전부 256개의 조합이 만들어질 수 있다. 이 조합들 중 목표고객에 가장 최적인 마케팅 믹스 조합을 정하는 것이 마케터의 가장 중요한 과업이다.

때문에 마케터는 많은 마케팅 믹스의 조합 중에서 목표시장과 포지셔닝에 가장 적합한 조합을 찾는 노력을 한다. 예를 들면 프리미엄 시장을 목표로 하는 애플의 아이폰 제품은 기능뿐만 아니라 디자인, 사용 편의성 등 최고의 가치를 제공하고 직접 애플 스토어를 열어 고객에게 자긍심을 주고, 가격은 고가격 정책을 고수하고, 커뮤니케이션은 이미지 위주로 전달한다. 모든 요소들이 프리미엄 시장이 원하는 것을 일관성 있게 제공한다. 이것이 마케터의 가장 중요한 과업이다. 이러한 최적 마케팅 믹스를 중심으로 실행에 옮길 마케팅 전술 계획이 수립되게 된다.

7절

협력을 통한 승리가 필수

경쟁에서 승리하는 것은 인간이 가진 기본적인 의무, 즉 자녀와 가족에게 더 나은 삶을 제공하기 위한 필수 조건이다. 개인적으로 승리를 쟁취할 수 있지만 혼자서 할 수 있는 일은 많지 않다.

기업에서 가장 중요한 엔지니어와 마케터는 서로 협력하여야 하며 서로의 과업을 더 잘할 수 있도록 도와 기업이 시장에서 승리할 수 있도록 하여야 한다. 더 나아가서는 가치 네트워크를 구성하는 협력업체들과의 협업을 통해서 전체 가치 네트워크가 시장에서 승리할 수 있도록 해야 한다.

21장 마케팅은 "win-win"을 만들어 내는 최고의 철학이다

일반적으로 일을 할 때 같이 참여하는 그룹을 이해관계자라고 한다. 이들 이해관계자들은 주어진 파이를 나누기 때문에 한쪽이 이익을 보면 다른 쪽은 손해를 보게 된다. 이를 제로섬(zero sum) 게임이라 한다. 여기까지는 대부분이 아는 내용이다. 그런데 교환이 중심이 되는 마케팅은 어떠한가? 가장 중요한 주체인 판매자와 구매자가 한쪽이 이익을 보면 한쪽은 손해 보는 시스템일까? 결론적으로 말하면 "아니다"이다. 물론 거짓이나 강요에 의한 교환이 일어나는 "가짜 마케팅"에 의한 경우는 판매자가 일방적으로 유리한 상황이 연출되기도 한다.

마케팅이 적절하게 수행되었다는 것을 전제로 왜 판매자와 구매자가 "win-win"하는 흔치 않은 상황이 발생하는지 알아보자. 우선 마케팅은 구매자를 이해하는 것으로 시작한다. 전체 시장에 대한 충분한 정보를 모은 다음 그 시장을 이해하는 데 도움이 되는 요인(예: 소득, 라이프 스타일, 혜택 등)을 기준으로 해서 시장을 세분화한 후 목표시장을 정한다. 이때 중요한 것은 시장의 매력도와 자사의 경쟁력이다. 당연한 이야기이지만 두 가지 차원이 다 높게 나오는 시장이 목표시장이 된다. 목표시장에 대한 프로파일링이 되어 있어 어떻게 접근해야 하는지 의사결정이 손쉽게 된다. 이와 같이 구매자를 충분히 이해하고 나도 역량이 되므로 구매자가 원하는, 다시 말하면 인식된 가치가 높은 제품을 제시한다. 구매자 입장에서는 만족할 수 있는 상황이 된다. 또 하나 중요한 것은 구매자는 경쟁 제품 중 가장 인식된 가치(제품 구매 시에 제공받는 제품 혜택의 합과 지불해야 하는 비용들의 합의 차이)가 가장 큰 제품을 선택할 수 있어 판매기업이 경쟁에서 이기도록 열심히 하면 할수록 더 큰 가치의 제품을 선택할 수 있다.

판매기업 입장에서는 구매 선택을 받기 위해 구매자와 시장에 대한 충분한 이해가 선행되어야 하고 새로운 상황 변화에도 미리 예견하여 대비해야 한다. 또한 필요한 제품을 개발하고 만들 수 있는 역량을 보유해야 한다. 이를 바탕으로 자사의 자원과 역량에 최적인 목표시장을 정해야 한다. 목표시장 선정은 기업 입장에서 매우 중요한 의사결정이다. 최근 들어 마케팅에서 개별화가 강조되면서 (특히 뉴 미디어의 발전으로 개별화된 커뮤니케이션의 활용 등) 유사한 그룹별로 시장을 묶는 세분화나 최적 목표시장 선정 등은 의미가 없다는 표현도 나오고 있기는 하나 제조 과정을 포함한 전체 가치 네트워크(value networks)를 염두에 둔다면 여전히 전략적으로 매우 중요한 프로세스이고 의사결정이다. 세상의 어떤 기업이나 가치 네트워크가 개별화된 전체 소비자에게 제품을 제공할 수 있는 상황은 없고 앞으로도 없을 것이다. 한정된 자원과 협력사와의 네트워크, 기업의 역량 등을 고려하면 세분화와 목표시장 선정은 여전히 가장 중요하다.

이러한 과정이 내부 효율성을 가지고 수행되고, 의사결정은 효과적으로 이루어져야 기본적으로 좋은 제품을 저비용으로 제공할 수 있고 그 외에도 가치를 올릴 수 있는 기업의 활동, 예를 들면 보증기간의 증대, 서비스의 개선, 브랜드의 강화, 전달의 편의성 등을 잘 수행할 수 있다.

기업 외부적으로는 원재료 공급부터 제조, 유통을 담당하는 협력사들 중 목표시장에서 원하는 방향으로 같이 노력할 수 있고, 과업을 수행할 역량을 갖춘 회사들만 선택하여, 가치 네트워크가 목표시장이 원하는 최대가치를 만들어 내도록 관리해야 한다. 과거에는 현재도 목격되고 있지만, 가치를 만들 역량이 안 되는 친구, 친지 회사를 협력사로 선정하여 전체 가치 네트워크의 가치 창출 역량을 떨어트리기도 했다. 가치 네트워크 내의 모든 정보의 수집과 평가가 가능해지고 있는 미래에는 정보를 바탕으로 최적의 협력사를 선정하고 전체 네트워크의 가치 창출을 관리하는 역량도 갖출 것이므로 특정 가치 네트워크에 참여하기 위해서는 걸맞은 역량을 보유해야만 한다.

이렇게 기업 내·외부적인 활동을 통하여 목표시장에서 원하는 최적의 제품을 제공할 수 있는 판매기업은, 최고의 가치를 창출하여 구매자들의 선택을 받게 된다. 이러한 기업은 본원적인 가치는 물론 부가적 가치를 통하여 제공하는 제품과 서비스의 가치를 최대화하고 그에 상응하는 높은 평가를 구매자로부터 받아 경영성과 역시 좋을 것으로 기대되므로 구매자와 계속적인 관계를 맺을 수 있다. 때문에 최고 가치 창출 및 구매자의 수용을 통하여 높은 수익과 계속적인 비즈니스를 향유할 수 있다.

결론적으로 적절하게 이루어진 마케팅에 의한 제품이나 서비스를 선택하여 구입한 경우는 구매자는 자신의 기준(가격을 포함한)에서 최고로 인식한 제품을 구매했으므로 만족할 수밖에 없다. 판매기업의 경우 자사 가치 네트워크의 협력기업 및 내부 직원들의 효과적이고 효율적인 실행을 통해 최고의 가치를 만들었으므로, 만족스러운 교환을 통한 판매가 이루어진 것이다. 따라서 판매기업과 구매자는 서로 최상의 결과를 획득하여 "win-win" 상황을 만들어 낸 것이다. 교환을 통해 얻는 가치의 크기는 판매기업의 마케팅 활동의 역량에 따라 커질 수 있고, 계속적인 교환이 이루어지려면 구매자의 기대가 점차 상승하므로 판매기업은 가치를 계속 증대시켜야만 한다.

교환이 일어났다는 것은 여러 가지 의미를 지닌다. 일단 교환은 경쟁 속에서 이루어졌다. 경쟁이 없었다면 판매기업의 최선의 노력을 기대하기 어려웠을 것이고 교환에서 주고받은 가치는 높지 않았을 것이다. 자본주의의 핵심인 시장경제에서도 마찬가지이지만, 경쟁 없이는 자원의 효율적인 활용, 나아가야 할 방향을 정확히 아는 효과적인 의사결정이 이루어지기 어려워서 그렇다. 구매자의 의도와는 상관없이 판매만을 목적으로 하는 '가짜 마케팅'이 아니라 진짜 마케팅을 통한 교환이 이루어지면 높은 가치를 인정받아 기업의 수익은 높기 마련이다. 기업 및 가치 네트워크의 최적의 운영을 통하여 성과를 내고, 가치 상승에 기여한 정도에 따라 성과 배분이 이루어질 수 있는 환경이 기술의 발전을 통하여 형성되고 있으므로 판매기업 및 구매자의 상호 'win-win' 경험이 앞으로 더욱 자주 나타날 것이다(구체적인 방법은 뒷장에서 설명).

마케팅이 잘 이루어지면 경쟁을 통한 교환에 참여한 당사자인 판매자에 속하는 참여기업 및 구매자 모두에게 혜택이 간다. 또한 시장은 차별적인 욕구를 가진 다수의 소비자군으로 이루어져 있어, 각각의 시장군을 목표로 하는 기업들의 연합인 가치 네트워크들과 이들의 목표시장에 속하는 소비자들은 "win-win' 상황을 경험할 것이다. 진짜 마케팅을 경험하는 소비자들은 본인이 판단하는 가치에 맞는 제품이나 서비스를 항상 구매하고 만족할 것이므로 언제나 행복할 것이고, 교환에 성공한 판매자가 기업인 경우 최고의 성과를 즐길 것이다.

기업 내부의 인력도 성과를 공유하게 되어, 이번에는 소비자로서 또 다른 제품 및 서비스를 시장에서 원하게 되는 수요를 창출한다. 사회적인 측면에서는, 소비자에게 최적인 제품이나 서비스만 팔릴 것이므로 잘못 만들어진 제품으로 인한 자원의 낭비를 방지할 수 있게 된다. 승자인 기업들도 소비자에게 더 큰 가치를 주어 교환을 가져가려는 시장에서는 늘 경쟁자들이 존재하기 때문에 항상 최선의 노력을 다할 수밖에 없게 된다. 또한 교환을 통하여 획득한 자원을 미래를 위해 투자하여 선순환을 노리게 된다. 계속적인 경쟁의 가능성과 변하는 환경에 선행적으로 대응하는 노력은, 당연히 자원을 필요로 하게 되고 그러한 노력이 기업을 지속 가능하게 만든다.

다만 한 가지 문제는 경쟁에서 지는 기업들은 최악의 경우 교환이 일어나지 않아 도태될 수 있다는 점이다. 이 경우 경쟁에서 지는 기업을 위한 방안은 몇 가지 있을 것이다. 첫 번째는 아예 경쟁을 없애는 것이다. 그러나 이러한 방안은 이미 정치적 · 사회적 실험을 통하여 최악의 결과를 가져온다는 것을 경험했다. 두 번째는 새로운 기회를 패자에게 주기 위해 항상 경쟁이 가능한 상황을 만들어 두는 것이다. 4차 산업혁명 혹은 디지털 혁명이 가속화되면 "winner takes all"의 현상이 보편적이 될 것이다. 엄청난 고릴라들이 계속 탄생할 것인데, 가진 파워를 활용하여 본능적으로 경쟁을 제거하려고 할 것이다. 이러한 상황은 "진짜 마케팅"이 가능하지 않게 만들 수도 있다. 새로운 기업 혹은 기존 패자 기업들에게 언제라도 더 높은 가치를 구매자에게 제공하면 성공할 수 있는 기회를 주어야 기존 승자들도 계속 노력하도록 자극을 받을 것이고 파괴적인 가치를 만들어 내어 더 큰 가치가 구매자에게 전달될 수 있게 된다. 따라서 정부는 경쟁이 항상 가능하도록 문을 열어 놓는 일을 효과적으로 수행해야 한다.

엔지니어는 혼자서 이기기를 좋아한다?

엔지니어는 일의 특성상 좁은 분야에서 집중하여 탁월한 성과를 내야 한다. 그러므로 주위 특히 전혀 성격이 다른 마케터와 협력을 하면서 일을 진행하면 본질적인 업무에 방해를 받는다는 부담을 느낄 수밖에 없다.

제품을 창조하고 만들고 전달하는 과정을 보면 엔지니어의 역할은 주로 초기 단계에 집중되어 있다. 초기 단계에는 원재료 공급업체, 부품 소재 장비업체, 제조업체 등이 모여 제품을 창조하고 제조하는 일련의 과정을 거친다. 그리고 원재료 공급업체부터 완제품 제조업체들은 잘 관리된 가치 창조 체인을 구성한다. 이 가치 창조 체인은 다른 가치 창조 체인들과의 경쟁을 하고 있다. 따라서 같은 가치 창조 체인 내의 기업들은 공동의 목표를 가진 공동체이다. 가치 창조 체인 전체의 최적 가치 창조를 위해서 협력을 하는 것은 필수이다. 물론 경우에 따라 판매기업, 구매기업의 역할은 변하지만 자사의 의사결정은 협력업체와 연동하여 이루어져야 한다. 때문에 이기는 것을 목표로 하되 협력을 통하여 이기는 방법을 알아야 하고 실행에 옮겨야 한다. 엔지니어와 마케터는 자사 내의 협력은 물론 협력업체의 엔지니어와 마케터 그리고 다른 부서들과의 긴밀한 협조가 필수이다. 더구나 가치를 창조하는 핵심 인력인 엔지니어와 마케터와의 효과적인 협력은 기업의 성공을 위한 필수 요인이다.

22장 좋은 파트너와의 협력은 필수

"성공은 함께 있는 것이 아니라 양측이 함께 일하는 것에 달려 있다."

요즘 쉴 새 없이 울리는 카카오톡, 밴드, 인스타그램 등의 소셜미디어 덕분에 늘 많은 사람들과 소식을 주고받으며 친밀해지고, 그로 인해 offline에서의 모임도 강화되어 사람들 사이의 관계가 유지되고 있다. 소식을 주고받으며 정겨움을 느끼고 관계를 유지하는 한편, 세상 사는 데 필요한 정보 교환뿐만 아니라 마음을 힐링시켜 주고 삶의 조언이 되는 인생 철학까지도 공유할 수 있는 편리함을 누리게 된 것이다. 물론 여러 가지 부정적인 면들도 있지만 어쨌든 발달한 IT 때문에 우리는 좋든 싫든 네트워크로 묶이고 있다. 우리는 네트워크를 통해 변화를 실감하며 살고 있다.

사회에서의 기업의 역할은 가치를 창조하고 전달하는 것이다. 더구나 치열한 경쟁 속에서는 최고의 가치를 창출할 수 있도록 하여야 한다. 시장에서의 구매자와 경쟁기업을 파악해서 목표고객을 경쟁자보다 더 많이 확보하기 위한 가치를 파악하고, 가치 명제를 수립하여 기업 내의 모든 부서들은 서로 협력하여 이를 성공적으로 달성해야 한다. 너무나 당연한 말 같지만 실제로 기업에서 이런 것들이 효과적으로 이루어지고 있다고 말하기 힘들다. 개인적인 경험이지만 우리나라 글로벌 대기업들의 지식 공유가 부처 이기심 때문에 타 부처와 잘 이루어지고 있지 않는 상황을 경험했다. 부서 간 협력 문제를 극복할 수 있게 되면 시장에서의 성과 제고는 큰 영향을 받을 것이다.

엔지니어들은 특정 분야를 깊이 파고 열심히 하는 특성을 가지고 있고 일 자체도 열심히 해야 성취할 수 있다. 개인적인 성취감으로 만족할 수 있지만, 비즈니스와 연계되면 기업 전체의 가치 창출에 기여하는 방향으로 노력해야 한다. 기업의 주요 두 축인 기술 역량과 마케팅 역량은 긴밀히 협력하여야 양측이 도움을 받을 수 있다. 엔지니어는 마케터로부터 받은 고객, 시장 정보를 활용하여 고객 가치를 증대시킬 수 있고, 마케터는 엔지니어로부터 기술 관련 정보를 받아 고객과의 커뮤니케이션을 효과적으로 할 수 있다. 특히 기업가로 변신한 엔지니어는 시장과 협력업체로까지 협력을 확장하여야 한다.

협력적 관계를 기업 내에 구축하기 위해서는, 구성원의 협력적 역량을 기르고 융합 팀제의 도입, 모든 권한을 가지고 실행을 주도하는 챔피언제의 도입, 협력을 지원하는 시스템 구축도 필요하다. 기업 내부적인 협력적 관계의 구축 및 실행도 중요하지만 현재는 가치 네트워크 참여 기업들의 협력이 더 중요하다. 지금 시장에서의 경쟁은 더 이상 개별 기업끼리의 경쟁이 아니라 가치 체인들 간의 경쟁이므로, 협력적 관계의 형성이 무엇보다 중요하다.

항상 역동적인 변화 속에 있는 우리나라에서 또 다른 변화하는 모습을 보여주는 분야는 내수침체를 딛고 활발하게 성장하고 있는 소재부품장비 등의 공급업체(suppliers)들이다. 대기업의 발전과 함께 동반 성장하다 보니 규모가 커지고 업체 수도 많아졌다. 공급업체들이 적절한 성과를 내기 위해서는 내부 역량과 시장의 요구를 적절히 매치하는 능력이 필요하다. 내부 역량을 잘 구축하고 이를 고객수요 충족을 위해 적절하게 활용한다면, 공급업체들에 필요한 성과 창출이 가능해진다. 완제품업체에 소재, 부품을 공급하는 공급업체는 현재 및 잠재 비즈니스 파트너를 잘 이해할 필요뿐 아니라, 한 발 더 나아가 최종 시장의 움직임에 대해 이해하려는 노력이 필수적이다. 왜냐하면 공급업체들의 타깃이 되는 시장이 매우 역동적이어서 한치 앞을 예측하기 어렵기 때문이다. 이러한 시장의 변화에 민감하게 대처하고 적절히 대응해서 적시에 신기술을 개발해 선보일 수 있는 기업이어야 지속 가능한 성장이 가능하다. 그런데 중소기업의 특성상 이러한 일을 할 수 있는 전문인력이 부족하여 독자적으로 대응하기가 쉽지 않은 실정이다. 그렇다면 이러한 지식을 공동으로라도 마련하는 방안을 심각히 고려해 보는 것은 어떨까?

많은 비용과 노력을 들이지 않고 도움을 받을 수 있는 길이 있다. 이미 경험하고 있는 네트워크의 이점을 실제로 활용하는 것이 그것이다. 원래 공급업체들은 가치를 창조하는 네트워크에 속에서 네트워크를 잘 이해하고 있는 듯 보이지만, 실상은 여러 가지 제약 때문에 효과적으로 네트워크를 활용하지 못하고 있다. 공급업체들 대다수가 글로벌 고객들과 비즈니스를 하고 있는 요즘, 기업 간 네트워크를 조직하고 활성화하여 각 기업의 고객 정보를 공유할 수 있다면, 전 세계 어떤 고객들과의 접촉도 가능할 것이다. 혹시 국내 경쟁관계의 기업에게 고객 정보를 빼앗길 거라는 걱정으로 네트워크의 참여를 꺼릴 수도 있겠지만 거의 모든 분야에서 일본 기업들이 소재부품 점유율이 60% 넘어가는 현실이라는 점을 감안할 때, 잃을 것보다 얻을 것이 훨씬 많다는 점을 인식해야 한다. IT 강국의 네트워크를 적극 활용할 때, 작은 파이를 서로 차지하려고 싸우지 않고도 오히려 글로벌 시장에서 큰 파이를 만들어 공동으로 고객을 개발하고 관리하는 방안을 만들어 낼 수 있을 것이다.

이처럼 확보된 잠재고객에게 제대로 된 제품을 전달하기 위하여, 기술 위주의 공급업체들은 기술력 확보를 통한 계속적인 핵심역량 증대가 필수적이다. 고객 개발을 위한 네트워크는 공급업체들 간의 기술 추세 정보를 포함한 기술 정보 공유, 더 나가서는 기술 공동 개발을 위해 활용될 수 있다. 고객과의 협력이 무엇보다 중요한 소재부품 등의 분야에서 SNS를 통해 친밀해진 관계와, 실시간으로 이루어지는 편리한 의사소통을 바탕으로 고객의 기술 수요 이해, 고객과의 기술 정보 공유, 공동 기술 및 제품 개발을 용이하게 할 수 있다. 고객과의 모든 접촉 지점에서 밀접한 의사소통은 같은 역량으로도 더 큰 성과를 내게 해 준다. 뿐만 아니라 수십 조가 투자되는 대학교 및 국책 연구소 등과의 밀접한 협력 네트워크를 만들 수 있다면, 방대한 정보와 개발된 기술을 공유할 수 있다. 더 나아가 개발된 기술과 소재부품 기업의 수요를 매칭시킬 수 있을 정도로 발전한다면, 공급업체들의 핵심역량은 한층 더 증대될 것이고, 많은 자원과 노력을 기울여 기술을 개발하는 측에서는 기술 이전의 성과를 창출할 수 있을 것이다. 물론 가장 바람직한 것은 개발 전부터 협력하여 맞춤형으로 기술 개발을 하는 것이다.

공급 기업의 성장을 위해 네트워크를 성공적으로 활용하려면, 참여 이해관계자들 간의 협력이 필요하다는 긍정적 태도가 시급히 조성되어야 한다. 규모, 속도, 변화 등이 요구되는 글로벌 경쟁 시대에 홀로 잘하는 것만으로는 부족하다. 새로 시작하는 기업들이 참신한 아이디어와 열정으로 사업을 성공하려고 노력하지만 여러 가지가 부족해 혼자의 노력만으로는 실패할 확률이 아주 높다. 만약 개별 기업들의 장점을 모아 새로운 사업을 시작한다면 성공의 가능성이 아주 높아질 것이다. 기업들의 협력과 공동의 노력이 절실하게 요청되는 이유이다.

네트워크를 잘 구축하여 성공한 대표적인 기업이 ASML이다. 네덜란드 반도체 장비 기업체인데 극자외선(AUV) 노광장비를 생산한다. 반도체 생산의 핵심 장비이다. 주요 고객이 삼성, 하이닉스, TSMC, 인텔 등이며 800개의 공급업체들과 같이 새로운 기술을 끊임없이 만들고 있다. 공급업체와의 협력을 조직화하고 최고의 대우를 제공하여 네트워크를 강화하고, 최고의 기술을 만들어 낸다. 주요 고객과도 긴밀히 협조하는 것도 물론이다. 대부분의 공급업체들이 제조사에 의존하여 소위 갑을 관계를 형성하는 것과는 달리 오히려 고객이 ASML에 의존적이다. 현재는 이 분야의 경쟁자가 없다.

엔지니어들도 이제는 협력업체와의 협업에 적극적으로 나서야 한다. 자사 내의 마케팅과 협업하고 협력업체의 엔지니어와도 적극적으로 협업하여야 한다. 항상 가까이 있도록 하면, 더 큰 노력 없이도 서로 이해를 통하여 본인들의 업무도 더 잘할 수 있게 되고 기술적 역량 강화는 물론 고객 정보도 더 많이 알게 되어 노력의 방향을 올바르게 정하는 데 큰 도움이 된다.

23장 가치 증가에 기여할 수 있는 네트워크에 참여하라

지금의 경쟁은 더 이상 개별 기업의 경쟁이 아니라 가치 네트워크 사이의 경쟁이다. 여전히 제품을 선택하는 것은 최종 소비자이므로, 가치 네트워크에 참여하는 기업들의 목적은 가치 네트워크가 만들어 내는 제품이나 서비스에 대한 최종 소비자들의 인식된 가치를 최고로 높이는 데 기여하는 것이다. 따라서 내 기업만 훌륭하게 역할을 다 한다고 기대 성과를 내는 것은 아니다. 바꾸어 말하면 나의 고객만을 위해 최선을 다하는 것만이 능사가 아니다. 전체 가치 네트워크가 목표로 하는 최종 소비자 시장에서 원하는 것을 최고로 제공하도록 가치 네트워크가 잘 작동하도록 최선을 다 하여야 한다. 만약 참여 기업들의 조합이나 노력이 최종 소비자에게 최고의 인식된 가치를 주도록 되고 있지 않다면 조정을 하여 바로잡든지, 아니면 더 나은 가치 네트워크로 옮겨야 한다. 예를 들어 가격에 민감한 소비자들을 목표로 하는 가치 네트워크에, 품질이 우수하지만 비용구조가 높은 참여기업(들)은 적절한 구성원이 아니다.

이미 고객과의 관계가 잘 정립된 경우라면 큰 문제가 없겠지만, 처음 거래를 시작하거나 불안정한 관계라면 고객의 성공을 위해 무엇이든지 해서 가치 네트워크에서 인정을 받도록 해야 한다. 우리 기업이 분명히 가치 증가에 일조한다면 장기적인 참여도 가능하고 새로운 기회도 엿볼 수 있다. 일단 고객이 무리한 요구를 계속하여 힘들게 하더라도, 기업의 역량을 키울 기회라고 여기자. 미래를 예측해서 제품 포트폴리오를 늘려 위기 및 기회에 대응하고 고객 대응하는 능력을 키운다면 힘들다고 불평할 일은 아닌 것 같다.

세상에 최고 품질을 만들면서 비용마저 최저로 만드는 기업은 없다. 그리고 혹여 최고 품질의 제품을 최저가로 파는 기업이 있더라도, 전체 시장을 가져가지는 못한다. 왜냐하면 그런 요인보다 제품은 좀 엉성해도 기술적으로 앞서가는 제품을 원하는 소비자층이 있고, 디자인이 더 중요한 소비자층도 있고, 전에 사용하던 기업 제품을 더 편하게 여겨 계속 구매하는 소비자들도 있다. 따라서 평판이 우수한 히든챔피언이라도 비용구조가 높으면, 중저가 제품을 만드는 가치 네트워크에서는 적절한 구성원이 될 수 없다. 마찬가지로 생산비용이 낮아 환영받는 기업의 제품은, 기술적인 능력을 중요하게 여기는 가치 네트워크에서는 환영받지 못할 것이다. 일시적인 욕심에 싼 원료나 중간재를 제품에 사용한다면 궁극적으로 최종 소비자들이 외면하게 될 것이다.

가치 네트워크의 파트너는 역량을 중심으로 평가하여, 최종 고객을 염두에 두고 최적의 가치 네트워크를 만들 수 있는 업체와 비즈니스를 해야 한다. 엔지니어는 상대적으로 좁은 네트워크를 활용하여 파트너를 찾는 것보다, 전체 가치 네트워크의 목표고객에게 전달할 중요한 가치 증가 요인에 집중하여, 최고로 잘할 수 있는 파트너를 정하여 관계를 맺도록 항상 노력해야 한다. 편하다는 이유로 친구나 친지, 선후배 기업과 비즈니스를 하면 안 된다.

기업 성장을 위해서는 환경 변화에 유연하게 대처할 수 있어야 한다. 기업 내부 역량의 개선을 통하여 최적 고객이 바뀌는 경우 지금 최적의 파트너와 헤어지고, 새로운 파트너와 비즈니스를 하도록 변경해야 한다. 예를 들어 기술 개발을 통하여 제품의 질이 현격히 좋아지거나, 업계 최초의 기술을 개발하여 새로운 제품을 만들었다면, 거기에 적합한 파트너가 필요하다. 또한 제조 시스템을 진화시켜 고객 맞춤형 제조 시스템을 구축하였다면, 유통 파트너를 한 단계 위의 고객에게 봉사하는 곳으로 변경하여야 한다. 아래 [그림 22]는 환경 변화에 따라 목표고객에게 전달하는 가치를 변경하고 그에 맞게 가치체인 협력업체를 변경하는 예시이다.

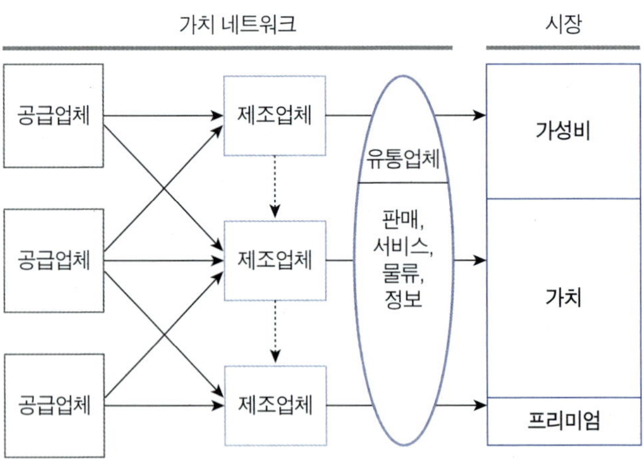

[그림 22] 글로벌 가치 네트워크의 변화

환경 변화와 기술 변화, 국제 정치 및 통상의 변화는 많은 변화를 불러일으킨다. 불균형이 생겼거나 생길 가능성이 높은 가치 네트워크 중 내 제품이 더 적합한 곳에는 새로운 기회가 있다. 세상은 넓고 가치 네트워크는 많다. 절대 낙심하지 말고 시장과 경쟁자를 연구하자. 결국 시장에서 최후의 승리자는 우수한 가치 네트워크를 끊임없이 확보하여 참여기업과 함께 고객 가치를 제고하는 기업이다.

8절

엔지니어가 참여하는 마케팅 I: B2B(Business to Business) 마케팅

가치 네트워크에서 엔지니어들의 기여가 필요한 분야가 B2B 마케팅이다. 엔지니어는 기업이 제조하는 제품을 만들기 위해 협력업체의 고객으로 중요한 역할을 한다. 이 과정에서 마케터 혹은 영업사원들과 접촉하고 협상하는 등의 중요한 경험을 한다. 이러한 경험은 자사의 제품을 고객에게 판매할 때 매우 효과적으로 활용될 수 있다.

B2B 마케팅에서 다양한 역할을 가진 사람들이 모이는 구매센터와 판매센터가 구성되는데 이때 엔지니어는 제품사용자의 역할과 정보 관리자의 역할을 수행한다. 특히 B2B 분야는 기술이 가장 중요한 요소 중 하나이므로 엔지니어는 적극적으로 B2B 마케팅에 참여하여야 한다. 또한 B2B 마케팅의 참여를 통해서 본업인 제품 개발과 제조의 방향성을 몸소 체험하고 바른 결정을 내릴 수 있게 된다.

B2B 마케팅에서 여전히 중요한 것은 고객을 자주 찾아가고 경청하는 것이다. 때문에 인적 판매가 매우 중요하다. 그리고 기술 발달로 많은 부분이 인터넷으로 옮겨가고 있는데 B2B도 마찬가지이다. 따라서 인터넷과 모바일을 활용한 디지털 마케팅도 적절히 활용할 수 있는 역량을 길러야 한다.

24장 엔지니어는 B2B 마케팅에 적극적 참여해야

엔지니어들이 마케팅에서 중요한 역할을 할 수 있는 분야는 기업간 마케팅 혹은 B2B 마케팅으로 불리는 산업재 분야이다. 이 분야의 기술적 특성 때문에 제품에 대한 깊은 지식을 보유하고 있는 엔지니어는 기업의 마케팅과 판매활동에 중요한 기여를 할 수 있다. 특히 엔지니어는 구매에 참여하는 경우가 많은데 구매 경험이 판매 경험에도 적용될 수 있어 판매팀에 합류하면 기여를 할 수 있다. 엔지니어는 구매고객의 기술적인 요구사항을 잘 알 수 있고 적절한 솔루션을 제시할 수 있다.

엔지니어의 관점을 활용하면 기업은 마케팅과 판매 자료를 탄탄한 기술적 기반으로 만들 수 있게 되어 신뢰도가 향상되고 더 효과적으로 받아들여진다. 전문가들은 기술적인 내용은 매우 정확하고 최신 자료로 만들어져야 신뢰하고 받아들이는데, 이는 엔지니어의 도움 없이 가능하지 않다.

잠재고객과 접촉할 때 그 고객에 적합한 기술을 보유하거나 외부에서 구할 방법이 있어야 거래할 수 있는 기회가 주어질 수 있다. 기술적인 면은 엔지니어들이 충분히 파악할 수 있으므로 기업과 적합한 고객인지 여부의 판단이 가능하다. 그래서 어떤 고객군들이 기술적으로 접근이 가능한지에 대한 검토 및 의견 제시를 엔지니어들이 할 수 있다. 이런 도움으로 인하여 마케터들은 자신들의 역량과 자원을, 가능한 고객군에 집중할 수 있어 훨씬 효과적으로 업무를 수행할 수 있게 된다. 또한 글로벌하게 운영되는 공급체인이 물류를 효율적으로 하기 위한 디자인 설계에 엔지니어의 역할이 필요하다.

B2B 마케팅의 고객은 기업, 정부, 학교, 병원, 종교시설 등 비영리 기관이다. 이들 고객의 의사결정은 일반 소비자 구매 의사결정과는 다르다. 기업에는 최고경영진을 포함하여 구매, 제조, 마케팅, 물류, 제품개발 등 여러 부서가 있고, 제품의 중요도, 새로운 거래 여부, 기술적 복잡성, 구매 복잡성 등에 따라 전문성이 있는 부서나 사람이 구매 의사결정에 참여하게 된다.

기업은 구매를 할 때 복수의 구매 관여자들이 참여를 하는 데 사안에 따라 참여하는 사람이나 부서의 규모가 크기도 하고 한두 명만 참여하기도 한다. 공식적인 기업 내 조직은 아니지만 소위 "구매센터(buying center)"라는 비공식 조직이 생성되어 해당 구매 의사결정이 이루어진다. 규모는 대략 4~20명 정도로 이루어진다. 역할에 따라 구매센터에 참여하는 사람이나 부서를 나누면 대략 다섯 가지 역할로 나뉘어진다. 첫 번째가 구매부서이다. 구매부서는 구매절차나 평가기준 등 구매 관련 업무를 진행하게 된다. 구매의 중요성이 낮은 회사 소모품 등의 경우는 구매부서에서 결정하기도 한다. 그러나 생산을 위한 부품, 소재 등의 경우 전문가들의 의견을 반영하여 결정하여야 하므로 구매 실무만 진행하고 다른 역할을 하는 사람의 의견을 반영하여 결정한다. 두 번째 그룹은 사용자 그룹이다. 사용자들은 주로 현장의 엔지니어들이므로 엔지니어들의 과업을 손쉽고 정확하게 할 수 있도록 도와주는 제품이나 서비스를 활용하기를 원한다. 구매기업의 제품과 잘 맞지 않는 제품을 구입하게 되면 구매기업이 만드는 제품이 시장에서 좋은 평가를 받기가 불가능하다. 때문에 기업 구매 시 엔지니어의 역할은 중요하다. 그런데 구매부서와 사용자 간에 많은 갈등이 일어난다. 구매부서는 가격 위주로, 성능이 떨어지는 제품이라도 구매하려고 하고, 사용자인 엔지니어는 가능하면 사용하기 쉽고 성능이 좋고 서비스가 좋은 제품을 구매하기를 원한다. 세 번째 그룹은 영향자 그룹이다. 이들은 주로 제품에 대해 잘 아는 전문가일 경우가 많다. 네 번째 그룹은 정보 문지기들(gatekeepers)이다. 이들은 제품이나 판매기업에 관한 정보를 관리하고 통제하는 사람들이다. 이들의 역할에 따라 판매기업의 정보가 왜곡될 수 있기 때문에 주의를 기울여야 한다. 또 다른 그룹은 의사결정자이다. 최종적으로 구매 관련 의사결정을 하는 사람이나 부서이다. 중요한 구매의 경우에는 회사의 운명이 달릴 수도 있어서 최고경영자가 직접 결정을 하기도 한다. 이런 경우 전략적인 의사결정을 하는 경향이 있다. 아울러 이런 역할은 반드시 구분하여 수행하는 것은 아니고 한 사람이 여러 역할을 할 수도 있다.

판매기업은 구매기업의 의사결정에 누가 참여하는지, 각 참여자들의 상대적인 중요성은 얼마나 되는지 등을 잘 파악해야 한다. 회사가 크고 복잡하고 사람 수가 많으면 현실적으로 자사 제품 관련 구매집단이 어떻게 형성되는지 알기가 어렵다. 그렇지만 구매센터 내에 의사결정에 참여하는 사람을 전부 설득하여 만족시키지 못하면 판매가 매우 어려워진다. 때문에 판매기업은 특별한 노력을 기울여야 한다. 자주 찾아가야 하고, 문제가 생기면 같이 풀려고 노력하고, 개인적으로도 가깝게 지내려고 노력해야 한다. 종종 구매센터가 작동하는 방식을 이해하지 못하고 중요하지 않은 사람에게만 세일즈를 집중하다가 판매에 실패하는 경우가 자주 일어난다.

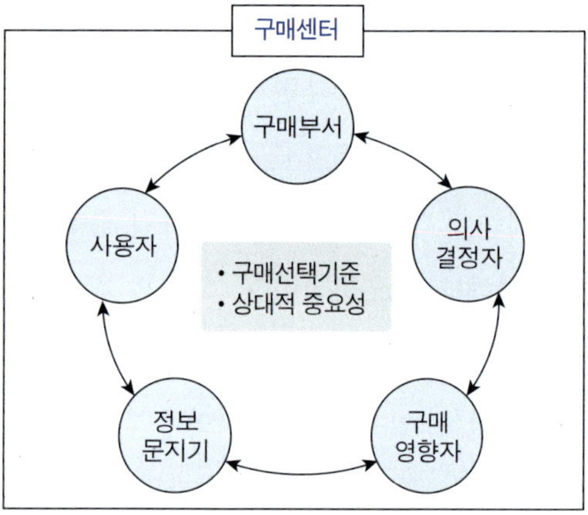

[그림 23] 구매센터의 참여자 유형

구매조직에서 결성된 의사결정 참여자들이 다양하고 각자 원하는 바가 다르므로 설득을 위해서는, 판매기업은 구매센터의 구성원들에 대응하는 전문성을 가진 사람들이 참여하는 판매조직을 만드는 것이 중요하다. 판매기업의 판매센터는 구매기업의 구매센터 구성원들이 필요로 하는 정보 등을 제공하여 설득을 하면 효과적으로 거래를 진행하는 데 도움이 된다. 특히 엔지니어들은 필요한 기술적 정보를 구체적으로 제공할 수 있어, 향후 구매기업이 필요로 하는 제품 스펙을 맞추어 줄 수 있고 내부적으로 제품 개발을 할 때 방향성을 확실히 할 수 있다. 또한 엔지니어가 마케터 역할을 하는 것도 권장된다. 엔지니어의 경험이 고객을 일반 마케터보다 깊게 이해하게 하는 데 도움이 된다. 엔지니어 출신 마케터는 고객과의 대화를 쉽게 이끌고 고객의 말을 마케터가 이해하기 쉽게 풀어서 설명하는 것이 가능하다.

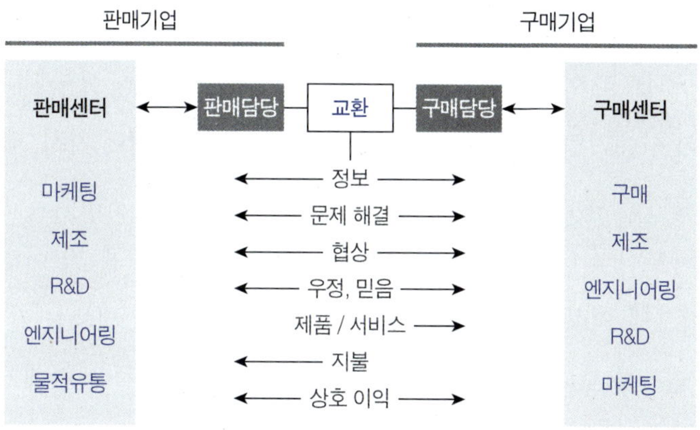

[그림 24] 관계마케팅 과정

그렇기 때문에 판매기업은 판매 담당은 물론 제품 개발, 제조, 물류 등도 고객에 가까이 자주 접촉하는 것이 중요하다. 고객기업의 내부 진행 상황을 잘 이해하는 것만큼 판매에 도움이 되는 것은 없다. 최고 경영자도 가능하면 고객기업을 자주 방문하여 중요 정보를 획득하도록 해야 한다.

B2B 마케팅에서 가장 중요한 것은 고객기업과의 관계관리이다. 관계관리의 기본은 관계의 깊이를 어느 정도 가져갈 것인지를 정하는 것이다. 예를 들어 전략적 부품을 구매하는 기업과의 관계는 관계가 깊어야 하고, 단순한 소모품을 거래할 때는 깊은 관계를 맺을 필요가 없다. 백화점이 중요고객에게 많은 혜택을 주는 것은 고객이 그만큼 백화점에 구입의 양과 질에서 기여하기 때문이다. 기업 간 거래는 장기적으로 유지되지 않으면 시간, 비용, 투자를 보상받을 수 없다. 고객의 필요한 바를 파악하여 선행적으로 대응해 나가야 관계의 깊이가 있어지고 전략적 동반자 자리에 오를 수 있다. 복잡하고 기술적 진화가 항상 요구되므로 엔지니어와 고객기업과의 협력이 절실히 요구된다.

특히 구매기업의 경우 판매기업과의 효과적인 협업이 자사 제품 가치를 높이는 데 결정적으로 중요하다. 판매기업을 하청업체로 대하지 말고 파트너로 대우하여 판매기업이 구매기업의 요구를 잘 이해하고 선행적으로 역량을 준비하여, 앞으로 요청될 수 있는 제품을 잘 준비할 수 있도록 도와야 한다. 이때 구매기업의 엔지니어들은 판매기업의 엔지니어들과 소통하여 기술적인 협력이 이루어지도록 하여야 한다. 구매기업이 계속적으로 판매기업과 전략적 관계를 가지고 가려 한다는 헌신과 신뢰를 보여주지 않는다면, 판매기업을 자사의 생존을 위해 다른 기회를 모색할 것이기 때문에 자연히 현재 구매기업의 미래 필요 제품보다는 새로운 고객 확보에 더 노력할 것이다. 이러한 상황은 구매기업의 미래에 절대로 바람직하지 않은 것이다.

25장 B2B Digital marketing의 활용

전통적으로 B2B 마케팅은 구매기업의 특성과 의사결정 과정을 알기가 어려워 직접 구매기업을 방문하여 정보를 확보하는 영업 혹은 마케터의 역할이 중요하다. 그런데 최근에는 digital marketing을 활용하여 마케터의 업무를 돕고 실제로 잠재고객과의 접촉을 늘리기도 한다.

B2B에서의 디지털 마케팅의 목적은 판매로 이끄는 lead 확보, 기업의 인지도를 높이기, 그리고 판매팀의 판매활동 지원을 위한 것이다. B2B에서 대면 인적 판매가 매우 중요하지만 목표고객사가 판매회사를 잘 모를 때와 아주 잘 알 때(예: 인텔, 삼성 등) 큰 차이가 날 것이다. 그리고 지금은 글로벌 가치 네트워크들의 시대이므로 글로벌 시장에서의 기회를 만들기 위해, 온라인으로 정보를 제공하여 잠재고객을 유도하여야 한다. 최근의 추세도 검색으로 주로 정보를 먼저 확보한 후 목표고객이나 협력업체를 목록화해서 접촉을 시작한다.

다음은 디지털 마케팅을 위한 기본적인 실행 내용이다.

- **디지털 마케팅을 위한 대상을 분명히 한다**: 온라인 공간이라고 해도 모든 사람들에게 필요한 정보를 전달할 수는 없다. 자사의 비즈니스 목표에 맞는 대상들을 선택하여 그 대상이 주로 방문하는 사이트나 SNS 등에 정보를 실어야 한다. 전달 정보도 자사와 거래가 가능한 기업이 원하는 정보를 선택적으로 강조하여 실어야 한다. 그리고 인지를 높이는 단계, 판매 lead를 이끄는 단계, 판매원의 판매 활동을 지원하는 단계에 따라 접근 방법을 달리해서 소구하여야 한다.
- **양질의 콘텐츠를 창조한다**: 검색엔진이나 웹사이트를 검색하는 잠재고객 혹은 협력회사들은 온라인 문서, 전자책, 동영상, 블로그, 인스타 등에 담겨 있는 모든 것을 포함하는 유용한 콘텐츠를 환영한다. 잠재고객에게 가치 있는 콘텐츠를 만들고 문서나 동영상으로 만들면, 마케터는 온라인에서 정보 검색 중인 유망한 잠재고객에게 온라인으로 접촉할 수 있다. 그러면 그 후속으로 자사의 정보를 더 찾게 될 것이다. 이때 더 많은 유용한 정보를 확보하기 위해 직접적인 접촉이 올 수 있다. 물론 자사의 정보를 필요로 하는 동료나 친지, 친구에게 전달할 수도 있다.

많은 경우 한 번 만들어진 웹사이트 정보를 최신 정보로 변경하지 않고 그냥 두기도 한다. 자사의 웹사이트를 방문하여 최신 정보가 언제였는지 확인해 보아야 한다. 게으른 웹사이트가 잠재고객의 접촉을 막을 수도 있다. 최우선적으로 방문하는 장소가 회사의 웹사이트임을 명심해야 한다. 웹사이트는 인터넷이나 모바일 구매를 가능하게 만들 수도 있고, 정보 교환을 통해 기업 관련 커뮤니티를 만들어 전문가들이 정보 및 의견을 주고받게 할 수 있다.

웹사이트 접근 및 사용은 용이해야 하며 계속하여 "유용한" 정보를 잠재고객들이 찾을 수 있도록 업데이트해야 한다. 회사에 대한 좋은 평판이 웹사이트를 통해서 만들어지도록 전문적으로 관리해야 한다.

- **검색이 잘 되게 최적화한다**: 구글이나 네이버, 유튜브 등에 있는 회사 정보들이 검색에 노출될 수 있도록 하여 온라인상의 존재를 극대로 하여야 한다. 검색에 효과적으로 노출되기 위한 키워드 선정을 해야 한다. 직접 하기가 어려우면 외부 컨설팅 회사나 디지털 마케팅 회사의 도움을 청하도록 한다. 검색 최적화를 위해 콘텐츠나 단어 선정을 효과적으로 하면 검색 랭킹이 올라갈 수 있고 대고객 노출을 높일 수 있다.

  한 번 정한 방법은 계속적인 모니터링을 통해서 꾸준히 변경하여야 계속적인 관심을 끌 수 있다. 주기적으로 최신화하고 가치 있는 정보들을 실을 수 있도록 해야 한다.

- **Pay-Per-Click(PPC) 광고에 투자한다**: 온라인에 광고를 할 경우 클릭당 비용을 지불하는 방법을 택하면 트래픽을 높일 수 있다. PPC 광고를 활용하면 광고를 노출시킬 수 있는 키워드와 문장을 선택할 수 있게 된다. 물론 광고활동이므로 비용은 드나 일반 광고에 비교하면 저렴하다. 그리고 광고의 노출은 클릭이 일어나면서 바로 알 수 있어 대응하기도 쉽다.

- **이메일 뉴스레터를 활용한다**: 이메일 뉴스레터는 현재고객과 접

촉을 유지할 수 있고 잠재고객들과 새로운 접촉을 만들어 두 고객집단과의 관계를 강화시키는 훌륭한 수단이다. 종래의 이메일이 구매를 강제하기 위한 것이었다면 B2B 이메일 뉴스레터는 자사의 제품에 대한 인식된 가치를 높이는 것이 주목적이다. 86%의 비즈니스 전문가들은 비즈니스 목적으로 이메일을 사용하는 것을 선호한다. 그리고 이메일은 세 번째로 유용한 정보 원천이다.

이메일 뉴스레터를 통해 1) 엔지니어 출신이 아닌 고객에게 중요한 기술적인 개념을 설명하고, 2) 유용한 블로그나 뉴스에 연결해 줄 수 있고, 3) 자사 내의 다가오는 이벤트나 마일스톤을 논의하고, 4) 예정된 서비스에 대한 잠재고객에게 할인을 제공하는 등의 판촉활동을 할 수 있다.

이메일 뉴스는 상업적인 목적으로 이용되지 않으면 중요한 정보 소스이다. 정보의 유용성을 높여서 자발적으로 뉴스레터를 읽게 하고, 세일즈 톡으로 보여 아예 보지 않게 만들어서는 안 된다. 그리고 구독 요청을 하게 하여 스팸으로 처리되는 경우를 없애야 한다.

- **소셜미디어를 사용하라**: 많은 B2B 마케터들은 소셜미디어를 활용해야 하는지 여부에 대하여 확신이 없다. 그러나 최근에는 소셜미디어는 중요한 소구수단이 되고 있다. 페이스북, 트위터, 링키드인, 블로그, 네이브 카페/밴드, 카카오 채팅방 등은 어느 기업에게나 무한한 가치를 주는 소통의 수단이며 고객에게 직접 이야기할 수 있는 기회를 제공한다. 소셜미디어에 능숙한 기업들은 각각의 소셜미디어에 복수의 계정을 열고 다양한 그룹의 잠재고객들

과 소통을 하고 있다.

회사나 사무실 위치를 변경한다든지 새로운 서비스를 제공한다든지 할 경우, 소셜미디어에 이유를 공지하고 변경에 대한 질문들을 받아 응답해 줄 수 있다. 또한 직접 질문도 할 수 있고 관련 정보 사이트 등에 대한 링크를 제공할 수 있다.

소셜미디어에 온라인 비디오를 올리는 것은 정보를 전달하거나 구매로 이끄는 좋은 방법이다. 유튜브 등에 올라오는 비디오는 대부분의 사람들이 즐겨 찾는 정보 소스이며 새로운 형태의 TV가 되고 있다. 잘 만들어진 비디오 정보는 viral 마케팅의 도구가 되면 구전 효과가 탁월하다.

- **온라인 리뷰를 장려하라**: 온라인 리뷰는 일부 부작용은 있지만 현재 점점 더 중요해지고 있다. 좋은 리뷰는 온라인 · 오프라인 구전 효과가 있어 경우에 따라서는 회사의 중요한 대리 세일즈 톡이 되기도 한다. 그 반대의 경우면 현재고객이나 잠재고객에게 나쁜 영향을 미칠 수도 있다.

따라서 불만사항에 대한 해결을 위해 환불이나 교환, 애프터서비스를 제공하여 고객 유지를 도모하듯이, 고객 리뷰를 모니터링하여 고객의 소리에 반응해야 한다. 비판을 건설적으로 받아들이고 부족한 부분을 개선하도록 노력해야 한다. 자사와 관련된 특정 웹사이트가 있다면 그 웹사이트를 더 철저히 모니터링하고 적절히 대응해야 한다.

설사 부정적인 리뷰가 있더라도 좌절하지 말고, 만족한 고객들이 좋은 리뷰를 실어서 나쁜 리뷰에 대응하도록 장려하는 것이 필요하다. 스스로의 경험을 그들의 말로 리뷰를 달게 하는 노력을 하는 것이 좋다. 이런 접근법은 훼손된 이미지를 개선시킬 수 있고 좋은 리뷰를 통해 잠재적인 고객을 끌어들일 수 있다.

- **공감을 가지게 한다**: 온라인 상이긴 하지만, 고객과의 공감을 형성하여 브랜드를 구축하도록 한다. B2B이지만, 비즈니스는 사람들이 하므로 정신적인 공감은 충성도를 증대시켜 경쟁으로부터 보호하게 해주고 전략적 협력도 가능하게 한다.

9절

엔지니어가 참여하는 마케팅 II: 신제품 개발 및 시장 진입

엔지니어가 마케터와 직접 과업을 수행하는 분야가 신제품 개발 분야이다. 엔지니어와 마케터는 기업에서 일을 같이 하지만 차이점이 가장 많기도 하다. 두 집단의 협력 없이는 기업이 원하는 목표를 달성할 수 없으므로 협력을 위한 효과적인 접근이 필요하다. 특히 신제품 개발은 두 집단의 적극적인 협력이 필요하다. 두 집단의 차이는 분명히 인식하되 협력을 최대한 효과적으로 일어나게 하는 세심한 주의와 관리가 필요하다.

특히 엔지니어는 엔지니어 세계의 특성을 잠시 잊고 마케터와의 공통 분모를 찾아 의사소통하고 서로 격려하는 분위기를 적극적으로 만들어야 한다. 기술적인 우월감은 잠시 접고 마케터가 전하는 고객 정보를 귀담아 듣고 엔지니어의 제품 개발에 적극 반영하도록 해야 한다.

26장 R&D와 신제품 개발 프로세스, 그리고 시장 진입

기업의 여러 가지 활동 중에 엔지니어를 중심으로 이루어지는 분야가 R&D 분야와 제조 분야이다. 이 두 분야의 가치 창조 기여분은 특히 마케팅 부서와의 협력 정도에 따라 현저하게 달라진다. 앞 장에서 엔지니어들의 고민은 가치 창조 기여분 혹은 점유율이 노력에 비해서 낮다는 것과, 어떻게 높일 것인가에 관한 부분을 설명하였다. 그 해결책은 전체 가치 네트워크의 가치 창조 능력을 늘리는 한편 최종 시장에서 마케터들의 활동에 의해 증가되는 가치에 엔지니어들이 기여하는 방법을 찾아서 실행하는 것이다. 그중 마케팅의 역할이 강조되는 신제품 개발 및 시장 진입과 엔지니어들의 R&D 과정을 통합하여 진행하는 것이다.

피터 드러크(Peter Drucker)는 "기업은 단지 혁신과 마케팅 두 가지 기본 기능만을 가지고 있다"라고 설파했다. 오늘날의 고도로 경쟁적이고 급속하게 변하는 시장은 대부분의 기업들이 새로운 제품과 서비스를 계속적으로 제공하기를 요구하며, 많은 기업들은 이것을 성공적으로 해왔다. 대부분의 잘 관리되는 기업들은 그들 현재 매출 수입의 상당한 부분(20~50%)은 지난 5년 내에 도입된 제품에서 왔다고 한다. 컴퓨터, 제약, 기타 하이테크 제품의 경우 부인할 수 없는 사실이다. 많은 로우테크 소비자 제품과 서비스 기업의 경우에도 또한 사실이다.

기업들이 새 제품들을 도입하는 경우 얼마나 성공적일까? 모든 새로운 도입의 65%에서 70%는 기업 관리층의 눈으로 보면 성공적이었다고 한다. 모든 새로운 진입이 직면하는 가능한 장애 요인들과 경쟁적인 압력들을 고려하면, 명백히 2/3는 나쁜 확률이 아니다. 어떤 제품들은 대성공을 이루어 기업을 탄탄하게 하고 주주가치에도 도움이 된다.

신제품/서비스 도입에는 부정적인 면도 있다. 왜냐하면 진지하게 잘 고안된 신제품 개발 프로그램보다 시간이 더 걸리고, 돈이 더 많이 들고, 함정이 더 많고, 더 괴롭고, 앞날의 경력을 위태롭게 하는 것은 없기 때문이다. 왜 그럴까? 여기서 다루기에는 너무나 많은 요인이 있다. 부적절한 조직 구조와 절차로부터 시장이나 소비자에 대한 지식 부족이나 열악한 품질과 성능에 이르기까지 다양한 문제들이 있다. 이 모든 것들의 뿌리는 신제품/서비스 도입의 각 단계를 계획할 때 관여되는 많은 의사결정과 불확실성이다.

신제품 실패율에 관한 많은 연구들이 있는데 많게는 80~90%에서 적게는 35~45% 정도 나오는 것으로 알려져 있다(George Castellion & Stephen K. Markham, 2013). 신제품 실패율은 신제품의 아이디어 단계부터 계산하는지 혹은 시장에 진출한 후로 계산하는지에 따라 차이가 날 수밖에 없다. 신제품 개발팀의 역할은 이 실패율을 최대한 줄이는 것이다. 또한 많은 중소기업이나 스타트업에서는 실패를 보고하는 경우가 거의 없으나 상당히 더 높은 신제품 실패율을 보일 것으로 추정된다.

신제품 시장 진입과정

신제품 시장 진입과정이 복잡한 것만큼, 실패의 이유도 다양하다. 기업관리층을 대상으로 하는 조사에서는 여러 가지 이유들이 자주 언급되었다. 예를 들면 부적절한 시장조사, 제품 성과가 기업의 요구사항을 충족시키지 못함, 현존 제품 대비 불충분한 개선("me too" 진입), 가격/가치 관계가 맞지 않음, 부적절한 유통, 잘못된 혹은 불명확한 포지셔닝, 잘못된 세분시장의 선택, 실제 시장 수요나 욕구가 존재하지 않음 등이 그것이다. 다시 말하면, 이러한 이유들은 마케팅 믹스의 모든 내용과 전략적 마케팅 계획의 기본 요소들을 전부 포함하는 것들이다.

이들 중 언급되지 않은 것으로서 중요한 것들은 최고경영층의 변덕에 기초한 제품/서비스와 같은 기업의 경영층 자체, 내부 과정, 혹은 절차에서의 실패, 잘못된 조직 설계, 체크포인트가 갖추어진 공식적인 내부적 신제품 개발 도입 과정의 부족, 각 제품에 대한 "챔피언(제품 및 사업개발 책임자)"의 부재, 부정적인 시장조사 발견사항 수용 거부 등이다. 종종 이러한 더 기본적 요인들이 앞에서 제시된 문제들을 야기시키기 때문에, 이러한 이유들이 기업 경영층 조사에서는 실패의 이유로서 거의 언급되지 않는다.

이러한 우울한 시나리오에 대한 하나의 해결책은 체계적인 신제품 개발 도입과정을 실행하는 것이다. 많은 소비자 제품기업들은 제품의 차이는 있지만 대부분 다음의 연속적인 단계들을 따른다:

아이디어/개념 창출 → 예비 스크리닝 → 사업 분석 → 제품 개발 → 가정 내 사용 조사 → 실험적 시장조사 → 시장 테스트 → 상업화

한 예로서 잘 알려진 글로벌 식품회사는 10년 동안, 약 60개의 신제품 개념을 조사에 적합한 형태로 개발하였다(60개의 가장 유망한 개념들로 줄여지기 위해 많은 새로운 아이디어들이 기각됨). 이러한 제품 개념들이나 제품 원형들(prototypes)에 대한 마케팅 활동이 일어나기 이전에 소비자 선별 조사에 의해 60개는 12개로 줄어든다. 12개 중 약 9개가 전국 각지의 테스트 시장에서 조사되고 4개가 살아남아 본격적으로 전국에 출시된다. 이들 중 일반적으로는 3개가 적절한 수준의 매출을 올린다. 이 수치는 대부분의 소비자 제품 기업들의 평균보다 더 나은 것이다.

모터롤러는 모바일 폰을 최초로 개발한 회사이다. 모바일 폰 이전에는 누구나 유선 전화기를 사용하였다. 면밀히 시장을 분석해 본 결과 주로 회사 외부에서 활용하는 영업직과 비밀스런 대화가 가끔 필요한 최고경영층이 가장 모바일 폰 수요가 많을 것으로 확인하였다. 그러한 정보를 바탕으로 움직이는 자동차에 주로 설치하여 "카폰"이라 불렀던 모바일 폰을 개발하여 큰 성공을 이루었다.

그런데 같은 회사가 위성을 이용한 이더리움을 설립하여 큰 실패를

하였다. 위성을 이용해 통화하는 기술을 개발하여 세계 어디서고 통화가 가능하도록 제품을 소개하였다. 그런데 가격이 너무 높았고 기기가 너무 무거워, 이 기기가 필요한 전 세계를 누비는 세일즈맨들이 원하지를 않았다. 그리고 곧 일반 모바일 폰으로도 거의 대부분 지역에서 통화가 가능할 정도가 되었다. 단순히 기술만 보고 고객과 경쟁을 보지 못해 실패한 케이스이다.

이처럼 고객과 경쟁에 대한 연구 없이 기술적으로만 밀어붙인 것이 이유가 되어 실패한 제품들이 많다. 엔지니어와 마케터 어느 한쪽의 일방적인 주도로 제품을 개발하지 말고 협업을 해야 하는 중요한 사례이다.

신제품 개발 엔지니어 마케터 협업 프로세스

기술 기반 기업에서는 과거에는 엔지니어에 의한 R&D와 마케터에 의한 신제품 개발 및 시장 진입계획 수립이 각각 독립적으로 이루어져 신제품 시장 실패율이 높았다. 최근에는 R&D와 신제품 개발과정이 통합적으로 이루어지고 있다. 아래의 [그림 25]는 전략수립부터 시장 진입까지의 과정에서 엔지니어와 마케터가 협력하여 진행하는 과정을 보여주고 있다. 앞서가는 기업들의 신제품 개발과 시장 진입을 R&D와 마케팅이 각각의 역할을 수행하면서 중간 단계에서 서로 점검하고 정보와 의견을 교환하면서 다른 단계로 나아간다. 이러한 협력도 물론 바람직하지만 중간 중간 의사소통이 단절될 수도 있고 충분한 상호 이해를 달성하기가 어려워질 수 있다. 그것보다는 하나의 팀을 구성하여 같이 일하도록 하는 것이 보다 바람직하다.

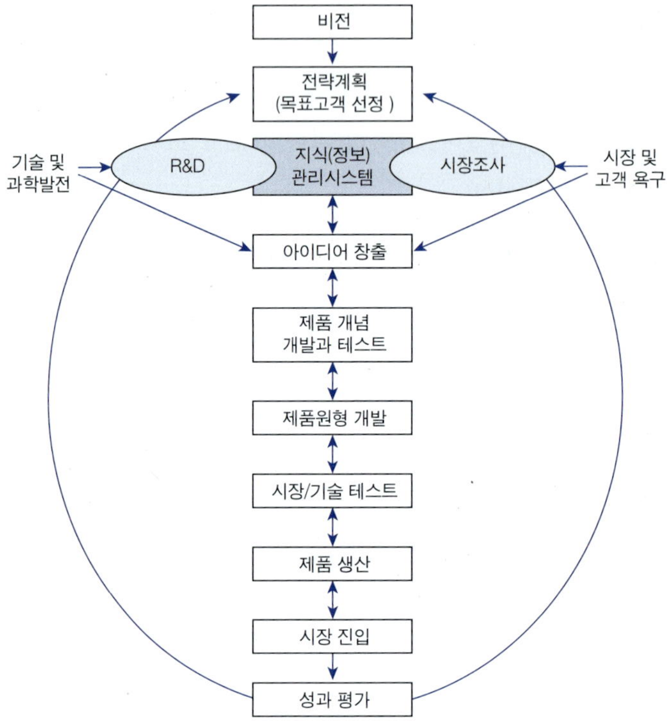

[그림 25] 엔지니어와 마케터의 협업을 통한 신제품 개발 과정

위의 그림에 나타난 절차를 설명하면 신제품 개발 및 시장 진입을 실행하는 두 주체는 R&D를 담당하는 엔지니어와 신제품 관련 조사, 제품 테스트 및 시장 진입을 준비하는 마케터이다. 물론 기업의 최고 경영진, 제조, 물류, 재무, 인력개발 등 기업의 전 부서들이 참여하여 진행에 필요한 의사결정과 지원을 하게 된다.

엔지니어, 마케터 등을 포함하는 신제품 개발을 담당하는 팀을 구성하면 기업의 미션, 비전 등을 반영한 전략적 계획을 시작하게 된다. 기업의 미션이나 비전은 기업이 나아가야 할 방향을 정해주어 신제품 개발의 가이드라인으로 활용하면 훨씬 효과적으로 과업을 수행할 수 있다. 아울러 제품 개발 이전에 수행되었던 시장 세분화 과정을 거친 목표고객 결정과 그 과정에서 수집한 정보들을 바탕으로 고객을 위한 개발 방향을 보다 구체화하게 된다.

우선 기업은 내 · 외부의 자료들을 모아 지식창고를 만든다. 이러한 내 · 외부 지식은 새로운 비즈니스를 위한 아이디어의 원천이 된다. 회사에서 활용할 수 있는 지식은 먼저 시장과 고객에 대한 정보로부터 출발한다.

그 다음은 지식창고로부터 아이디어를 최대한 도출하는 단계이다. 이때는 최대한 자유롭게 아이디어를 만들어 내는 것이 좋다. 일단 아이디어가 도출되면 이 아이디어를 전부 사업화할 수 없기 때문에 아이디어에 대해 선별하는 작업을 한다. 선별 시 좋은 아이디어를 사장하지 않도록 주의를 해야 한다. 시장에서 대성공을 거둔 PC, 복사기 등의 아이디어는 원래 만들어진 회사에서 성공하지 못하고 다른 회사에서 꽃을 피운 대표적인 사례이다. 이런 아이디어들은 다시 비즈니스 창출을 위한 기본 정보로 사용된다.

그 다음 단계는 제품 콘셉트를 만드는 단계이다. 회사 입장에서가 아니라 고객에게 어떤 혜택을 줄 것인지에 대한 내용을 잘 전달할 수 있게 만들어야 한다. 가능하면 제품 콘셉트가 실제로 사용될 형태로 보여지게 만드는 것이 좋다. 왜냐하면 이 단계에서는 제품이 아직 없는 단계이고 제품 콘셉트를 고객에게 어떻게 받아들여질지를 마케팅 조사를 통해 확인해야 하기 때문이다. 간단한 제품이면 샘플을 직접 제작하거나 디지털 형태로 만들어 보여주는 것도 바람직하다. 이렇게 만들어진 제품 콘셉트가 마케팅 조사에서 평가기준(호의도, 사용의도, 사용 빈도 등)을 통과한다면 그 다음 단계로 넘어간다.

제품 콘셉트를 통하여 도출된 고객의 반응을 분석하여, 비즈니스를 시작해도 타당할지 여부를 분석하게 된다. 예상 매출, 수익 등의 도출이 가능하므로 비즈니스에 적합한지 여부를 판단할 수 있다. 이러한 비즈니스 예상 분석은 개념적으로만 이루어진 것이므로 제품이 개발되는 단계에서도 계속 평가하여야 한다. 제품 콘셉트에 필수적으로 포함되어야 하는 내용은 크게 고객 욕구, 제품의 형태, 담긴 기술(필요한 경우) 등이다. 욕구는 베이스가 되는 기본 욕구와 제품 관련 구체적 욕구가 담기는 것이 좋다. 다음은 제품 콘셉트에 포함되는 구체적인 내용의 예시이다. 실제로 제시되는 제품 콘셉트는 제품을 잘 설명하는 설명문 그리고 이미지, 동영상, 프로트 타입의 제품 형태 등을 포함할 수 있다.

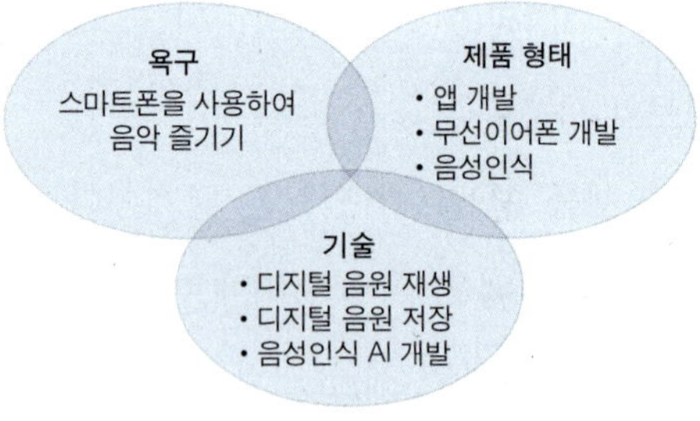

[그림 26] 제품 콘셉트에 담기는 내용

비즈니스 분석이 끝나면 다음은 실제로 제품 프로토타입 제작에 들어간다. 이 단계의 일은 주로 엔지니어의 일이 되고 엔지니어도 어떤 방향으로 제품을 개발할지 명확한 상황이므로 시간, 노력, 비용을 줄일 수 있다. 앞 단계에 들어가는 비용을 제품 개발 비용과 비교하면 아주 적은 수준이므로 선행 단계를 꼭 수행한 후 제품 개발에 들어가도록 해야 한다.

제품이 나오면 다시 한번 고객 반응 조사를 실행한다. 이때는 고객이 직접 사용을 해보게 한다. 소비재 제품의 경우에는 가능하면 사용시간을 길게 가져가서 처음 반응은 물론 시간 경과 후 평가를 보는 것이 좋다. 산업재도 유사하게 평가하게 된다. 제품이나 기술을 선도하는 고객회사와 같이 제품을 검토하는 것이 필요하다. 그리고 고객 반응을 분석하여 비즈니스 기회의 매력성 여부도 판단하게 된다. 만들어진 제품에 대한 기술적 평가 역시 실행되어야 한다.

제품에 문제가 없고 기술적으로 완벽하다면 실제로 시장에서의 반응이 어떨지 시장 진입을 앞두고 테스트하게 된다. 실제 시장에 가깝게 한 상태에서 시장 테스트를 하면 시장 진입 후의 상황을 미리 예측할 수 있는 장점이 있는 반면 비용과 시간의 과다 투입, 정보 노출을 통한 경쟁기업의 선 대응 등 불리한 점이 있다. 한편 시장을 간단하게 테스트할 수 있게 유사한 매장 환경을 만들어 실험해 볼 수도 있다. 물론 비용, 시간은 적게 들지만 실제 상황과는 유리될 가능성이 높다. 어떤 접근을 할 것인지에 대한 결정은 산업별로, 제품군별로 다르므로 상황에 적합한 선택을 하여야 한다.

그리고 이 모든 과정은 앞단에서 뒷단으로 쭉 내려오는 선형과정이 아니라 순환적이고 상호작용적인 과정을 통해서 이루어지는 것이 바람직하다. 제품 개발 및 생산을 담당하는 엔지니어도 이 과정에 직접적으로 참여하여 원래 과업의 가치를 높이도록 하여야 한다.

이런 모든 과정을 성공적으로 통과하게 되면 시장 진입을 위한 계획을 세우고 실행에 들어간다. 시장 진입 시에 이상의 과정을 거쳐 만들어진 제품은 이미 어떤 고객이 대상이며 어떤 커뮤니케이션이 필요하고, 제품 가격은 어떻게 설정하며, 제품 판매 경로는 어떻게 구축할 것인지에 대한 의사결정이 내려진 상태이므로 시장 진입이 용이하다. 다만 언제 진입할 것인지에 대한 결정은 시장 상황에 달려 있으므로 신중하게 해야 한다.

신제품 개발 및 시장 진입을 위한 디지털 트윈(digital twin)의 활용

최근의 기술 발전으로 새롭게 대두된 개념이 디지털 트윈이다. 사물로부터 정보를 모으고 저장하여 물리적 경험을 디지털로 대체하여 경험하기 위해, 물리적 대상을 디지털로 변경하여 트윈을 디지털 세상에 창조하여 활용하는 것이 디지털 트윈의 목적이다.

현재는 제조업에서 제조시스템을 직접 만들기 전에 미리 디지털 제조시스템을 구축하여 운영한 다음 최적의 시스템을 추출하여 제조시스템을 물리적으로 만들고 있다. 이렇게 제조시스템을 만들면 시행착오를 최소로 줄이고 시간, 비용 등도 훨씬 절약된다. 또한 제품 개발에도 디지털 트윈이 활용되고 있다. 실제로 물리적으로 프로토타입을 만들기 전에 디지털로 만들면 시간과 비용을 몇 분의 1 정도의 수준으로 절약할 수 있다. 물론 제품별, 산업별 차이는 존재한다.

그런데 전통적으로 마케팅 조사는 건건이 소비자 대상으로 직접 조사를 수행하는데, 현재 용이하게 확보가 가능한 고객 정보를 활용하여 디지털 트윈 고객을 창조할 수 있다면 제품 개발, 제조뿐만 아니라 전 과정을 디지털로 테스트하여 최적의 고객에게 최적의 제품을 최적의 제조 시스템으로 만들어 내는 과정이 완성될 수 있다. 여기에다가 경쟁기업의 디지털 트윈도 만들 수 있으면 (실제로 개발이 진행되고 있음) 시장에서 실제 일어날 일을 미리 점검하고 시장 진입 계획을 세울 수 있다. 그리고 시장 상황이 바뀐다면 디지털 시장에서 필요한 정보를 변경하여 상황을 신속히 예측할 수 있을 것이다. 현재는 제품 개발, 제조, 전달을 개별화하고자 하는 추세이므로 디지털 트윈으로 전체 과정을 손쉽고 효과적으로 실행할 수 있게 될 것이다. 현재는 디지털 트윈이 부분적으로 실현되고 있으므로, 언제 전체를 디지털로 변경할 수 있을 것인지는 아직 불확실하다. 하지만 가용 가능한 범위 내에서 효과 분석 후 최대한 디지털 트윈을 활용한다면 기업에게는 굉장히 경쟁력 있는 툴이 될 것임은 틀림없다. 궁극적으로는 디지털 트윈이 메타버스와 결합하여 활용되는 방향으로 발전할 것으로 예측되고 있다.

27장 신제품 개발을 위한 시장 조사

직무를 수행하다 보면 많은 의사결정이 필요하다. 기업에 도움이 되는 의사결정을 하기 위해서 필요한 것은 정보이다. 최근 들어 Big data, CRM(고객관계관리) 등을 활용하여 많은 데이터를 모을 수 있다. 그러나 많은 정보보다 더 중요한 것은 필요한 정보이다. 특히 고객의 욕구와 관계되는 데이터와 정보들은 고객으로부터 직접 구하는 것이 가장 효과적이다. 시장조사의 일부분을 제외하고는 직접 엔지니어가 할 수는 없다. 그렇지만 시장조사의 목적, 유용성, 절차, 지켜야 할 지침 등을 잘 알고 있는 것이 마케터나 마케팅 조사원과 일을 효율적으로 하는 데 도움이 된다.

특히 엔지니어들의 노력이 결실을 보기 위해서, 마케터로부터 시장에 관한 정보가 더 많이 엔지니어에게 전달되어 R&D 과정에 반영되어야 한다. 물론 기술과 제품 개발 그 자체만으로도 이미 충분히 부담스러울 정도로 일이 많지만, 역설적으로 그렇게 힘든 일의 보상이 따라주어야 하므로 마케터와의 공동 노력이 필수적이다. 다만 많은 스타트업 기업이나 기술 기반 기업들이 시장조사는 생략하고, 기술과 제품 개발에만 노력과 비용을 들인다. 이는 엔지니어 입장에서도 성공을 이루는 데 결정적인 장해가 되는 것임을 이해하고, 경영진에 제품 개발 방향과 스펙 결정에 도움이 되는 시장조사를 요구하여야 한다.

엔지니어가 신제품 개발에서 성과를 내기 위해서는 마케터가 적절한 시장 관련 정보를 효과적으로 모아야 한다. 즉 과학적이고 포괄적인 시장조사를 해야 한다. 구체적인 시장조사 방법의 일부는 이 책 8장에 소개되어 있다. 직접 조사를 할 수도 있고 외부 조사회사를 활용할 수 있다. 외부 기관을 활용할 때는 조사의 목적을 분명히 알리고 적절한 방법을 같이 결정하여, 조사 담당들이 조사를 위한 조사를 하는 것을 피하도록 해야 한다.

새로운 기회를 발견할 것이라는 모든 마케팅 조사에 무조건 돈을 사용해야 한다는 것은 아니다. 오히려 기업들은 현재의 제공물들로는 충족되고 있지 않은 시장 욕구에 기초한, 새로운 제품/서비스에 대한 실제의 기회를 찾아내는데 도움이 되는 조사에 돈을 더 지출해야 한다. 그리고 타당한 조사 방법이 이용되어야 하는데 그 이유는 많고 다양한 종류의 정보가 요구되기 때문이다. 새로운 제공의 정확한 특성과 그것이 전달하여야 하는 구체적인 핵심 혜택들을 정의하는 조사 또한 필요하다. 특히 시장 목표 선정과 기본적인 "가치 명제(value proposition)"를 명확히 전달하기 위한 주의 깊은 포지셔닝 연구는 포함되어야 한다. 이 모든 것은, 상당한 돈이 제품 개발이나 도입에 사용되기 전에, 여러 가지 조사도구와 철저한 소비자 조사를 사용하여 이루어진다. 이것은 마케팅 조사가 단순히 기업 내부에서부터 발생하는 아이디어의 시장 가능성을 확인하기 위해 실시하는 차원을 넘어, 시장에서 새로운 제품 기회를 미리 찾아 준비하는 역할을 하는 것도 필요하다는 의미이다.

의사결정에 도움이 되는 조사 방법의 기준

사전에 조사비용을 더 많이 사용하는 것은 신제품/서비스의 성공확률을 높이는 데 도움이 됨이 틀림없다. 그러나 이것만으로 충분치 않다. 마케팅 조사를 위하여 충분한 돈을 사용하지 않는 것에 대하여 최고경영층을 비난하는 것은 쉬우나, 그들의 결정에도 나름 이유가 있다. 경영층은 좋은 투자 수익률이 있는 곳에 자금을 투자하는 경향이 있다. 사전 행동적인 마케팅 조사로부터 비롯되어 개발된, 게다가 아주 성공적인 새로운 소비자 제품/서비스의 예는 많지가 않다. 한편 대부분의 기업들은 연구개발실에서 새로운 제품 기회를 찾아서 제품을 개발하는 것을 더 잘 해왔다. 그래서 신제품 개발 예산의 대부분은 주로 그쪽으로 간다.

지금까지 마케팅 조사의 성공사례를 많이 보지 못한 이유는, 기업들이 제품/서비스 기회를 확인하는 데 마케팅 조사가 주도적인 역할을 못하고, 수동적인 역할만 하기 때문일 수도 있다. 다른 각도에서 보면, 소비자들의 문제와 충족되지 않은 욕구를 사전에 확인하고, 이러한 욕구를 기초로 하여 시장에서 성공할 수 있는 새로운 제품과 서비스를 개발하기 위한, 올바른 종류의 조사도구들과 기법을 충분히 가지지 못했거나 몰랐기 때문일 수 있다.

위에서 언급된 문제를 해결할 수 있는 바람직한 조사 방법들은 다음의 기준을 전부 충족시킬 필요가 있다:

- 고객에 초점을 맞추고(customer-focused)
- 척도에 기초를 두고(measurement-based)
- 사전행동적(proactive)이며
- 욕구지향적(need-oriented)이어야 한다.

다음은 이상의 기준을 하나씩 차례로 설명한다.

- **고객 초점(customer-focused)**: 최상의 신제품 기회는 잠재고객들로부터 직접 파악해야 하며, 검색이나 다른 간접적 접근방법으로부터 와서는 안 된다는 것은 자명하다. 그러나 많은 기업들이 사용하는 신제품/서비스 아이디어의 리스트에 있는 여러 가지 정보 혹은 지식 원천들에 고객이 빠져 있는 경우가 많다. 대부분의 정보는 회사 내부로부터 구해진 것들이다. 우리 회사는 절대로 신제품 아이디어가 부족해 본 적이 없다라고 생각하고 있다면 빨리 바꾸어야 한다. 소비자들로부터 직접 신제품의 아이디어를 얻기 위한 주요 조사를 조사 전문회사에 위임하는 것은 제품의 성공을 위해 아주 필요한 결정이다.

  한편 소비자들이 직접 질문을 받을 때, 그들의 욕구를 자세히 말하는 것은 어려울 수 있다. 그들은 "어떤 신제품/서비스를 보고 싶어 하는지요?"라는 질문에 답하는 데 어려움을 느낀다. 새로운 아이디어에 대해서 사람들에게 묻는 것만으로 충분하지 않을 경우가 많다. 때문에 이 접근방법은 오늘날에는 널리 사용되지 않는다. 대부분의 사람들은 어떤 좋은 답을 하려고 쩔쩔매는데, 이는 종종 질문하는 제품 카테고리가 그들의 삶에 있어 중요한 일이 아니어서 그것에 대해서 생각을 거의 안 했기 때문이다. 혹은 그들의 아이디어들이 실현이 너무 어렵거나 복잡하여 수익성을 남기고 제공하기가 전혀 가능하지 않았을 수 있다. 특히 하이테크 제품의 경우, 사람들이 기술을 모르기 때문에 물어 보아도 답을 명확히 할 수 없고 답을 해도 신뢰할 수 없는 것이 일반적이다. 오히려 이럴 때는 사람들에게 그들이 어떤 문제를 가지고 있고 이러한 문제들을 어떻게 해결하는지 물을 때 더 나은 정보를 찾을 수 있을 것이다. 이 사항은 나중에 다시 언급하겠다.

- **척도 기반**(measurement-based): 척도를 기반으로 한 조사 기법에는 정성적인 조사인 초점집단조사(Focus Group Interview: FGI)는 배제된다. 물론 일부 기업들은 새로운 제품/서비스 아이디어 창출에 FGI를 이용하여 성공하기도 한다. 그러나 FGI는 주어진 정보에 대해 FGI 참여자들이 반응하는 것을 확인하는 방법이며, 참여자들에게 기업에서 창출한 새로운 개념이나 아이디어를 보여주고 그들의 평가나 제안을 요구한다. 그 과정에서 좋은 새로운 아이디어들이 나타날 수 있다. FGI는 제품 카테고리에 포함된 문제에 초점을 맞출 때 더 생산적이다. 그러나 그렇다고 해도 본질적으로 정성적인 조사이므로, 신뢰할 만하고 예측 가능한 척도를 가질 수는 없다. 그리고 참여자들의 수가 적어 거의 대부분 시장

을 대충이라도 그럴 듯하게 나누기 어렵다. FGI는 현실적으로 비용이 적게 들고, 일부이긴 하지만 고객들의 반응을 빨리 알 수 있어 기업들이 선호하기도 한다. 그러나 그 결과로 의사결정을 하기에는 위험하다.

그렇기 때문에 의사결정을 위한 조사는 척도를 기준으로 결과를 가지고 평가할 수 있는 조사 방법을 택하여야 한다. 다양한 척도 기반의 조사가 있으므로 적절하게 선택을 할 수 있게 도움을 받는 것을 권장한다.

- **사전행동**(proactive): 사전행동적이 되는 것은 변화의 시점에서 미리 준비하는 것을 의미한다. 마케터의 견해로는 기업 내의 시장지향적인 사람들이 신제품 게임에서 기선을 잡는 것을 의미한다. 물론 이런 저런 종류의 기술적으로 획기적인 약진이나 개선을 위한 여지는 항상 있다. 그리고 이런 약진이나 개선을 계획할 때 적절한 관심이 주어져야 한다. 그러나 가장 필요한 것은, 고객들이 가장 중요시하거나 가장 문제가 크다고 지각하는 분야에서의 획기적인 기술약진이다. 마케팅 조사 등의 기능은 이러한 욕구를 특히 소비자 시장에서 확인하는 데 아주 유능하다. 마지막으로 사전 행동적이 된다는 것은 기술지향적인 것보다는 시장지향적이며, 초점이 내부적이기보다는 외부적인 것을 의미한다.

엔지니어들이 주로 관여하는 하이테크 제품의 경우 고객이 일반 소비자가 아니고 부품이나 소재업체 혹은 완성품 제조업체일 경우가 많다. 이런 경우 많이 사용하는 접근법은 그 분야를 이끄는 선도 기업들(lead companies)과의 협력을 통하여, 기술 혹은 제품 아이디어를 도출하고 구체적으로 협력하여 미리 테스트하는 접근 방법이다. 이때 선도기업은 규모가 큰 기업일 필요는 없고 기술적으로 업계를 앞서가는 중요한 소규모 기업도 될 수 있다.

- 욕구지향(need-oriented): 새로운 제품/서비스 개념을 찾을 때 자주 사용되는 방법은, 응답자들에게 많은 속성에 대해 한 카테고리 내에 현존하는 상표들을 응답자에게 평가하게 하고, 그 다음에는 이들 같은 속성들에 대한 중요도 평가를 하게 하는, 태도 및 사용(Attitude & Usage) 형태의 조사로 시작한다. 혹은 몇몇 주요 속성들의 상대적인 중요성을 결정하기 위하여 다변량 분석법들이 사용된다. 최근 들어 빅테이터를 활용한 분석이나 AI를 활용한 접근법들도 활용되기 시작하였다.

그런데 이러한 접근 방법들 중 어떠한 것도 소비자들의 충족되지 않은 욕구를 직접적으로 다루지 않는다. 가장 중요한 것은 사람들은 지금 구하지만 갖지 못하는 것을 원한다는 것이다. 현재 제품 성과나 속성들의 상대적인 중요성보다는, 이들 충족되지 않은 욕구에 초점을 맞추는 더 훌륭한 조사 기법들이 더 많이 필요하다.

욕구를 이해하기 위해서는 다학제적 접근법도 필요하다. 인류학적인 접근을 활용해, 구매자들의 행동을 관찰이나 직접 참여 등을 통해 파악하는 것도 중요한 정보를 발견하는 좋은 방법이 될 수 있다. 그리고 인간 및 사회의 욕구에 대한 연구들이 많이 되어 있으므로, 개발하고자 하는 기술이나 제품이 어떤 욕구를 충족시켜 줄 수 있는지, 그리고 욕구충족을 경쟁기업보다 더 잘할 수 있는지 등을 관련 분야의 기존 연구 결과를 충분히 활용하여 확인하는 과정이 포함된다면 큰 성공의 가능성을 높이는 것이다. 과거 성공 사례들을 보면 커뮤니케이션, 이동 수단, 건강, 에너지, 엔터테인먼트 등 기본 욕구에 대해 최초로 혹은 파격적으로 높은 가치를 제공하는 제품들이 통신, 이동 수단, 에너지 등 분야의 "big things"으로 자리 잡았다. 애플은 이러한 여러 기본 욕구들을 한번에 충족하는 융합 제품을 통해, 이른바 기존 제품들이 제공하는 가치를 월등히 뛰어넘어 순식간에 기존 생태계를 파괴하는 "파괴적 가치"를 제공하여, 최근 들어 가장 성공하고 인류의 삶에 영향을 주는 대표 기업으로 자리 잡았다(8장 참고).

필요로 하는 기업 고객의 욕구를 알기 위해서 엔지니어들이 직접 고객과의 접촉을 강화하는 것이 필요하다. 물론 마케터들이 고객기업과의 비즈니스를 주도하겠지만 엔지니어들도 연구실에만 있지 말고 고객기업을 자주 방문하고 가까이 머물면서 고객기업이 필요로 하는 바를 선행적으로 파악하여 비즈니스를 위한 좋은 제안도 하고, 기술 개발을 미리하여 준비한다면, 고객과의 관계 발전은 물론 업계를 선도하는 기업이 되도록 기여할 수 있다.

최고경영층에 개발자금을 요청할 때 얼마나 많은 신제품/서비스 아이디어나 콘셉트들이 이 네 가지 기준을 모두 충족시킬까? 혹은 그중 세 가지라도? 아마도 많지 않을 것이다. 제품 욕구에 대한 명백한 증거를 보지 못한다면 신제품 프로젝트를 결코 승인하지 않는 것이 바람직하다. 물론 요구되는 정확한 종류의 증거는 기업마다 그때 그때마다 다르다. 그러나 이러한 네 가지 기준을 다 채우는 증거를 확보한다면, 엔지니어와 마케터는 주요 신 제품/서비스 프로젝트에 대해 예산 할당을 하도록 최고경영층을 설득할 가능성을 높일 수 있다.

참고문헌

George Castellion and Stephen K. Markham (2013). *Published in the Journal of Product Innovation & Management*, 30, 976-979. http://goo.gl/M88dA5

https://newproductsuccess.org/new-product-failure-rates-2013-jpim-30-pp-976-979/

10절

엔지니어가 참여하는 마케팅 III: 개별 고객 맞춤형 생산 시스템

4차 산업혁명이 시작된 이후 가장 중요한 이슈가 개별 고객 맞춤형 제조 시스템의 도입이다. 새로운 기술들이 장착된 자율화된 제조 시스템은 제조기업의 미래로 여겨지고 있다. 이러한 접근은 마케터는 직접 수행할 수 없는 분야이고, 엔지니어들의 주된 과업인 제조업이 가치 증대를 획기적으로 하여 가치 증대의 파이 점유분을 얻고자 하는 목적으로 진행되고 있다.

개별 고객 맞춤형 생산 시스템이 미래이긴 하지만 시장을 보면 주의를 요한다. 왜냐하면 여전히 시장의 요구사항은 다양하여 이 시스템이 오히려 불리한 세분시장이 많기 때문이다. 따라서 생산 시스템의 결정도 마케팅의 인풋이 절대적으로 필요하다는 점을 명심하여야 한다.

28장 개별 고객 맞춤 제조 시스템으로의 진화

새로운 기술의 발전과 글로벌화 등의 변화로 인해 기업 간 경쟁이 날로 격화되고 있다. 기업들과 기업을 지원하는 각국의 정부는 현재는 물론 미래를 준비하기 위한 노력을 경주하고 있다. 그 대표적인 예들 중 하나는 제조 시스템의 변화이다. 4차 산업혁명과 맞물려 다양한 기술들이 개발되고 적용되어 기업의 제조 시스템도 표준화에서 개별화로 큰 변화의 움직임을 보이고 있다.

개별 기업의 입장에서는, 이러한 움직임이 왜 일어나고 있는지 이해를 해야 기업의 방향을 정할 수 있다. 특히 제조기업들은 어떻게 기업의 제조 분야에서 대비하고 변화를 실행해야 하는지에 대한 깊은 이해가 필요하다. 왜냐하면 제조 시스템의 변화를 가능하게 하는 로봇, AI와 빅데이터, 센서, 5G 등 첨단 기술들이 만들어지고 제공되었다는 단순한 이유만으로, 기업의 생사가 달린 제조 시스템의 변화를 위한 투자 결정을 할 수는 없기 때문이다. 결국은 이러한 투자의 성과가 시장에서 만들어져야 하고, 그 성과는 제조는 물론 마케팅, 물류, 영업,

재무, 전략, 인적 관리 등 모든 분야의 노력의 결과이기 때문이다.

때문에 개인 맞춤형 제조 시스템으로의 변화를 심층적으로 올바르게 이해하여, 왜 이를 추구하고 어떻게 실행에 옮길지를 명확히 해야 한다. 즉 개인 맞춤형 제조 시스템이 시장에서 경쟁기업의 제품들을 이기고 자사의 제품이 구매자에 의해 선택되게 하는 데 도움을 주는 것인지, 그리고 투자 대비 수익은 보장되는지 등을 먼저 살펴볼 필요가 있다.

개별 맞춤형 제조 시스템

• 개별 맞춤형 제조 시스템의 배경

현재 독일을 중심으로 진행 중인 인더스트리 4.0의 목표 가운데 하나로, 제조 시스템 관점에서 본 종착역은 개인 맞춤형 제품 제조로 가격 상승을 유발하지 않는 개인 맞춤형 제조 시스템(personalized production system), 소위 말하는 스마트 팩토리이다.

우리가 독일, 미국 등 선진국의 제조 전략을 심층적으로 이해하려는 목적은, 우리 제조 기업들을 위해 바람직한 방향으로 개별 맞춤형 제조 시스템의 발전 방향을 모색하고자 함이다. 개별 맞춤형 제조 시스템이 추구하는 배경과 왜 그렇게 진화하고자 하는지 이해하는 것이 필요하다. 제조 시스템의 변경은 개별 기업으로서는 막대한 자원과 노력, 시간을 투자하여야 하는 전략적 의사결정이므로, 이 점에 주의를 기울일 필요가 있다.

심층적 이해를 위해, 다양한 관점에서 현황 및 트렌드를 소개하고

자 한다. 우선 제조에서는 글로벌 톱인 독일이 왜 국가적 아젠다로 인더스트리 4.0을 추진하고 있는지, 2019년에 발표된 독일 제조업 전략(BMWi, 2019.2.)의 배경과 목적을 살펴보자.

- 과거에는 기술적으로 뛰어난 (독일, 미국, 일본 등의) 기업과 중간 정도 품질의 제품을 낮은 가격에 제공하는 기업 간의 경쟁이었는데, 지금은 기술 격차가 줄어 경쟁의 강도가 심화되고 있다. 즉, 독일 기업들의 경쟁력을 강화해야만 하는 상황인데, 매우 어려운 과제이다.
- 독일의 주력 경쟁력은 소위 히든챔피언들로부터 온다. 이들 기업은 좁게 정의된 틈새시장에서 그 시장에 적합한 최고의 기술로 높은 품질의 제품과 서비스를 제공하고 있다. 그 결과 글로벌 경쟁력을 확보하고 독일의 수출 확대에 첨병 역할을 해오고 있다. 그런데 틈새시장에 집중하는 전략으로 안정적인 성장을 이루어 왔으나, 기술 간 융합으로 틈새시장의 파괴가 일어나고 있어 글로벌 최고 기업의 자리를 지키기 어려워지고 있다.
- 독일은 기업들의 경쟁력을 기반으로 최고 품질의 제품을 고가에 제공하여, 높은 수익을 올려 의료, 교육, 주거 등 고비용의 사회유지 비용을 부담하는 구조이다. 소위 시장경제에 사회주의를 가미한 사회적 시장 경제 체제(social market economy)를 추구하고 있다. 이를 위해 기업이 경쟁력을 계속 보유하여, 지속적으로 높은 가치를 창출할 수 있도록 해야 한다. 그래야만이 독일 사회가 유지될 수 있다.

결국 독일 제조업은 새로이 활용되는 기술들을 활용하여 기업들이 종래 유지하던 경쟁력의 차별성을 확보하고, 고부가가치 창출이 가능한 방향으로 변화를 이루어야 한다. 이것을 달성하려는 수단으로 개인 맞춤형 제조(personalized production)를 추진하고 있다.

• 제조 시스템의 진화

이러한 제조 발전 방향을 개인 맞춤형 제조 시스템으로 정하는 데 도움을 준 학계의 움직임이 있었다. Koren 등(Koren et al., 1999; Koren and Ni, 2009)을 중심으로 하는 미국 연구자들이 빠르고 비용효과적으로 상황에 맞추어 제조 시스템을 조정할 수 있는 Reconfiguable Manufacturing System(RMS)으로의 진화를 연구하여 제시한 것이 시발점으로 보인다. Mass-customized뿐만 아니라, 한 사람의 고객을 위한 시스템으로의 필요에 따른 가변 구조가 가능하다. 이러한 새로운 제조 방식은 독일이 원하는 personalized production system으로, 현재의 제조 시스템을 진화시킬 수 있는 이론적 토대를 제공했다.

이러한 논점을 잘 정리한 [그림 27]에서 제조 시스템이 어떻게 발전되어 나가는지에 대한 중요한 기반 이유를 두 가지 차원에서 설명하고, 제조 시스템 발전 방향을 제안하고 있다. 수직축은 품목당 생산량을 나타내고, 수평축은 고객 수요의 다양성을 보여주고 있다.

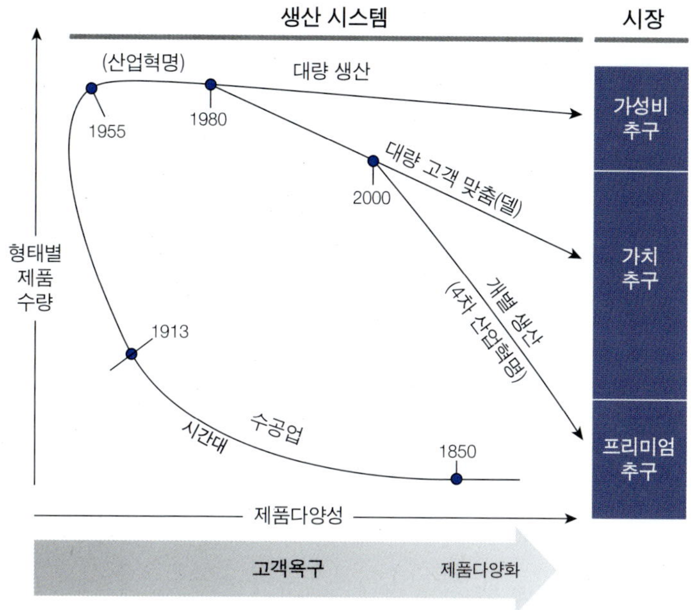

[그림 27] 제조 시스템의 진화

출처: Koren and Ni(2009) 참고, 저자 수정

제조 시스템의 발전은 두 가지 축이 영향을 미치면서 진행되고 있다. 수공업 시대를 지나 1, 2차 산업혁명 이후 제조 능력이 확대되어, 생산량의 비약적 증가를 가져왔다. 동시에 제조 원가는 감소하고 제품의 질이 높아져 수요가 확대되었다. 이러한 상황에서는 수요축이 변화를 이끌었다.

이 시기 이후 변화의 원동력은 수평축 고객 욕구의 다양성이었다. 대량생산 다음 단계가 대량 고객 맞춤(mass customization)인데, 이 단계에서 지금도 컴퓨터 산업에서는 글로벌 1위인 델(Dell)이 큰 변화를 주도했다. 당시 세계 최고 기업이었던 IBM이 최고 품질의 컴퓨터를 고가에 팔고 있었다. 대기업이나 전문직 종사자들은 이 제품을 구매할 수 있었지만, 새로이 등장한 컴퓨터 전문가들은 필요한 기능이 부족한데, 가격이 비싼 IBM 컴퓨터를 구매하기가 부담스러웠다. 델(Dell)사는 고객이 원하는 기능을 제공할 수 있도록 선주문 후생산 방식을 도입하고, 비용을 줄이기 위해 소매점을 통하지 않고, 우편주문 방식으로 판매를 시도했다. 그 결과 제품을 받기까지 기다려야 하는 불편함이 있지만, 원하는 기능의 제품을 저가에 구매할 수 있는 Dell 제품이 시장을 지배했다.

Koren(2009) 등이 예측한 다음 단계는 고객의 다양성을 최대로 맞추는 개인 맞춤형 제조이다. 가격의 통제를 전제로 다양한 고객의 욕구를 맞추면, 제품의 가치가 높아져 기회가 많이 생길 수 있다. 이를 독일에서는 제조의 다음 발전 방향으로 채택하고, 국가적으로 진행하고 있다. 독일은 제조 분야에서 차별화된 기술 경쟁력을 확보하고, 고객에게 더 큰 가치를 제공하고, 필요한 자원을 확보하겠다는 것이다. 그러나 우리나라 기업의 입장에서는 완전히 새로운 시스템을 개발하고 설치하는 자원과 노력이 요구되므로, 기업 입장에서 비용 대비 효과가 있는지에 대한 면밀한 검토가 요구된다.

제조 시스템 방식의 결정은 목표시장에 맞추어 결정해야 한다. 제조 시스템의 발전은 대량생산 → 대량 고객 맞춤 → 개별화 생산으로 진화하지만 시장은 단순화하여 구분하면 여전히 가성비 추구 시장, 가치 추구 시장, 프리미엄 시장 등으로 나뉘어져 있다. 따라서 목표시장에 따라 더욱 효율적인 대량생산, 적절한 수준의 맞춤형, 혹은 개별화 시스템을 선택하여야 한다([그림 27] 참고).

• 시장과 개별화

왜 개별화인지에 대한 기본적인 이유는, 시장에서의 교환(14장 참고)과 이로 인해 가능해지는 기업의 판매 및 구매자의 구매 행위를 살펴보면 파악이 가능해진다.

전술한 바와 같이, 기업의 모든 활동은 구매자가 자사의 제품을 구매 시점에서 선택해 주도록 통합되어 관리되어야 한다. 그러면 개별 맞춤형 제조기업 시스템으로의 진화도 기업의 중요한 활동들 중 하나인데, 이러한 방향으로의 전환은 어떤 의미가 있는지를 알기 위해서, 구매자의 선택행위 및 필요한 제품의 선정 기준을 알아볼 필요가 있다.

우리는 개인적으로 구매자로서 시장에서의 교환에 참여한다. 우리의 구매 경험을 생각해 보면 제품이나 브랜드를 구매할 때 매우 사려 깊게 접근할 때도 있고 거의 습관적으로 결정을 할 때가 있다. 습관적인 결정은 사려 깊은 결정의 단순 버전이므로 사려 깊은 결정을 구체적으로 알아보고자 한다. 사려 깊은 결정을 할 때는 우리는 많은 요인들을 고려하게 된다. 자동차를 예를 들면 두 가지 측면에서 고려하게 되는데 첫째는 이 자동차를 구매함으로써 얻는 것이 무엇일까, 둘째는 이 자동차를 사기 위해서 내가 지불해야 하는 것은 무엇일까이다. 일반적으로 우리는 첫째를 "혜택", 둘째를 "비용"이라고 정의한다. 자동차의 경우 혜택의 종류는 안정성, 편의성, 엔진 파워, 디자인, 색깔, 주행 기술 수준, 애프터 서비스, 재판매 가격, 브랜드 등 다양하다. 비용은 가격, 심리적인 갈등, 시간 등이다. 자동차는 고가이고 내구재이므로 대부분 사람들은 자동차를 구매할 때 이처럼 여러 가지 요인을 고려한다.

구매자들이 구매를 할 때는 혜택의 총합과 비용의 총합을 먼저 고려한 후 둘 간의 차이의 정도를 파악한다. 구매자는 합리적으로 차이의 크기가 가장 큰 자동차/브랜드를 선택하게 된다. 언뜻 보기에는 객관적인 것처럼 보일 수 있지만 실제적으로 구매자 개인의 기준이고 매우 주관적이다. 혜택과 비용의 주관적 차이를 우리는 "인식된 가치"라고 하며 이 인식된 가치가 개별 구매자의 선택 기준이 된다. 즉 인식된 가치가 가장 큰 자동차/브랜드가 구매자에 의해 선택되는 것이다.

기업 간 교환의 경우, 혜택은 조금 다른 요인들도 고려되는데 기업 간의 관계, 물리적 위치, 기업의 전략 방향, 개인 간의 친밀도 등이 그것이다. 비용의 경우 가격 외에도 거래를 위한 투자, 인적 자원의 크기 등이 포함된다. 개인 구매자의 경우보다는 평가가 객관적이나 여전히 구매 담당자들의 "인식된 가치"가 구매 선택 기준이 된다.

그러면 구매자는 왜 이런 선택 기준을 가지게 되었을까? 가장 중요한 영향 요인은 구매자 욕구이다. 구매자의 욕구는 정상적인 상태보다 결핍된 상태에서 발생하는데, 예를 들면 배가 고플 때, 어디로 가야 하는데 탈것이 없을 때, 졸릴 때 등에서 욕구들이 발생한다. 한편으로 성장, 죽음 회피, 신성 추구 등을 목적으로 하는 욕구들도 있다. 기본적으로 제품을 사야 하는 이유는 이런 욕구들에서 시작하고 그 외에도 개인의 성향, 인구사회적인 특성, 주변 상황, 사회적 관계 등 다양한 요인이 있다. 이러한 요인들이 인식된 가치에 영향을 준다. 특히 기업의 노력에 의해 이러한 인식된 가치의 크기가 달라질 수 있다. 그리고 이러한 인식된 가치는 매우 주관적이므로 개인적이다. 때문에 이상적으로는 비용과 노력이 많이 들지만 개인적인 욕구 및 특성, 상황에 맞춘 개별 맞춤형 접근이 필요하다. 그러나 실제적으로는 어느 정도 크기가 있는 유사한 고객집단을 대상으로 접근을 하는 것이 비용 대비 성과가 효과적인 경우가 많고 현재 보편적으로 이루어지고 있다.

기업의 목적을 하나로 정의하면 "판매"로 집약된다. 물론 수익이 나는 판매이어야 한다. 구매자 주도적인 시장환경에서 기업이 해야 할 일은 구매자들이 자사의 제품에 대해 가장 높은 가치 인식을 가지게 하는 것이다. 거래는 1:1로 일어나므로 이상적으로는, 개개인을 대상으로 접근하여야만 인식된 가치를 극대화할 가능성이 높다.

기업들은 원재료 구입부터 부품 소재 제조, 완제품 제조, 유통에 이르기까지 가치를 만들어 나가는데 최종 구매자와의 접점에서 최고의 가치가 인식되도록 하여야 한다. 이러한 기업들의 연결을 가치 창조 네트워크라고 한다. 이때 이 네트워크가 협력하여 경쟁 네트워크보다 더 큰 가치를 제공하도록 관리하는 것이 필요하다.

한편 네트워크의 활동이 개인 구매자와 1:1로 대응하여 움직이는 것이 좋겠지만, 현실적으로 너무 어렵고 비용이 많이 들고 기술적으로 구현하기가 어렵다. 때문에 일인의 구매자를 대상으로 네트워크의 활동을 조정하기 힘드므로, 적절한 크기의 목표 집단을 먼저 선정하고 그 집단에 맞는 가치를 만들어 내도록 네트워크를 관리한다.

일반적으로 구매자 유형의 예를 들어 보면 적당한 품질의 싼 제품을 선호하는 집단, 차별화된 프리미엄 제품을 원하는 집단, 개인 맞춤형 제품을 선호하는 집단, 사회적 동물로서 집단화된 추구가 가능한 제품(예: 유행 제품, 스포츠 팀 복, 한동안 유행했던 짙은 색 롱패딩 등) 추구 집단 등이 있다. 물론 분류 가능한 집단의 수는 이보다 훨씬 많다. 한편 어느 집단을 목표로 할 것인가에 따라, 요구되는 제조 시스템의 종류도 달라진다. 물론 기술 개발, 유통, 마케팅 등도 목표집단에 따라 달라질 수밖에 없다.

현재 앞서가는 기업활동을 보면 고객 개별화를 넘어서 개인 고객까지도 경우나 상황에 따라 다르게 접근하는 추세이다. 특히 소셜미디어 기업을 통해 메시지를 전달하는 경우 그러한 상황이 벌어지고 있으며 과다한 고객 정보 활용이 문제가 될 정도로 심화되고 있다. 예를 들어 데이트 중인 고객에게는 근사한 레스토랑을 추천하고 아르바이트 중인 학생에게는 가성비가 높은 식당을 추천하는 식이다. 이러한 접근법은 시장에서 직접 구매자와 만나는 기업들이 많이 활용하고 있다. 특히 지금까지의 상황을 보면 고객에게 전달하는 가치의 증대가, 이 고객과의 접촉 상태에서 가장 많이 일어난다.

제조업은 노력과 비용을 많이 투자함에도 불구하고 가치 창조 네트워크에 참여하는 다른 기업 – 특히 유통 기업 – 에 비해 가치 증대 기여도 및 가치 점유분이 낮다. 낮은 가치 증대를 극복하고자 하는 노력의 일환이, 개인 맞춤형 제조 방식으로의 진화 움직임이다. 왜냐하면 최종 구매자에 가깝게 접근할수록 가치 증가가 더 크기 때문이다. 그러나 대부분의 제조기업들은 여전히 이러한 움직임을 위해 최종 고객의 욕구나 행태를 이해하려는 노력은 못하고 있는 경우가 대부분이다.

제조업의 경우 세상의 많은 개별 고객들을 위한 제품을 다 생산하기는 불가능하고, 필요한 협력기업들 역시 준비되어 있지 않다. 더구나 제조를 위한 기술 개발, 필요 소재와 부품의 조달, 생산 시스템에의 투자 등 많은 일들을 준비하여야 하므로, 그러한 노력의 비용 대비 효과도 고려하여야 한다. 따라서 고객 만족을 통한 이윤 창조라는 기업 전략적, 경영적 목적을 위해서 최소한 유사한 욕구를 지닌 목표고객군을 결정하고 적절한 크기의 고객군을 대상으로 이러한 준비를 하는 것이 효과적이고 효율적이다. 그래야만 소재와 부품의 준비, 기술 개발 방향의 결정 등이 손쉬워진다. 물론 개인 맞춤형 제조 시스템을 하지 못한다는 의미는 아니다. 그렇지만 전략적 차원에서의 준비는 유사한 고객집단을 대상으로 하여야 한다는 것이다. 모든 고객을 대상으로 하는 가치 창조 네트워크 운영은 불가능하며, 고객에게 어떤 가치를 전달할 것인지 명확히 해야, 제조 시스템을 어떻게 운영할지에 대한 구체적인 방향이 나올 수 있다.

목표집단을 결정하는 방법은, 고객 세분화를 통해 고객욕구가 유사한 집단을 관리 가능한 수(8~10개 정도)로 나누고 그중 가장 기업에 맞는 고객집단을 목표로 정하는 것이다. 이때 고려해야 할 점은 예상 고객집단의 매력도와 자사의 강·약점을 매치시켜, 매력적이면서도 자사의 역량을 잘 발휘하여 경쟁기업에게 이길 수 있는 고객집단을 목표로 정한다(구체적인 목표시장 선정 방법은 17장 참고).

고객에 대한 이해를 바탕으로 기업은 최고의 가치를 전달하기 위해 다양한 시도를 한다. 전체 가치 체인에서 가치를 증가하는 데 기여한 만큼 참여 기업에 수익이 돌아가는 것이 일반적이므로 가치 체인상의 기업들은 각자의 방식으로 가치 증대에 참여한다.

가치 체인의 핵심인 제조기업들은 제품 개발을 위한 기술 개발은 물론, 제조 시스템에 투자를 하여 가치 부가에 노력한다. 다만 전통적인 제조기업의 방식만으로는 가치 부가가 부족하여 다양한 방법으로 새로운 비즈니스 모델을 개발하여 가치 부가 점유율을 높이려고 한다.

대량생산 방식이 주였을 때, 델(Dell)사는 직접 유통을 택하고 선주문 후생산 방식을 도입하여 맞춤형 컴퓨터를 제공하여 컴퓨터 산업의 1위 기업으로 올라섰고 컴퓨터 유통기업들이 차지하던 가치 점유분을 가져갔다. 최근에는 구매자/소비자가 제품 개발 및 생산에 직접 참여하는 프로슈머(prosumer) 접근법으로 고객 욕구를 제품 개발 및 제조에 적극 반영하여, 구매자의 인식된 가치를 높이려는 노력을 하고 있다. 최근에는 개인 맞춤형 제조 시스템을 구현하여 가치 제고를 시도하고 있다.

제조는 다양한 방법으로 고객 가치 증가를 위한 노력을 다른 가치 체인 참여 기업들과 할 수 있다. 소득 양극화로 인해 가격에 민감한 구매자들이 많은데, 높은 인건비를 줄이고 제조의 효율화를 극대화하면 최저가격 보장 등을 통해 적절한 수익을 남기면서도, 가격에 민감한 구매자들의 선택을 받을 수 있다. 이를 위해 최신 기술들을 활용하여 전통적인 대량생산 시스템을 더욱 효율적으로 진화시키면 인구는 많지만 소득은 낮은 인도, 아프리카 등의 국가를 대상으로 높은 성과를 낼 수 있다.

또한 가격을 경쟁기업보다 낮추어 구매자의 인식된 비용을 낮추어 가치 인식을 증대시키는 방법은, 최종 구매행동에 긍정적인 영향을 미치는 효과적인 방법이다. 이런 가격 촉진 활동은 현재 미국 기업들이 가장 많이 활용하는 판매 방법이다. 그러나 가격할인을 통해 매출 증가를 시도하는 방법은 비용이 많이 들고 브랜드 가치에 손상을 줄 수 있어 조심스럽게 접근하여야 한다.

구매자의 인식된 가치를 높이는 방법 중 효과적인 것은, 제품의 브랜드 자산을 쌓는 것이다. 실제적인 제품 성능을 보여주면서 감정이입을 통하여 고객들의 브랜드에 대한 충성도를 높이면, 이 브랜드의 파워로, 인식된 가치에 큰 영향을 준다. 특히 프리미엄 제품의 브랜드 자산 강화는 필수이다. 기업 이미지를 좋은 방향으로 수립하면 고객의 선택 확률을 높일 수 있다. 초기 구글의 "착한 기업" 이미지는 구글이 성공하는 데 큰 역할을 했다. 개별 맞춤형 제품 역시 프리미엄 시장을 목표로 하므로, 브랜드와 이미지 제고 역시 고려해야 만이 성공할 가능성이 높다. 요즘 유행하는 ESG 경영도 많은 기업들이 홍보용으로 활용하는 것이 현실이기도 하다.

가치 활용을 위해 거의 모든 기업들이 활용하는 것은, 커뮤니케이션 전략이다. 제품 및 기업의 좋은 점을 알리고 설득하는 것을 통하여 제품의 인식된 가치를 증가시킬 수 있다. 빅데이터와 소셜미디어를 활용하여 개인 맞춤형 메시지 전달도 가능한 수준이며, 일부 소셜미디어의 과도한 맞춤형 메시지 전달을 통한 유인 전략이 비판을 받고 있기도 하다.

구매와 관련하여 중요한 가치 증가 요인 중 하나는 판매점의 활용이다. 최근 들어 온라인 판매가 대세가 되고 있다. 아마존의 판매액이 오랜 오프라인 강자인 월마트를 미국에서 넘어서고 있을 정도이다. 개별 구매자에게 편리하고 유용한 판매방식을 제공할 수 있다면 가치 제고에 아주 효과적이 될 수 있다.

판매를 위한 촉진 활동도 인식된 가치를 높이는 역할을 한다. 여러 가지 가격할인은 비용을 줄여주어 구매로 이르게 하는 역할을 한다. 그 외에도 기성제품에 이름이나 사진 등을 넣어 개별화를 통한 차별성을 제공하여 가치를 제고하는 방식도 활용되고 있다.

이런 다양한 기업의 활동들이 구매자의 인식된 가치를 높이므로, 개별 맞춤형 제조 시스템이 고객이 인식하는 가치의 제고에 얼마나 기여하는지는 다양한 변수들의 존재를 고려하여 평가하여야 한다. 결국은 각 기업이 경쟁기업, 구매자 특성, 경제 상황 등을 고려하여 개별적으로 개인 맞춤형 제조 시스템 도입을 결정하여야 한다. 제조 시스템의 결정은 기업의 중요한 자원이 투입되고, 경쟁 방식이 결정되는 것이므로 가장 중요한 의사결정 중의 하나이다.

개별화와 개별 맞춤형 제조 시스템

다음은 Koren 등(Koren et al., 1999; Koren and Ni, 2009)에 의해 제안되고, 독일을 중심으로 진행되고 있는 개인 맞춤형 제조 방식을 심층적으로 이해하기 위해 개별화(personalized)의 의미와 현황, 기대되는 성과 등을 설명하고자 한다.

독일은 제조 강국인데 최종 시장 기준으로 제조 부문이 차지하는 가치점유분를 높이고자, 개별화된 제품을 생산해서 제공하고자 한다. 현재 상황은 전체 가치 네트워크(원자재 → 부품 및 소재 공급기업 → 완제품 제조기업 → 유통기업 → 최종 구매자)에서 제조가 차지하는 가치점유분보다 유통기업이 치지하는 가치점유분이 더 높다. 제조기업은 최종 구매자의 입장에서 이러한 제조의 접근 방식에 대해 어떻게 반응하는지 알아야 한다.

기업의 양대 축은 제조와 마케팅이다. 각 분야의 목표는 제조는 효율성, 마케팅은 차별성을 추구하므로, 항상 갈등이 있는 영역이다. 제품 유형별 마케팅 전략은 다음과 같이 상이하다.

대량생산 시스템이 지배할 때, 마케팅에서 제품 차별화는 최종 단계에서 옵션 제공 등으로 최소한의 노력을 했고, 그 이외에 브랜드, 서비스, 커뮤니케이션, 가격 할인, 판매 방법 및 장소 등의 개별화를 통하여 차별화를 추구하였다.

델(Dell)이 대량 고객 맞춤화를 통해 성공한 이후, 마케팅에서도 제품 차별화에 더욱 노력을 기울이기 시작하였다. 그 이유는 기술 수준의 고도화, 평준화와 글로벌화 등으로 인해 경쟁이 치열해져서 높이 인식된 가치를 제공하기가 점점 더 어려워졌기 때문이다.

특히 독일의 경우 주로 고가의 제품을 취급하는데, 차별화가 어려우면 고가 정책이 힘들어진다. 독일은 이러한 문제점을 해결하기 위해 개인 맞춤형 제품을 제공하고자 하고, 이를 효율적으로 제조 가능하게 하는 스마트 팩토리를 개발해, 차별화된 제품을 통해 인식된 가치 증대를 이루고자 전력을 기울이고 있다. 그러나 많은 소비자 그룹은 여전히 가격에 민감하고, 개인 맞춤형 제품에 대해 가치를 높이 부가하기 어려운 실정이다. 따라서 개인 맞춤형 제품 공급자에게 개인 맞춤형 제품에 대한 혜택을 높게 인식하는 프리미엄 시장이 일차 목표가 되어야 한다.

이러한 스마트 팩토리를 도입하고자 하는 기업이 가지는 의문은 새로운 유형의 제조 시스템을 도입하거나 개발하여야 하는지, 혹은 그러한 시스템이 준비가 되었을 때 개인 맞춤형 제품을 통해 기업의 성과를 향상시킬 수 있을지이다. 즉, 경쟁사 대비 보다 강한 경쟁력을 가지게 되는지 등일 것이다. 원래 시장에 제품을 제공하는 기업은 차별화나 낮은 가격을 통해 시장에서 경쟁 우위를 차지하고자 한다. 개인 맞춤형 제품은 이 가운데 차별화 전략이 가장 강력하게 구현되는 형태이다. 기업이 목표로 하는 시장에서 이러한 개인 맞춤형 제품을 제공하기 전에 먼저 소요되는 비용이나 노력 대비 성과가 날 것인지 확인해야 한다.

이를 위해서는 먼저 고객의 구매 의사결정 방식을 이해할 필요가 있다. 고객이 개인 맞춤형 제품을 수용할지에 대한 결정은 전적으로 경쟁기업을 포함하는 시장, 좀 더 구체적으로는 고객에 달려 있기 때문이다. 고객이 최종적으로 구매를 결정하는 요인은 매우 다양하다. 그러나 일반적으로 제품으로 인해 얻는 혜택과 제품을 가지기 위해 지불해야 하는 비용의 차이인, "인식된 가치"가 제품 선택 의사결정의 척도 중 가장 비중을 많이 차지한다고 볼 수 있다.

개인 맞춤형 제품에 대한 혜택보다 구매 비용이 더 클 경우, 고객의 인식된 가치가 줄어든다. 따라서 스마트 팩토리를 통해 가격 상승을 유발하지 않은 개인 맞춤형 제품의 공급을 인더스트리 4.0에서 목표로 하는 이유는, 가격을 올릴 경우 개인 맞춤형 제품에 대한 인식된 가치를 줄여, 결과적으로 목표고객의 선택을 받지 못할 상황이 될 수 있기 때문이다. 개인 맞춤형 제품으로 인한 가치를 높이 인식하고, 비용은 그대로 유지되는 고객군이 인더스트리 4.0에서 추구하는 목표고객이 되며, 이는 산업별, 제품별로 다르다. 따라서 제품 공급기업의 스마트 팩토리 도입 여부는 목표고객의 인식된 가치를 증대시키고, 경쟁기업보다 더 높은 가치를 전달할 수 있다는 판단에 따라 결정하여야 한다.

독일에서 추구하는 개인 맞춤형 제조를 성공적으로 추진하기 위해서는 최종 고객이 바라는 바를 먼저 파악하여야 한다. Koren 등(Koren et al., 1999; Koren and Ni, 2009)에 의하면 개인 맞춤형 제조를 실행하는 단계에서 수요자의 참여가 필요하다. 고객의 사이즈, 선호 컬러, 옵션, 촉감 등 다양한 정보가 있어야 만이, 개인 맞춤형 제조가 가능해진다. 제품이 전달되는 과정에서 필요한 정보의 전달, 제품구매 방법, 적절한 가격 설정, 구매를 서두르게 하는 판매촉진 방법 등도 개별화되어야 하는데, 수요자가 사용을 허락한다는 조건 하에, 빅데이터와 심층적 이해를 위한 deep data가 있어야 하고, 이를 처리할 수 있는 인공지능이 요구된다. 이러한 일들을 제조기업이 직접 작업하기는 어려우므로 가치 창출 네트워크 내에서의 협력이 절대적으로 필요하다.

경쟁사 제품 대비 더 높은 가치를 제공하고자 하는 기업들은 시장에서 차별화된 제품이 필요하다. 개인 맞춤형 제품 수요의 특징은 최근 컨설팅회사인 딜로이트에서 조사한 바에 따르면, 소비자의 1/4 정도가 개인 맞춤형 제품의 가치를 높게 인식하고, 품목에 따라서는 1/2 정도까지 개인 맞춤형 제품에 대한 가치를 높게 인식한다고 한다(Deloitte, 2015).

물론 이 고객들이 바로 개인 맞춤형 제품을 구매하지는 않겠지만, 시장에서 개인 맞춤형 제품에 대한 수요는 이미 상당히 많이 존재하고 있다. 개인 맞춤형 제품이 주는 혜택은 기능적으로는 몸에 잘 맞는다,

편하다 등이고, 감성적 가치는 남들과 다른 제품을 가졌다, 남들과 다르다 등에서 오는 것들이다. 미래에 개인 맞춤형 제품을 손쉽고 품질이 우수하게 제공할 수 있는 스마트 팩토리가 개발된다면, 더 많은 소비자들이 높은 가치를 인식할 가능성이 있다.

개인 맞춤형 제품 제공의 한 가지 유형인 시장에서의 개별화의 일례로, 최근 들어 소형 소매점 개별 기업이 지역 특성이나 개별화된 디자인을 활용하는 것을 들 수 있다. 현장에서 컵이나 옷 등에 개별화된 디자인을 인쇄하여 판매하거나, 온라인 소매점에서 소프트웨어를 활용하여 고객이 직접 디자인하게 한다. 이처럼 낮은 수준에서의 개인 맞춤형 제품 전략이 활발하게 이루어지고 있으며, 현재까지는 성공적이다.

이러한 판매 방식을 아마존 등도 받아들여 각종 액세서리, 선물 등을 개별화 디자인을 통해 제공하고 있다. 코카콜라도 "Share a Coke" 캠페인에서 코카콜라 병에 친구나 친지 이름으로 라벨을 만들어 부착하여 개별화 제품을 제공하고 있다. 친구나 친지 이름이 인쇄된 라벨은 옷이나 기타 다른 제품에 부착하여 사용하게 한다. 그 외에도 가전제품, 의복, 자동차, 의료제품 등은 개별화로 인해, 소비자 선호도가 높아질 수 있는 대표 제품들이다. 이러한 시장에서의 개별화는, 현재까지 디자인을 제외한 제품은 대량생산하고, 최종 단계인 소매상이 자체 개별화 제조 도구를 활용하여 개별화된 디자인을 제공해왔다. 그러나 시장에서의 개별화를 위해, 소비자가 개별 정보를 더 많이 유통 업자에게 제공해야 하며, 비용이 아직 높게 느껴진다. 또한 제조 시스템도 전체 제품을 개별화하는 것이 아니어서, 인더스트리 4.0에서 제공하고

자 하는 개인 맞춤형 제품 및 서비스와는 차이가 많다.

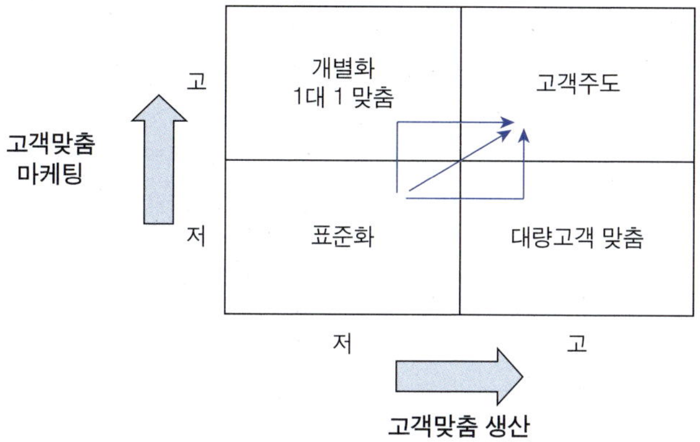

[그림 28] 고객에의 접근 전략의 진화(Pathways to Customerization)

출처: Wind(2001).

인더스트리 4.0에서 추구하는 개인 맞춤형 제조를 통해 시장에 공급될 제품이 본격적으로 출시되기에는 현재는 준비 단계이므로 시간이 걸릴 것으로 판단된다. 일찍이 경영학 마케팅 전략 분야의 저명한 학자인 Wind(2001)는 기업이 customerization을 추구할 것이라고 예측했다. [그림 28]은 표준화 방식에서 마케팅에서의 고객 맞춤화와 제조에서의 고객 맞춤화 두 가지 방향으로 진화하고 있음을 보여준다. 개별 고객을 대상으로 새로운 미디어를 통한 개별화 혹은 일대일 접근이 이루어지고 있고, 제조에서는 대량 고객 맞춤화를 통해 고객 맞춤형 제품 제조를 실행하고 있다. 그런데 이 두 가지 움직임은 모두 기업 측면에서의 접근 방법이고, 앞으로는 고객 입장에서 이러한 접근이 이루어질 것이고, 이렇게 접근하는 것이 더 경쟁력이 있을 것으로 예측

했으며, 그 접근 방법이 customerization이다. Koren 등(1999)이 제조의 디자인 측면에서 고객이 참여하는 과정을 제시하였지만, customerization은 모든 관점을 고객 중심적으로 하여, 최고의 총가치를 기업이 전달하도록 하는 접근 방법이다. 디지털 마케팅, 모바일 마케팅이 발전함에 따라 고객들은 제품의 디자인이나 브랜드 구축에 직접 참여할 수 있는 방법들이 제공되고 있다. 이런 기술적인 발전은 customerization으로의 변화를 가속하고 있다. 기업으로서도 활발한 고객 참여는 브랜드 등의 지속 가능성 증가 등 새로운 기회가 될 수 있다.

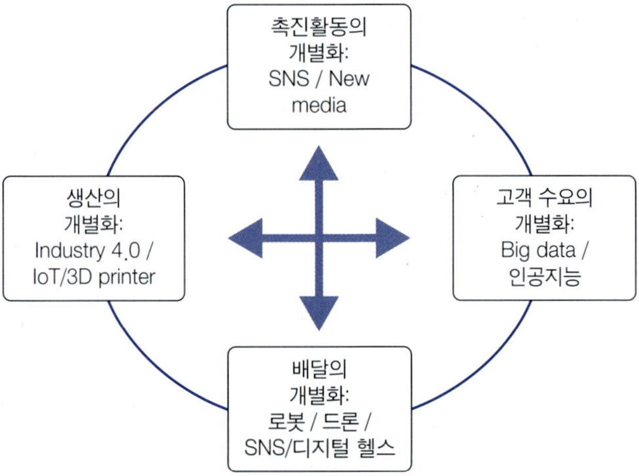

[그림 29] 개별화로의 진화

앞으로 개인화는, 고객이 개인적인 제품이나 서비스를 선호하는 방향으로 더욱 나아갈 것으로 보인다. 여기에 맞추어 기업 역시 제품 개발, 생산 등도 개별화 제품을 위한 시스템으로 진화될 것이다. 마케팅도 고객의 정보를 빅데이터는 물론, 개별 고객을 심층적으로 이해하여 "딥 데이터(deep data)"를 가지도록 준비하여 광고, 판매촉진 등의 활동도 개별 고객 맞춤형으로 이루어질 것이고, 이미 상당 부분 실제로 활용되고 있다.

이상에서 독일, 미국 등 제조 선진국을 중심으로 현재 산업계에서 추진하는 제조 전략의 방향과 이를 활용하는 기업이 고려해야 할 내용에 대해 설명하였다. 결론적으로 인더스트리 4.0에서 논하는 개인 맞춤형 제품을 추구하는 기업의 대응 방안으로, 다음과 같은 사항을 검토할 것을 제안한다.

첫째, 시장에서 어떤 특성이나 유형의 고객들이 개인 맞춤형 제품에 더 큰 가치를 느끼는지, 왜 그런지, 그리고 얼마나 많은지 등을 확인해야 한다. 모든 소비자들이 개별 맞춤 제품에 대해 가치를 높게 인식하지는 않는다는 것을 분명히 인지할 필요가 있다.

둘째, 제품 개별화는 가치 창출 네트워크의 참여 기업 및 최종 소비자가 같이 참여하여야 성공 가능성이 높다. 제품의 개별화뿐만 아니라, 의사소통의 개별화, 개별화된 가격 설정, 행동을 강화시키는 판매촉진, 구입 방법의 개별화 등도 중요한 요인인데, 제조기업이 간과하거나 방법을 모르는 경우가 많다. 결국 개별화 접근은 개별 회사보다는 가치 창출 네트워크 전체가 협력하여야 진정한 개별화 가치를 전달할 수 있다.

셋째, 고객이 느끼는 가치는 개인 맞춤형 제품을 통해서도 높아지지만, 그 이외에도 많은 요인이 있으므로, 경쟁사가 개인 맞춤형 제품에 어떻게 대응하는지에 대해서도 파악해야 한다. 경쟁사가 제공하는 것보다 더 큰 가치를 제공할 수 있는 역량을 갖추어야만, 개인 맞춤형 제품에 대한 시도가 가능해진다.

마지막으로, 개인 맞춤형 제품을 제공하는 데는 많은 시간과 자원이 투입되어야 하므로, 기회 비용 측면에서도 따져 보고, 더 나은 비즈니스 모델이 있는지 확인하여 효과적인 의사결정을 하여야 한다.

산업/제품별 고객 참여 정도에 따른 제조 시스템

제조 시스템에 대한 이해를 돕기 위해 기업을 규모(대량, 소량 판매), 종사하는 업태(B2C, B2B)로 구분하고, 제조 시스템은 전통적인 대량생산, 선택 옵션을 제공하는 대량생산, 선주문 후생산, 그리고 최근의 움직임인 고객이 직접 참여하는 개별 맞춤형 생산으로 구분하여, 각각의 유형에 속하는 기업들의 예를 [표 4]에 제시하였다. 대표적인 예를 들어 보면 대량생산은 포드 T-형 자동차, 과거의 럭키 치약 등 기본적으로 공급이 부족할 때 시장에서의 제품의 존재만으로도 수요가 존재하였던 과거의 모습이다. 그 후 공급 역량이 급속히 증가된 후 구매자들이 선택하기 시작하고 구매자의 차별적 욕구를 충족시키기 위해 선택 가능한 옵션을 제공하는 대량생산 방식이 나타났다. 자동차 등 내구재에게 주로 적용되었다. 그 후 델사의 선주문 생산 시스템이 성공하였고 고객 참여형 생산 시스템은 주로 B2B기업이 완제품 기업에게 공급하는 디스플레이, 비메모리 반도체 등이 주요한 예이다.

[표 4]에서 살펴보듯이 현재는 옵션을 제공하는 대량생산 시스템이 주를 이루고 있고, 선주문 후생산하는 기업들도 찾기가 어렵다. 그러

나 현재 기술 발전에 힘입어 선진 제조 국가를 중심으로 개별 맞춤형 제조 시스템으로 진화하고 있고 성공적인 기업이 등장하여 새로운 경쟁 구도를 만들 것으로 기대하고 있다.

[표 4] 산업/제품별 제조 개별화의 정도

규모	업태	직접 고객 참여 정도(산업혁명 후)			
		대량생산 (표준품)	옵션 제공 대량생산	대량 고객맞춤형 생산(선주문 후 생산)	개별맞춤형 생산 (고객 직접 참여)
대량	B2C	• 포드 T-모델 • 럭키 치약(60년대)	• 애플 아이폰 • 브랜드 컴퓨터 • 피앤지(P&G) • 대부분 소비재 • GM(포드 경쟁품)	• 델(Dell)	• 대량-DIY 제품 • 프로슈머 (Prosumer)
	B2B	• 볼트, 너트(표준품)	• 대부분 산업재	• 첨단 소재 • 볼트, 너트(특수용)	• LG 디스플레이 (애플용) • 반도체 비메모리 (TSMC, 삼성) • 특수선박
소량	B2C	• 3,000원 해장국 • 농산물 • 연탄 • 대부분 초기 제품	• 제과 • 카페 • 커피 전문점	• 용산상가 등 컴퓨터 조립 • 식당/배달 음식 • 울트라 프리미엄/스포츠카	• 패션 아이템 • DIY제품/개인 기념품 • 수제 자동차 • 3D 프린팅 • 스피드 팩토리 (Speed Factory)
	B2B	• 공용 벨브	• 옵션 주문 차량	• 대형 선박 • 빌딩, 건축물, 교량 플랜트(원자력, 공장)	• 반도체 장비 • 건축 및 설계

참고문헌

Deloitte (2015). *The Deloitte Consumer Review*, Make-to-order: The rise of mass personalization.

https://ikkoe.com/downloads/ch-en-consumer-business-made-to-order-consumer-review.pdf

Koren, Y., U. Heisel, F. Jovane, T. Moriwaki, G. Pritschow, and G. Ulsoy (1999). "Reconfigurable manufacturing systems, CIRP Annals, 48(2), 527-540.

Koren, Y., and J. Ni (2009). "Competitive Sustainable Manufacturing: Personalized Production Paradigm," Presentation file.

Koren, Y. (2010). The Global Manufacturing Revolution. 요약본

http://adrge.engin.umich.edu/wp-content/uploads/sites/50/2013/08/12pgbook.pdfWind (2001). Journal of Interactive Marketing, 15(1).

Wind (2001), *JOURNAL OF INTERACTIVE MARKETING*, 15 (1)

11절

엔지니어와 마케터 협력과 기여

엔지니어와 마케터가 협력하면 많은 일들을 할 수 있다. 서로 다르다고 비난하기 전에 같이 할 수 있는 방법을 찾아 좋은 일을 만들어 나가야 한다. 이 절에서는 엔지니어와 마케터가 같이 협업하는 방법과 실제적으로 같이 기여할 수 있는 두 가지 예, 노령화 극복과 지속 가능성 확보를 설명하고자 한다.

29장 엔지니어와 마케터의 협업 전략

"엔지니어들은 "next big thing"을 만들기 위해 열심히 노력하고 있지만, 모든 사람들에게 그것이 얼마나 훌륭한지를 알려주게 될 마케팅 팀의 도움 없이는 그들의 노력이 눈에 띄지 않을 수 있다."

진짜 마케팅의 구현은 기업의 장기적인 성공을 위한 필수 조건이다. 가치 네트워크에서 만들어진 제품/서비스는 최종적인 시장에서 구매자들이 선택하여야 승리한다. 때문에 최고의 가치를 만들어 내서, 구매자들이 최고라고 인식하도록 하게 하는 다양한 노력을 끝까지 하여야 한다. 이 모든 것의 출발점은 시장과 구매자를 정확히 이해하는 것이다. 마케팅을 비롯한, 고객 및 시장과 접촉하는 모든 부서의 정보가 통합되어 제품 개발에 활용됨으로써, 고객들이 원하는 어떤 특성들이 포함된 제품이 개발되어야 하는지 결정하여야 한다. 그래야만 많은 노력을 기울인 결과물인 제품이 시장에서 승리하고 오래 남아 있을 수 있다. 따라서 기업은 엔지니어들이 우선적으로 마케팅과 성공적인 협력을 할 수 있도록 관리하여야 한다.

마케터와 엔지니어들이 어떻게 협력할지 방안을 살펴보자.

마케터는 고객의 깊은 이해를 통해 어떤 제품 특성이 중요한지를 엔지니어에게 전달하여야 한다. 엔지니어들이 어떤 제품 기능을 우선적으로 개발하지를 협력하여 결정하고, 실제로 고객이 제품을 어떻게 사용할지에 대한 깊은 통찰력을 가질 수 있게 엔지니어를 도와서 팔릴 수 있는 제품을 개발할 수 있도록 하여야 한다. 이를 위해 엔지니어의 마음을 이해하는 것이 중요하다. 왜냐하면 엔지니어와 마케터는 "최고 가치의 창출 및 전달"이라는 같은 목적을 공유하고 있지만 성장 과정이 다르고, 전문지식이 다르고, 같은 단어를 사용하는 경우에도 다른 의미로 사용하는 경우가 많아 이해하기 어려운 뉘앙스 등을 파악하여야 한다. 이를 극복하기 위한 기업의 노력 없이는 많은 엔지니어와 마케터들의 노력이 의미 없어지고 기업이 시장에서 최종적으로 성공할 수도 없다. 따라서 다음과 같은 여러 원칙들을 잘 살펴서 경영자들은 엔지니어와 마케터의 협력을 이끌어 내야 한다. 일부는 적용하기 쉽고 다른 일부는 중요한 의사결정과 지원을 필요로 하는 것들이다.

다음은 엔지니어와 마케팅이 협력하여 성과를 내기 위한 방안들을 제시한 것이다.

가치명제 및 공동의 목표 설정과 공유

시장의 매력도와 기업의 역량을 분석하여 목표고객을 정하고 어떤 가치를 가진 제품을 제공할지를 정하게 된다. 이 내용이 기업의 전 부서가 공유하며 같은 방향으로 노력을 기울여야 하는 가치명제이다. 가치 창출 및 전달의 두 축은 제품 개발과 제조, 전달인데 엔지니어와 마케터의 주업무가 된다. 비록 두 그룹은 많은 면에서 차이를 보이지만 공동의 목적인 가치명제의 달성이라는 공동의 목표를 위해 협력하여야 한다. 특히 사안이 중요한 것이면 전사적인 조직 운영의 기초가 되어야 하며 의사소통과 필요한 정보의 교류가 활발히 이루어져야 한다. 이런 접근은 다른 어떤 것보다 선행적으로 이루어져야 한다.

제품 개발의 공동 목표는 고객 경험을 최대로 활용하여 최대의 가치를 창조하는 것이다. 많은 엔지니어들은 실행하기가 기술적으로 본인들에게 더 쉬우나 제품의 명료성을 해칠 수도 있는 제품이나 솔루션을 선호한다. 반면에 제품관리자는 제품을 가능한 한 단순하고 명료한 제품으로 유지하고자 한다.

제품 개발에 관여하는 모든 팀은 가치명제와 공통의 목표를 공유하고 기업의 사명을 달성하도록 해야 한다. 각 팀이 가진 재능과 역량을 함께 모아 적합하게 목표고객들과 연결하도록 해야 한다. 신뢰와 공유된 목표에 바탕을 둔 협력적인 관계를 만들기 위해서는 시간과 노력, 그리고 시각의 변화를 필요로 한다. 그리고 이러한 협력 경험은 아주 소중하므로 최선을 다해서 원하는 바를 이루도록 해야 한다.

상호 이해의 증진

같은 회사에서 일하며 공동의 목표를 달성하려고 노력해야 하나 출발이 다르고 문제해결 방법이 달라서 엔지니어와 마케터가 협력하는 것은 호락호락하지 않다. 엔지니어와 마케터의 최고관리자인 CMO와 CTO가 서로 이해할 필요가 있다. 우선 CMO와 CTO 자리를 나란히 하는 것이 필요하다. 서로 어떤 일을 하는지 이해하는 것이 매우 중요하며 회사에서 무엇이 진행되는지 기업의 외부에 분명하고 정확하게 소통하고, 또한 내부 개발팀에게도 생생하게 전달하기 위해 상대방이 무엇을 하는지 어떤 노력을 하는지 알아야 한다.

더 나은 이해를 위해서 쉬운 언어를 사용한다. 엔지니어와 마케터는 각 분야에서 전문가이고 전문지식이 많다. 따라서 그 분야에서 주로 소통하는 단어나 약어 등을 사용하여 소통하려고 하기 쉽다. 이런 경우 서로 이해를 못하거나 잘못 이해하여 엉뚱한 결과를 초래하기 쉽다. 초등학생이 들어서 이해할 정도의 내용으로 소통하는 것이 필요하다.

엔지니어를 고객 앞에 놓는 것이 가장 중요하다. 고객의 소리를 듣고 그것을 반영해야 한다. 엔지니어들의 궁극적 이해 및 어프로치, 결론 등의 수준은 매우 놀라우므로 엔지니어와 마케팅 팀이 같이 고객을 방문하는 것이 자주 있어야 한다. 또한 고객의 feedback을 함께 활용해야 한다. 마케팅 팀에서 모은 고객 피드백을 엔지니어도 함께 활용해야 한다. 많은 경우, 엔지니어가 중요하다고 여기는 제품 특성을 고객은 다르게 보는 경우가 많다. 서로 간의 논의를 통해서, 중요한 제품 특성을 고객이 납득하게 설명하거나, 혹은 많은 개발 노력이 드는 특성을 고객이 중요시하지 않는다면 개발에서 제외하는 결정을 내려야 한다. 제품 개발 시 이러한 점은 기업의 성공에 매우 중요하다.

진정한 의미의 팀워크가 있으려면 상대방의 전문적 시각과 제약사항에 관심을 가져야 한다. 엔지니어는 비즈니스와 고객 피드백에 대해 신경을 써야 하고, 마케터는 기술적인 이슈에 관심을 기울여야 한다. 상대방의 어려운 도전과 제약사항을 이해하는 능력이 협업과 신뢰에 필수적이다.

실행안을 최종 결정하기 전에 함께 솔루션을 탐색해야 한다. 최선의 결과는 항상 협력을 통해서 나온다. 일방적인 한 사람이나 한 편의 결정이 아니라, 개방된 논의를 통해서만 기술 부서가 마케팅 부서 양쪽이 솔루션에 기여하게 된다. 처음에는 시간이 걸리지만 더 효과적이고 효율적인 팀이 만들어져 결국에는 더 나은 협력과 결과가 이루어진다.

엔지니어와 마케터 사이에 개방된 논의 및 업무 진행이 가능하도록 업무 환경을 조성해야 한다. 엔지니어와 마케터는 피드백을 주고받아 어떻게 창출하는 가치를 늘릴지, 상호 신뢰를 높일 수 있는지, 실수를 어떻게 줄일지 서로 공감해야 한다.

협력을 위한 공감과 격려의 활용

엔지니어와 마케터가 같이 협력하여 공동의 목표를 이루는 것은 쉽지 않은 작업이다. 그렇지만 기업을 위해서는 꼭 필요한 일이고 진짜 마케팅 수행을 필요로 한다. 때문에 서로 격려하고 행복해질 수 있도록 일하는 분위기를 만들어야 한다.

일을 하는 과정에서 직원들이 행복하도록 기업은 신경을 많이 써야 한다. 서로 노력하여 최고의 결과를 만들어 내기 위해서는 같이 일하는 파트너를 행복하게 만들어야 하고, 상대방의 고통과 좌절을 이해해야 한다. 모든 팀 멤버를 더 행복하게 하기 위해서는 공감해야 하고 타협할 준비를 하고 있어야 한다. 최고의 해결책을 찾아 위대한 일을 성취하기 위해, 엔지니어와 마케터는 같이 고객 경험, 제품 명료성, 기술적인 견고함, 유지 보수 등을 중요하게 다루어야 한다.

- 역경을 뚫고 같이 동행해야 하고 공감을 배양해야 한다.
  공감 능력은 숨겨진 슈퍼파워이다. 좋은 일이 있을 때는 상대방의 즐거움을 좋은 마음으로 축하하라.
- 솔직해야 한다.
  너무 당연하지만 작업 환경에서 매우 어렵다는 것이 사실이다. 대신에 뒷소문, 음해, 정보의 감춤, 감정적인 통제 등을 더 자주 사용한다. 눈을 직접 마주치는 것을 회피하고, 문제를 직접적으로 직면하는 것을 피하고자 온갖 노력을 다한다. 이 경우 상호 간의 신뢰는 깨진다. 두 그룹이 서로 신뢰하지 못하게 되면 효과적으로 협력하는 것은 불가능하다.
- 겸손이 승리한다.
  제품 개발을 위해서는 많은 전문성을 가진 사람들이 참여해서 매일 수많은 상호작용이 발생한다. 이러한 상호작용이 생산적이 되기 위한 조건은 바로 겸손이다. 스마트한 사람들이 모여 집단지성이 어떤 개개인 능력보다 더 위대하다고 함께 믿고 일을 한다면 좋은 일이 따른다. 겸손은 한 편이 다른 편에게 고개를 숙이고 물러나 다른 사람이 일을 도맡는 것을 허용하는 것이 아니다. 겸손은 열정을 가지고 경청하는 것이고, 진정한 존경을 보이며 주의를 기울이는 것이다.

마케터와 엔지니어는 같이 어울릴 수 있다. 그러나 현실에서는 양자의 관계는 바람직한 수준보다 매우 좋지 않다. 기업이 마케터와 엔지니어를 주먹 다툼 직전까지 가도록 방치하는 것은 장기적으로 좋지 않다. 오히려 내가 항상 옳은 것은 아니라고 받아들이는 것은, 일하는 장소를 참여하는 모든 사람들에게 더 즐거운 장소로 만들고, 조직을 더 생산적으로 만든다.

협력을 위한 조직 구성 및 운영

흔히 엔지니어와 마케터는 물과 기름 관계로 표현한다. 두 집단의 차이점이나 추구하는 바를 생각하면 당연하나 기업은 여러 가지 방법을 모색하여, 양자가 협력을 할 수 있게 관리하여야 한다. 엔지니어와 마케터의 협력은 각자의 과업을 진행하면서 느슨하게 일어날 수 있으나, 한 팀을 만들어 적극적으로 협력하게 하는 것이 바람직하며 챔피언(champion) 스타일의 리더를 지명하여 제품 개발의 성공 확률을 높이는 시도를 할 수 있다.

엔지니어와 마케터를 같은 프로젝트 팀으로 구성하면 소속감이 생기고 같은 부족민 개념이 생성된다. 협업을 위한 다 부서 참여 조직을 결성하여 중요 주제에 대해 정기적으로 토의하여 상호 이해를 돕고, 새로운 제품에 대한 아이디어를 같이 만들어 내는 것은 성공에 도움이 된다. 각 팀이 수행하고 있는 것을 전체 조직에 알리고 이러한 활동이 어떻게 고객을 돕게 될지를 평가하고 같이 이해하는 것이 요청된다.

엔지니어와 마케터들이 팀을 이루면 각 그룹의 리더들은 동등한 파워를 가지는 것이 바람직하다. 전문성에 대해서 상호 존경하고, 상대 부서의 의도를 호의적으로 해석하고, 도움이 필요한 부분은 개방하여 신뢰가 바탕이 되도록 해야 한다. 한 팀이 되기 위해서는, 서로의 차이를 확인하고 개선을 위한 변화를 제안하여야 한다. 기업의 미션을 달성하기 위해 공동의 목표를 공유하여야 한다.

제품 개발 조직의 운영을 위해서 책임 관리자를 선정할 수 있다. 엔지니어팀과 마케팅 팀의 각각의 리더들이 같이 혹은 단독으로 신속한 의사결정 능력이 있는 경우에라도 행동을 신속하게 할 수 있고 팀을 계속 활동하게 할 수 있는 상위의 의사결정자를 필요로 한다.

신제품 개발이나 신사업 개발을 위한 혁신적 접근 방법으로 잘 알려진 챔피언(product champion) 제도가 있다. 이는 신제품을 연 1000개 이상 출시한다는 3M사 같은 곳에서 활용하는 제도이다. 새로운 아이디어를 가지고 위험을 감수할 수 있는 사람이 회사의 승인을 얻어 신제품 개발의 책임자로서, 전권을 받고 진행하는 시스템을 말한다. 일단 챔피언으로 승인되면 필요한 인력을 선발해 제품 개발에 들어가며, 회사는 필요한 자원을 공급한다. 챔피언이 더 못하겠다고 포기하기 전까지 회사는 기다려 준다. 제품 개발 과정에서 제품 개발이 마무리되어 가면, 회사의 공식적인 제품 개발 과정으로 편입시켜 시장 출시를 준비한다. 이 제도는 회사의 공식 제품 개발과는 유리되어 있어 이 제도를 모든 경우에 사용할 수는 없지만 챔피언 제도의 정신은 활용할 수 있다.

엔지니어와 마케터 공동 팀을 이끄는 리더를 챔피언 스타일로 관리하는 것이 유용하다. 챔피언 스타일의 리더는 멤버들의 이야기, 애로사항, 통찰력을 공유하여 활력을 불어넣고 공동 의사결정을 도출한다. 챔피언은 기업의 현존하는 가치와 성공에 대해서 이야기하는 방법을 활용하면서, 팀은 목표에 단단히 연결하여 새로운 방향으로 이끄는 주도권을 가지고 있고 팀 구성원은 이를 인지하게 된다. 목표에 이르기 위해서는 리더십을 따르는 팀의 힘든 작업들과 견해(perspective)를 필요로 한다. 이런 노력을 통해 훌륭한 제품, 시장에서 팔릴 수 있는 가치를 가진 제품이 탄생하게 된다.

공동 제품 개발 실행

회사에 따라 엔지니어들이 주도권을 잡고 있을 수도 있고 경우에 따라서 마케팅이 주도권을 잡고 있을 수 있다. 엔지니어들이 주도할 경우 제품이 잘 작동한다는 장점이면 성공할 거라는 믿음으로, 기술적으로는 훌륭하지만 시장에서는 환영받지 못할 제품을 만들어 출시하려고 할 수 있고, 마케팅이 주도할 경우 이룰 수 없는 이상을 현실화하라고 엔지니어를 다그치기만 할 수 있다. 두 경우 모두 기업에는 재앙이 될 수 있다. 좋은 문제 해결 방법은 전문 영역 이외는 모든 권한을 포기하도록 하는 것이다. 내가 유능한 부분은 물론 직접 해야 하지만 그렇지 않은 분야는 포기하고 전문가를 따라야 한다. 마케팅과 엔지니어링 두 분야 모두 기업의 성공을 위해서 중요하다. 때문에 두 분야는 잘 어울려서 같이 일하도록 하는 방법을 찾아서 실행해야 한다.

- **목표를 정할 때는 현실적으로 정해야**: 모든 제품 특성을 담으려고 하지 말 것.

  현실성 있는 목표를 정하여 엔지니어가 일을 나누어 할 수 있게 한다. 우선, 목표고객에게 "최소한도의 가치"를 전달하도록 먼저 개발할 필요가 있다. 고객을 위한 기본적 가치를 전달할 수 있는 두 팀의 아이디어를 확보하고, 높은 가치 전달과 제품 시장 진출의 현실성 사이의 균형을 맞추도록 해야 한다. 시장 진입 후에는 중요한 제품속성을 지속적으로 추가하여 차별화와 다양화를 도모해서 고객베이스를 늘려 나가고, 경쟁에 대응하도록 해야 한다. 목표를 정할 때 누가, 언제, 어떤 책임과 성과를 지는지 분명히 해야 한다. 구체적인 부분에 대한 합의 및 이해를 초기부터 하도록 한다.

- **데이터를 통한 협력**: 데이터는 엔지니어와 마케터가 만나는 장소이다. 특히 최근 마케팅은 data-driven이 중점이 되고 있다. 데이터는 모이는 것과 창의력을 위한 도구이며 데이터에 기초한 토론, 질문, 아이디어 창출 등은 고객과의 결합을 가능하게 한다. 상호간의 대화를 통해 기술을 적합하게 활용하여 시장에서 팔릴 수 있는 제품이 만들어지게 한다.

  기술과 고객 정보가 포함된 테크플랫폼(tech-platform)이 구성되면 활용도가 높아질 것이다. 사람 중심의 마케팅을 통해 고객 욕구의 발생부터 구매, 구매 후 평가까지의 전체 여정(journey)을 이해할 필요가 있다. 그 단계별로 고객들이 사용하는 수단이나 기타 필요한 것들에 대해 파악한다. 중소기업에서도 중요 고객 데이터를 모은 플랫폼 혹은 고객 디지털 트윈을 구성할 필요가 있다. 지금까지는 대기업이 압도적으로 많은 고객 정보를 활용하여 경쟁적 우위를 누려왔는데 지금은 빅데이터의 활용이 손쉬워지고 AI도 활용할 수 있으므로 고객데이터를 활용하는 비용과 노력이 많이 줄어들고 있다. 이런 과업을 위한 자체 역량이 부족한 경우 외부 전문업체의 도움을 받도록 해야 한다.

고객 데이터를 활용할 때 프라이버시 보호와 정보 보완 역시 고려해야 한다. 고도화된 고객의 사용 경험과 데이터에 기반한 기술 산업의 현황 등 모든 것을 함께 연결한 테크플랫폼을 구성하도록 하고 이것을 구현할 스마트팀을 구성해야 한다.

- **제품 개발 로드맵을 구축**: 로드맵에는 엔지니어와 마케팅을 위한 기회와 전략이 포함된다. 협력을 통한 산출물의 수준을 높이고, 중요한 부분에 집중하도록 하며, 각자의 역량을 파악하고, 어떻게 마케팅할지, 최종 메시지에 무엇을 담을지 결정하여 로드맵에 담는다. 로드맵 작성 시 엔지니어와 마케터는 초기에 참여하여 각자 우선 업무를 정한다. 같은 목표와 컨센서스를 가질 수 있게 모든 팀이 동시에 참여하여 공통의 이해를 가질 수 있게 한다. 물론 스케줄은 공유되고 공동 관리되어야 한다. 이런 과정을 통해 제품 개발 로드맵을 보다 정확하게 기술할 수 있게 된다.

- **공통의 작업 절차를 사용**: 특성이 뚜렷이 다른 두 집단이 같이 협력을 할 때는 중요한 용어를 같은 의미로 사용하는지 확인할 필요가 있다. 한 집단에서만 사용하는 축약어 등은 사용을 금지해야 하며 과도한 기술적 용어 역시 사용을 금지해야 한다. 의사소통의 어려움이나 부재가 필요하지 않은 장벽을 만들거나, 같은 팀으로 참여하기 어렵게 만든다. 모든 팀이 같은 의미로 이해되는 공동의 용어를 사용함으로써 정확한 의사소통이 가능하게 된다. 이는 협업의 효율성을 지속적으로 증대시켜서 결과적으로 모두가 기여한, 더 좋은 산출물을 만들 수 있다.

  명확히 정의된 공통의 템플릿을 활용하여, 사용자 스토리를 정리함으로써 개발의 목적물을 명확히 할 수 있으며, 각 팀들의 과업의 범위 및 역할, 책임을 분명히 할 수 있다.

- **항상 정황(context) 정보를 제공**: 업무가 왜 중요하고 어떻게 조직과 고객에게 가치를 주는지를 팀원들이 명확히 이해할 수 있게, 적절한 정황 정보를 최대한 제공하도록 한다. 각각의 과업에서 요구되는 기대 결과가 각 과업 간의 연관관계를 알려줌으로써 그 결과의 전략적 가치를 인식하게 하고, 책임감 있는 업무 수행을 유도할 수 있다.

- **모든 요청은 어렵다는 것을 이해**: 상대방 업무의 애로점을 모를 때는 모든 것이 쉬워 보여 "'그냥' 해 주세요"라고 요청을 한다. 그

러나 그냥 되는 일은 없다. 특히 엔지니어들이 유능하지만 모든 것을 뚝딱 해치울 수는 없다. 요청을 할 때는 항상 엄청난 난관이 존재하고 극복하기 위해 많은 노력을 해야 한다는 점을 이해해야 한다. 따라서 그 노력에 대한 감사를 항상 표현해야 한다. 마케팅 일 역시 단순하지 않다. 최근 들어 기술적 활용까지 높아지고 고객에 대한 통찰력까지 요구되기 때문에 많은 노력과 창의력이 필요하다. 부탁을 할 때는 상대방이 어려움을 이해하는 표현을 하고 그래도 꼭 필요하니 언제까지 어떻게 해달라는 식으로 요청하는 요령이 요구된다. 상대방에 대한 존중과 존경이 먼 길을 가는 데 큰 도움이 된다.

30장 브랜드 구축과 엔지니어의 역할

브랜드 구축은 주로 마케터에 의해 이루어진다. 그러나 브랜드가 명성을 쌓아가는 기초는 엔지니어가 만든다고 해도 과언이 아니다. 지금부터 설명하는 브랜드 자산을 구축하는 과정을 잘 이해하면 납득이 갈 것이다. 기업의 유형 자산과 무형 자산이 합쳐져서 반영된 것이 브랜드 자산이다. 기업 제품 브랜드가 가지는 최종 가치는 구매자가 교환 당시 지불하는 가치, 주로 가격에 의해 결정되듯이, 제품의 브래드 자산도 고객이 인식하는 브랜드 가치에 의해 결정된다. 다만 인식된 최종 가치는 브랜드 자산과 정의 관계를 가지나 꼭 일치하지만은 않는다.

마케팅을 수행할 때 기업 제품의 브랜드 자산을 구축하는 것은 기업의 지속 가능성을 높이는 중요한 요소가 된다. 잘 구축된 브랜드 자산은 마케터와 영업 담당의 일을 많이 도와준다. 브랜드 자산이 잘 구축된 제품을 구매자에게 판매하려고 할 때 구매자의 긍정적인 초기 반응을 얻어낼 수 있다. 이는 브랜드 자산이 잘 구축된 애플이나 삼성이 마케터와 영업 담당이 고객사를 방문할 때와, 막 시작한 기업의 마케터와 영업 담당이 고객사를 방문할 때의 대접을 상상해 보면 쉽게 이해가 된다. 최소한 문전 박대는 당하지 않고 세일즈 톡을 할 수 있다는 것은 큰 도움을 주는 것이다. 엔지니어가 구매기업의 상대와 협업을 할 때도 존중을 받으면서 일을 할 수 있고, 상대방의 신뢰와 협업에 대한 헌신의 많은 부분을 브랜드 자산이 얻게 해 준다.

모든 마케팅 활동과 동일하게 브랜드 자산 구축도 목표고객의 이해 및 선정에 따라 그 방향을 정하게 된다. 브랜드 자산은 하루아침에 뚝딱 쌓을 수 있는 것은 아니다. 제품이 전달하기로 약속한 성능을 고객이 계속해서 경험할 수 있도록 해 주면서, 한편으로는 제품과의 감정적인 연계가 이루어지도록 해 주어야 브랜드 자산이 쌓인다.

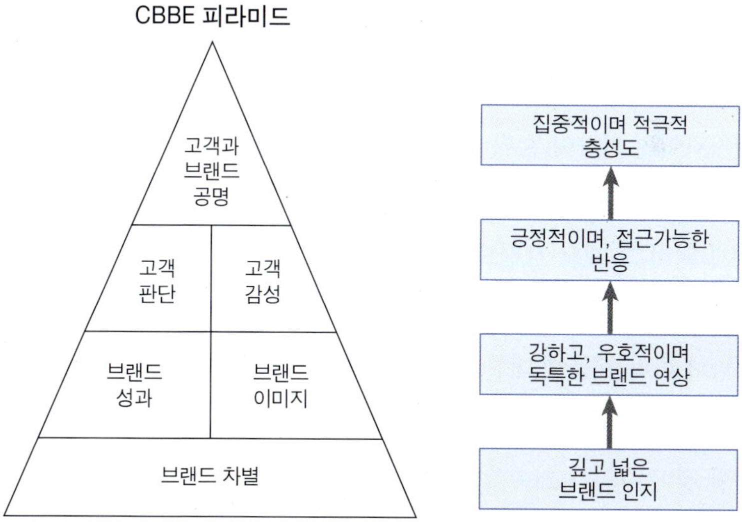

[그림 30] CBBE 브랜드 구축 모델

출처: Keller(2003).

브랜드 자산을 쌓는 단계는 고객 중심의 브랜드 자산 구축의 과정을 보여주는 Customer-Based Brand Equity(CBBE) 모델이 [그림 30]에 나타나 있다. 시작은 그림의 바탕부터 시작한다. 첫 번째 단계는 브랜드에 대한 인지도를 높이는 것이다. 구매자들이 알지 못하는 제품에 대해 어떤 이미지를 가지거나 제품 성능에 대해 알 수가 없다. 목표고객에 도달할 수 있는 미디어 등을 활용하여 적절한 수준의 인지도를 확보하는 것이 브랜드 자산 구축의 첫걸음이다.

두 번째 단계는 목표고객이 원하는 제품의 성능을 전달하는 것이다. 모든 기능이나 특징을 다 가진 제품을 만들기보다 미리 파악한 목표고객이 원하는 제품의 기능, 특성을 장착한 제품을 개발하여 전달하는 것이 중요하다. 이를 위해서 마케터와 엔지니어의 협업이 무엇보다 중요하다. 이런 제품에 대한 정보를 듣거나, 직접 사용한 고객들은 제품에 대한 구체적인 이미지를 형성하게 된다.

첫 두 단계는 주로 기업에서 주도하여 진행되는 단계이다. 그리고 엔지니어의 역량이 발휘되어 브랜드 자산 구축에 활용되는 단계이다.

세 번째 단계는 고객이 직접 제품을 사용하여 제품에 대한 판단을 하게 되며 그 제품 브랜드에 대해 감정을 가지게 되는 단계이다. 고객의 사용 경험은 일회적인 것이 아니라 지속적으로 일어나며, 시간이 지남에 따라 제품에 대한 기대 수준도 올라가므로 계속하여 고객을 만족시키는 노력이 필요하다. 따라서 엔지니어는 기존 제품의 출시로 만족할 것이 아니라 지속적인 고객 만족 모니터링을 통하여 제품의 질을 개선시켜 나가야 한다. 그 결과로서 고객은 제품에 대한 감정이입이 일어나고 브랜드 자산 구축의 다음 단계로 넘어가게 된다.

최종적으로 고객과 브랜드의 공명이 일어난다. 강력하고 활동적인 브랜드에 대한 충성도가 구축되어 기업에 중요한 자산인 브랜드 자산이 생성된다. 이렇게 생성된 브랜드 자산은 연관 제품을 새로 출시할 때도 활용할 수 있다. 또한 기업이나 제품 브랜드에 약간의 문제가 생겨도 고객들이 '용서'해 줄 상황도 만들어질 수 있다. 또한 높은 브랜드 자산이 생기면 프리미엄 가격 요구도 가능하여 기업의 수익 창출에도 큰 도움이 되며, 웬만한 경쟁 제품이 출시되어도 흔들리지 않고 현재 브랜드를 지켜 주기도 한다.

브랜드는 마케터의 노력에 주도적으로 형성되는 것은 맞지만 진짜 마케팅을 위해서 엔지니어들이 적극적으로 참여하여야 한다. 그리고 마케터의 제품 출시 후의 브랜드 자산 구축을 위한 사후적인 노력을 줄여주고, 강력한 브랜드 자산을 구축할 수 있게 하기 위해서는 제품 개발 초기부터 엔지니어와 마케터가 협력하여 브랜드 사용 경험과 감정적 브랜드 연상을 연결시켜 브랜드를 구축해 나가야 한다.

31장 인구 노령화에 솔루션 제공

지금 우리나라는 생전 처음 경험하는 코로나에 모든 세력들이 다 싸우는 정치에, 파워 싸움으로 대치 상태인 국제관계로 인해 한 치 앞을 볼 수 없는 상황이다. 그러다 보니 핵폭탄보다 무서운 확실히 터질 저출산, 고령화 문제는 뒷전으로 밀려나 있다.

그렇지만 어려운 상황을 반전시킬 방법을 찾아야 하고 그 방법 중 가장 효과적이고 실행 가능한 것이 "크기가 확대되고 새로운 수요가 발생하고 지불할 능력이 있는" 시장이 생겨나고 있다는 사실을 인식하고 효과적으로 대응하는 것이다. 다행히 일부이긴 하지만 사실을 인지하고 시장으로 여기기 시작했다. 기회가 많이 있는 것은 사실이다. 실버산업이나 고령친화산업 등의 이름으로 이 시장에 접근하고자 한다. 전체 산업으로 보면 유망하고 육성이 필요한 것은 틀림없다. 엔지니어들에게는, 현재 개발 중인 많은 기술들이 효과적으로 적용될 수 있는 분야이므로 문제해결을 직접적으로 담당하는 중요한 역할이 기대된다.

이 산업이 유망하다고 보는 근거는 미국이나 선진국 재산의 7~80%를 55세 이상이 소유하고 있다는 것이다. 빚으로 시작하는 성인들이 결혼 후 빚을 다 갚고 집을 소유하고 그동안 꾸준히 구입한 주식가격도 올라 재산이 많을 수밖에 없다. 더구나 나아진 의료 시스템, 영양, 건강에의 관심 등이 꾸준히 평균 수명을 끌어올려 노령층의 인구가 급속히 증가했다. 수가 많고 돈이 있으니 시장으로서는 최적이다. 우리가 이 점을 이해하기까지 시간이 많이 걸렸다. 또한 우리 주변의 나라들이 거의 같은 추세를 보이고 있다. 우리 시장만 보면 아직 소규모이지만 주위 시장을 고려하면 규모도 엄청나고 새로운 형태의 욕구들이 많이 발생하고 있어, 다양한 기회를 잡을 수 있다는 점에서 한편으로는 실로 희망적이다.

그러나 이 시장에 진입하고자 하는 기업들에게는 눈에 보이지 않은 걸림돌들이 많아 자칫 실수할 가능성이 많다. 기존에 활동했던 시장과 다른 점이 많아 기존 행태의 비즈니스 접근 방법으로는 이 시장을 공략하기가 쉽지 않다. 개별 기업이 이 시장에 진입할 때는 이 시장에 대해 한 번 더 점검하고, 어떠한 욕구와 소비 행동들이 이루어지고 있으며, 종래의 시장들과는 어떻게 다른지 충분히 파악해야 한다. 왜냐하면 시장의 에이징(aging)화를 미리 경험한 국가들에서 이미 기업들은 이 시장을 잘못 이해해서 많은 실패를 경험했다. 더구나 아직까지 겉으로 보이는 에이징 시장의 포텐셜을 충분히 현실화하지 못하여 성과가 높지 못한 상황이다.

시장이 많이 다르다는 예를 스마트워치를 들어 설명하겠다. 스마트워치는 원래 기존의 시계를 대처하면서 간단한 기본적인 통신 기능까지 하는 용도로 개발되었지만 신체의 상황을 잘 측정할 수 있는 손목에 차는 이점을 이용하여 최근에는 건강 상태를 확인하는 건강 관련 기능 들이 많이 첨가되었다. 기존의 시장에서는 구매의향을 물어 보면 대략 실구매의 상관관계가 높아 시장을 확인하고 준비하는 데 좋은 지표가 된다. 그런데 스마트워치의 구매의향은 연령이 높아지면 같이 높아지는데 실제 구매 계층은 정반대이다. 이러한 사실은 미국과 한국의 상황이 동일하다(인터넷 검색을 해보면 금방 확인이 된다). 즉 기존의 방법으로 시장수요를 예측하면 안 된다. 그래서 노령층의 구매의도와 실구매 사이의 갭이 어떤 이유로 생기고 어떻게 줄일 수 있는지를 알아야만 이 시장에서 성과를 낼 수 있다. 본 저자 연구팀의 잠정적인 연구결과는 연령이 높은 층에서 필요성을 많이 느끼고 있으나, 아직은 신제품이라 구매 후 사용에 부담을 느끼고 있었다. 특히 혁신성향이 높고 IT 기기를 잘 다루는 층에서는 구매의도도 높고 사용만족도도 높아 재구매 의향도 높지만, 혁신성이 낮고 IT 기기 사용 역량이 부족하다고 느끼는 고객들은 구매도 꺼리고 구매 후 만족도도 낮아 재사용 의도도 낮았다. 스마트워치는 애플, 삼성이 선두주자이고 최근에는 구글까지 뛰어들었다.

또 다른 예로 보청기를 들 수 있다. 안경의 경우도 유사한 상황이 만들어지는데 노안용 돋보기를 가능하면 남이 보는 상황에서는 사용하지 않으려는 경향이 있다. 잘 안 보이면 안경을 사용하는데 돋보기 안경의 경우 저항을 하는 경향이 있다. 그런데 보청기는 잘 들리지 않은 사람들을 위한 것인데 특히 보청기의 사용은 나이가 들었고 취약하다는 것을 많이 느끼게 해서, 나이가 아주 많아져서 나이에 대한 부정적

이미지를 의식하지 않을 때까지 구매를 연기하는 경향이 있다. 미국의 경우 거의 80%의 잠재 구매자들이 보청기 구매를 꺼린다는 통계가 있다. 보청기의 디자인을 멋있게 하여 판매를 시도하였지만 실패하였다. 많은 보청기 수요자들이 나이에 대한 부정적 인식을 피하고자 하고 잘 안 들리는 불편함은 감수하려고 한다. 애플의 최신형 에어팟을 보면 청각이 좋지 않는 사람들을 위해 소리를 키워 주는 기능을 장착하고 있다. 이는 나이든 층이 보청기 대신 에어팟을 사용하도록 하려는 애플의 전략이다.

먼저 이해해야 하는 사실은 에이징 혹은 노령 시장이 다른 시장과 어떻게 다르냐를 확인해야 한다는 것이다. 만약 다른 것이 없다면 차별화된 시장으로 존재하지 않는다. 에이징 시장이 다른 시장과 결정적으로 다른 점은 에이징으로 인한 변화를 겪는다는 것이다. 사람이 나이가 들어가면 거의 모든 것이 변하고 이러한 변화는 정상과는 차이를 보여 "새로운 욕구"를 만든다. 그런데 이러한 욕구의 탄생은 역설적으로 나이가 듦과 비례하지 않는다는 것이다. 그럼에도 이 시장을 나이로 구분하려는 시도가 일반적이다. 나이로 구분하면 단순히 나이가 범위 밖을 벗어났다고 시장이 아니라고 제외하고, 나이가 범위에 든다고 욕구가 없는 경우에도 비용을 투자하여 설득하려 할 것이다.

일반적으로 에이징은 신체적으로는 10대 후반부터 시작된다고 한다. 안티 에이징 화장품 수요는 실제적으로 빠르면 20대에 늦어도 30대면 이미 잠재수요자가 된다. 머리 색깔이 변하는 나이도 다 다르다. 심리적으로도 나이가 드는데 사람에 따라 나이에 따른 심리적인 변화는 다르다. 사회적으로도 많이 변하는데 특히 은퇴 후 사회관계가 많이 변하고 소비활동도 달라진다. 그런데 은퇴를 하는 나이는 다 다르다. 즉 나이든 시장을 공략하기 위해서 나이라는 스테레오 타입에 빠진다면, 목표집단과 그 전략이 효과가 없고 낭비적일 가능성이 매우 높아지므로 주의를 해야 한다.

나이가 들어가는 에이징 과정에서 생기는 욕구가 어떤 방법으로든 충족되고 있다면 시장이 될 수 없다. 예를 들어 돌봄이 필요한 상황에서 옛날처럼 가족에 의해 돌봄을 받고 있다면 요양원, 실버타운이 필요가 없다. 혹은 욕구가 생기더라도 비용이 없거나 사용이 불편하다면 제품/서비스 구매가 일어나지 않을 것이다. 에이징에 따른 욕구가 미충족 상태이고, 욕구를 해결하려는 동기부여가 되어 있고, 심리적인 저항 없이 구매 의향이 높고 지불여력이 있는 경우, 그리고 사용능력이 되는 경우에 나이든 사람들이 기업에 새로운 기회가 될 수 있을 것이다.

몇몇 에이징 대응 성공 사례를 살펴보면 기회란 멀리 있는 것이 아니라 바로 옆에 지금 있다는 사실을 이해할 수 있다. 팬데믹으로 어려운 시절 사람들이 마스크 사용, 재택근무 등으로 인해 화장품 사용이 줄어든 상황에서 흰 머리의 색을 변화시켜 주는 소위 "갈변" 효과를 이용한 모다모다 샴푸가 대성공을 거두었다. 물론 기술을 개발하기 위해 몇 년 동안 노력을 기울였지만 보답을 받고 있다. 에이징의 초기에는 새치라고 불리는 흰 머리카락이 나타나고 나이가 더 들면 머리털 대부분이 희게 되는 변화를 경험한다. 물론 흰 머리 자체를 강조하는 특별한 사람들도 존재하지만 많은 사람들에게 흰 머리는 부담스러운 현상이다. 그래서 지금까지 염색을 통하여 흰 머리 문제를 해결하고 있다.

그런데 염색을 오래하다 보면 피부와 머리카락의 건강에 영향을 주어 탈모 등의 문제를 야기할 수 있다. 그런데 염색약을 사용하지 않고 "갈변" 현상을 이용하여 흰 머리를 짙은색으로 점차 변화시켜 주는 약이 등장하면서 선풍적인 인기를 끌고 있다.

이웃나라 일본은 나이든 인구가 많이 사는 나라이다. 흔히들 초고령사회라고 한다. 그러다 보니 오래전부터 나이든 소비자들을 위한 제품들이 다양하다. 지금은 우리도 많이 사용하지만 노인용 기저귀 사용량이 신생아용보다 많다고 해서 관심을 끈 적이 있다. 그중 연령을 내세우지 않고 나이든 사람들이 원하는 서비스를 제공하여 성공을 하고 있는 고메다커피에 대해 소개한다. 우리 주위에서 보는 새로운 형태이나 이미 우리의 삶의 일부분이 되어버린 스타벅스 같은 커피 프랜차이즈가 도처에 있다. 이런 종류의 현대화된 커피점은 서비스 품질의 균일화를 목적으로 서비스 제공이 프로세스로 관리되고 미국의 비싼 인건비를 최소화하기 위한 장치가 되어 있다. 그래서 인간적인 모습을 보이려고 노력은 하지만 사람과의 접촉은 최소화되어 있다. 그런데 고메다커피는 역으로 고객에게 접근했다. 사람이 직접 자리에 찾아가서 주문을 받고 서빙을 하여 편하게 앉아서 주문 과정을 보낼 수 있으며 자리는 넓게 배치하여 모임이 편하게 하고 시간을 충분히 보낼 수 있게 하였다. 주차가 편하도록 임대료가 비싼 시내 중심부가 아니라 교외 지역에 주로 커피점을 열었다. 그 결과 영업이익률이 스타벅스의 세 배인 30%에 달하고, 일본 3위의 커피프랜차이즈로 성공하였다. 물론 그러한 서비스는 나이가 들어가는 중년 이후의 사람들 중 기계와의 접촉보다는 사람이 직접 서비스를 제공하는 것을 선호하는 경우 만족도가 높아진다(유튜브 참고). 나이가 들면 사람과의 접촉이 중요한 가치가 된다.

누구나에게 건강은 중요하다. 더구나 나이가 들어갈수록 건강의 중요성은 더 커진다. 건강에 관한 정보들이 수없이 많이 인터넷 상에 존재하지만 정말 사실에 의한 건강정보인지 혹은 광고인지 판단하기가 어렵다. 미국의 건강정보 사이트인 webMD는 전문가에 의해 객관적인 정보를 소개하고 건강 관련 새로운 소식들을 전달함으로써 누구나 의존할 수 있는 건강정보를 구할 수 있게 했다. 그 결과 사이트 이용자들에게 큰 도움이 되고 있으며 별도의 광고가 필요한 스폰서들도 모여 광고를 하고 있다. 최근 사이트가 팔렸는데 수조 원의 가치가 있었다.

에이징이 진행되면서 생기는 문제점들을 보완할 수 있는 첨단 기술들이 개발되어 솔루션을 제공할 수 있게 된 것도 비즈니스 기회를 제공한다. 점점 케어를 제공할 사람들의 수는 줄어들고 인건비는 올라 케어를 필요로 하는 노년층들을 케어 불모 지대에 밀어 넣고 있다. 빠르고 많은 정보를 주고받을 수 있는 5G 서비스, 원격의료, 경비는 물론 신체적인 도움이 필요한 사람들을 위한 로봇의 활용, 이동수단을 위험하지 않고 편하게 제공하는 자율주행차, 손주들을 같은 장소에서 느끼게 해주는 메타버스, 정보를 주고 의사결정을 도와주는 AI 등은 노년층을 도와줄 수 있는 기술의 예들이다. 물론 사용하기 쉽고 접근성 있는 비즈니스 모델로 전환되어 노년층에 전달된다면 기업에는 비즈니스 기회가 노년층에게 필요한 케어가 될 것이다. 아직은 기술들이 노년층을 향해 활용되고 있지 못하지만 조만간 많은 서비스들이 노년층을 위해 개발되기를 기대한다(과거형으로 바뀌길 기대한다).

나이가 들면 누구나 돌봄이 필요하다. 인구 구조로 보면 더 이상 젊은층이 노년층을 직접 돌보기는 불가능하다. 다행히 새로운 기술들이 나오는데, 전술한 기술적 사용 말고도 이동을 위한 자율자동차, 집을 관리하기 위한 스마트 홈, 재무 상태를 관리해 주는 AI 활용 챗로봇 등 엔지니어가 직접 참여하여 도울 수 있는 분야가 매우 많다. 요즘 유행인 메타버스도 노인들이 가장 보고 싶어 하는 손주들과 가상공간에서라도 만날 수 있게 해준다면 노년층의 행복 증대에 큰 역할을 할 것이다. 엔지니어에게는 새로운 기술을 활용할 수 있는 기회이고, 노년층에게는 후반기 삶이 행복해질 수 있는 수단이 된다.

이런 새로운 기술들은 빠르게 변하고 네트워크를 필요로 하므로 우리가 잘 활용할 수 있는 타입들이다. 이런 기술에 능한 우리의 젊은층들이 노년층을 위해 단순한 기술에서 더 나아가 비즈니스 모델로 변경되어 제공한다면 젊은층에게는 새로운 기회가 되고 노년층은 좀 더 행복한 생활을 하게 될 것이다.

결론적으로 나이가 들어가는 시장을 가진 우리는 이 시장을 미래 먹거리를 만들어 내는 시장으로 활용할 수 있다. 우리 주변 국가들도 노령화를 경험하고 있고 이는 글로벌 현상이다. 따라서 국내서 좋은 비즈니스 모델을 개발하면 aging 프로세스에 따른 변화에 대응하려는 유사 욕구를 각국은 공유하기 때문에 글로벌 진출이 이전보다 쉬워질 것이다. 그리고 이러한 기회는 최소 몇 십년은 주어질 것이고 시장도 성장할 것이다.

에이징 산업 분야서 글로벌 1~3위에 드는 히든챔피언을 새롭게 탄생시킬 수 있는 유망한 분야이다. 왜냐하면 기존 분야에서 이미 자리

잡은 글로벌 경쟁자들을 이기기는 불가능하지는 않지만 쉽지 않기 때문이다. 젊은층은 start-up을 시작할 좋을 기회이다. 상대적으로 새로운 시도는 젊은층이 유리하다. 다만 철저하고 객관적인 시장 이해를 경험 있는 노년층이 제공하고 비즈니스 경험도 공유한다면 노년층을 위한 적절한 솔루션 개발이 이루어져 젊은층과 노년층이 상생할 수 있을 것이다.

본 장은 이의훈 저(2019). 에이징 비즈니스, 도서출판 창명 참고

32장 지속 가능성을 위한 공동의 노력

기업은 다양한 형태의 이해관계자들을 위한 활동을 하고 대기업들은 지속 가능 보고서를 발간한다. 기업도 사회의 일원이라 사회에 여러 가지 방법으로 기여를 해야 한다. 환경과 관련하여도 기본적으로 규제 이상의 기여를 해야 한다. 지속 가능 보고서를 전제로 기업투자를 하는 금융상품도 영향을 준다. 더구나 기업이 사회에 기여하는 좋은 활동을 통하여 좋은 이미지를 구축할 수 있다. 제품의 이미지를 높여서 시장의 선택 가능성을 높이는 경우도 있다. 특히 환경 관련하여 소비자의 선택 시 환경 관련 요인들의 중요도가 미국 등 선진국을 중심으로 높아지고 있어 기업도 선행적으로 움직일 필요가 있다. 한편 기업 위기상황 발생 시 구축한 좋은 이미지의 덕을 보아 제품이나 서비스의 판매 damage를 줄일 수 있다.

환경문제 관련하여 규제가 많은데 탄소발생 총량제로 기업에 주어진 의무를 다해야 하고 지키지 못할 경우 탄소배출권을 구입해야 하는 등 기업활동 시 중요 이슈가 되고 있다. 특히 자동차 등은 배기가

스 배출 규제가 점점 엄격해지고 있어 기술적으로 해결해야 할 문제가 많다. 세계 제일의 자동차 회사인 폭스바겐도 디젤 엔진 쪽으로 방향을 잘못 잡아 기술 개발의 한계와 자료 조작으로 회사는 큰 피해를 입었다.

기업들이 직접적으로 사회적 이슈를 해결하면서 교환을 증대시킨 좋은 예도 있다. 그중 대표적인 것이 신발회사인 Toms인데 소비자가 신발 한 켤레를 구입하면 회사는 한 켤레를 저개발국가 아동에게 무료로 선물한다. 초기에는 시장에서의 반응이 좋아 큰 성공을 거두었으나 최근에는 파산 가능성이 대두되고 있다. 좋은 의미로 증대된 가치도 계속 유지를 하지 않으면 기업 자체의 지속 가능성은 낮아진다는 한 예이다. 특히 초기 디자인을 그대로 유지하는 등 가치 제고를 위한 부가적인 노력을 기울이지 않았다고 한다.

환경문제는 기업이 단독으로 해결할 수는 없다. 왜냐하면 환경보호를 위한 자재를 주로 써서 원가를 높이거나 종업원의 복지를 위한 비용을 무리하게 집행하거나 사회를 위한 제품이나 서비스를 취급하더라도 결국은 구매자의 선택 없이는 소용없는 행위가 된다. 그래서 시장의 구매자들이 먼저 변해야 하는데 그런 변화를 위한 부담은 가능하지만 직접 그들을 변하게 할 수는 없다. 다만 구매자들이 진보적인 사회적 가치(내부 직원 행복도, 환경 등 지속가능성, 인종 간 평등, 남녀 동등 등)를 인식된 가치에서 중요한 비중을 차지하면 그러한 가치를 담은 제품과 서비스의 교환이 가능해 궁극적으로는 사회적 변화도 가능하다. 그러한 가치 변화는 어렵지만 가야 할 길이다.

또 한 가지 고려해야 할 점은 전술한 바와 같이 시장에서의 활동은 치열한 경쟁 시스템 속에서 실행되는데 실패자들이 항상 존재한다는 것이다. 실패자들을 위해 사회적·국가적 지원을 해야 하지만 시장으로부터 걷은 재원을 단순히 생존기간을 연장하기 위하여 집행하는 것은 사회적인 비효율을 불러일으켜 오히려 장기적으로 사회에 부담으로 작용할 수 있다. 실패한 개인들에게도 단순히 생존을 위한 지원만 하는 것은 근로의욕을 없애서 가장 기본적인 자손에게 DNA를 전달하는 의무마저도 잊게 만들 수 있어 다음 세대를 위한 노력도 없애버릴 수 있다. 앞으로의 세상은 급변할 것이며 지금보다도 훨씬 다양한 새로운 기회들이 생길 것이다. 과거에는 공부 외에 성공할 수 있는 기회는 기업을 하는 것이었지만 지금은 엔터테인먼트, 문화, IT, 노인 돌봄, 데이터 관리 등 기회가 많고 우리가 미리 예측하기 힘든 분야에서 BTS 등의 성공 사례를 만들어 낼 것이다. 나이와 관계없이 새로 생길 기회에 적합한 적성을 찾아 맞춤형 교육을 제공하여 경쟁력을 가질 수 있도록 준비시켜 자신의 꿈을 달성하도록 도와야 한다.

실패하는 기업들도 지금 활동하는 시장에서 경쟁력이 부족하거나 없다면 경쟁력이 있는 시장에서 사업을 하도록 유도하는 것이 필요하다. 국내시장도 계속하여 변하여 기회들이 만들어질 것이지만 글로벌 시장에서는 정말 다양하고 규모도 있는 기회들이 계속 만들어질 것이다. 우리 시장은 전 세계 소비의 1% 남짓의 규모이고 나머지 99%는 다른 나라에서 소비가 이루어진다. 이러한 시장에서의 새로운 기회는 늘 오므로 기회를 위한 역량을 준비하도록 지원하는 게 바람직하다.

궁극적으로는 우리 오천만 인구가 개인적으로 혹은 사회가 풍요롭게 살 수 있는 기반을 만드는 것은 바른 의사결정과 그에 따른 역량 강화, 실행만 따라주면 가능하다. 기업은 잘 할 수 있는 시장(소위 틈새시장)에서의 경쟁력을 확보하여 항상 교환이 일어나도록 노력하고 개인은 가진 재능을 발휘할 수 있는 분야에서 일해서 경쟁력이 있도록 준비하는 것이 우리의 지속 가능성을 최대로 하는 것이다.

글로벌한 성공적인 기업의 창업자인 마이크로소프트의 빌 게이츠, 페이스북의 저크 버그, 투자의 귀재 워렌 버핏 등은 사재를 기부하는 것으로도 유명하다. 우리 기업인들도 최근에는 1조 단위의 기부가 일어나는 등 활발하나 아직도 많이 부족한 편이다. 이제는 단순히 본인의 풍요로운 삶과 자녀에게 기업을 물려주는 일에만 몰두하지 말고 자녀들이 오래 살아야 하는 사회와 국가를 위해 가지 재원을 사용할 때이다.

원래 기업들은 새로운 경쟁에서 이기기 위해 새로운 기술이나 장비, 재료 등을 받아들인다. 물론 기업에 따라 선도기업이 있고 뒤를 따르는 후발기업이 있지만 다른 조직과 비교할 때 가장 새로운 것에 대한 수용이 높고 빠른 편이다. 이를 통해 기업의 경쟁력이 재편되고 새로운 시장의 창조, 제품 서비스의 제공 등을 통해 새로운 승자가 끊임없이 탄생한다. 따라서 기업은 어느 사회 조직보다 진보적이다. 그 결과 당연히 새로운 약자들도 끊임없는 나타난다.

기업이나 여타 조직의 개인도 변화에 따라 기존에 가진 경쟁력을 잃기 쉽다. 생산이나 배달, 고객 응대는 주로 로봇에 이해 이루어질 것이고 육체 노동자들의 자리를 위협할 것이다. AI는 높은 전략적 수준의 업무를 제외하고 정신노동자들을 대체할 것이다. 그 결과 끊임없는 "돌보아야 하는 대상"들이 만들어질 것이다. 이는 사회에서 새로운 형태의 약자들이 출현한다는 의미이다.

지금까지는 이미 존재하는 사회적 약자를 위한 정치세력이 존재해 왔고 정치적인 운동이 이루어져 왔다면 앞으로는 전술한 미래의 부정적인 결과를 미리 예측하고 이들이 생기지 않게 하거나 보호할 수 있는 전향적인 사회적인 조처가 절실히 요구된다. 가장 진보적인 시장에서의 변화의 결과를 동시에 사회에서도 준비하고 대응해야 한다는 말이다. 이는 이념이나 과거의 집착으로는 해결 불가능한 일들이다. 지금 같은 이분법적인 접근이 아니라 유기적 연결의 동태적 접근 방법이 필요하다. 사회적 약자 집단의 양산 후에는 대응하기가 매우 어렵다. 미리 예측하여 전환을 순조롭게 해야 사회적 긴장이나 충돌을 최소화할 수 있다.

기업은 인간이 필요로 하는 것을 만들고 전달하는 기능을 주로 수행한다. 그런 의미에서 기업이 직접 시장에서 교환을 통한 지속 가능성과 약자를 보호하기에는 무리가 있다. 그러나 성공적인 교환의 결과로서 산출되는 재원을 국가나 사회에서 활용하여 우리들의 현재와 미래의 삶의 질을 높이는 데 기여할 수 있다는 것은 자명하다.

참고문헌

Deloitte (2015) The Deloitte Consumer Review, Make-to-order: The rise of mass personalization, 2015

George Castellion & Stephen K. Markham. Published in the Journal of Product Innovation & Management 30 pp. 976-979 (2013) http://goo.gl/M88dA5

http://adrge.engin.umich.edu/wp-content/uploads/sites/50/2013/08/12pgbook.pdf

https://ikkoe.com/downloads/ch-en-consumer-business-made-to-order-consumer-review.pdf

https://newproductsuccess.org/new-product-failure-rates-2013-jpim-30-pp-976-979/

Koren, Y., U. Heisel, F. Jovane, T. Moriwaki, G. Pritschow, G. Ulsoy, (1999), "Reconfigurable manufacturing systems, CIRP annals 48 (2), 527-540

Koren, Y. and J. Ni (2009), "Competitive Sustainable Manufacturing: Personalized Production Paradigm," Presentation file

Koren, Y. (2010) The Global Manufacturing Revolution. 요약본

Wind (2001), JOURNAL OF INTERACTIVE MARKETING, 15 (1)

찾아보기

ㄱ

가격 10, 19, 185
가격결정 146
가격 경쟁력 96
가격 설정 107
가격저항 19
가격할인 18
가치 18
가치기반 가격결정 185
가치 네트워크 14, 63, 115, 121, 139, 191, 202
가치명제 35, 163, 273
가치의 제고 258
가치의 종류 104
가치인식 137
가치점유분 258
가치 점유율 132
가치 창조 기여분 223
가치 창조 능력 223
가치 창조 체인 195
가치 창출 15
가치 창출 네트워크 18, 265
가치 창출 점유분 18
개념 설정 143
개발도상국 136
개별 고객 맞춤화 50
개별 맞춤형 제조 시스템의 배경 246
개별 맞춤형 제품 97
개별화 98, 142
개별화된 제품 21
개별화된 제품 생산 147
개별화 마케팅 147
개별화 생산 21
개인 맞춤형 제조 시스템 246
개인 맞춤형 제조시스템 37
거래 60
거래행위의 투명성 130
검색 217
경영성과 130
경영원칙 31, 130
경쟁 9, 34, 192
경쟁력 34
경쟁력 제고 21
경쟁적 역량 34
경제학 67
경제환경 135
경차 69
고가 정책 259
고객 개별화 254
고객 경험 273
고객과 브랜드의 공명 287
고객관계관리 234
고객 근접성 48
고객만족 19, 255
고객만족도 21
고객 반응 조사 231
고객 접촉 10, 87
고객 정보 19, 20, 182
고객지향적 26
고객 초점 237
고령친화산업 288

고령화 문제 288
고릴라 194
고메다커피 293
공감 220, 276
공공 연구소 28
공급업체 198
공급체인 210
공급체인망 139
공동의 목표 35, 278
공동 제품 개발 279
공업국가 43
공통의 목표 95
공통의 템플릿 282
관계 60
관계관리 214
관계마케팅 과정 213
관찰법 68
광고 10
광고 대행사 143
광고 문구들 165
교육 44
교육 시스템 78
교환 5, 59
교환의 질 11, 12
구글 52
구매부서 210
구매센터 210, 212
구매 실행 89
구매의도 290
구매 의사결정 210, 260
구매 의사결정 단계 86
구매의 필요 87
구매자 9, 18
구매자와의 협력 63
구매자 욕구 252
구매자의 선택 6
구매자 이해 61
구매 후 사용 및 평가 90
구전 효과 219
권력 78
글로벌 45
글로벌 생산 시스템 139
글로벌 소싱 32
글로벌 시장 136
글로벌 일등 9
긍정적인 감정 175
기본적인 욕구 77
기술 134
기술 개발 25
기술경쟁력 46
기술기반의 기업 30
기술약진 239
기술의 복잡성 24
기술의 융합 140
기술의 융합도 135
기술적 역량 168
기술적인 요구사항 209
기술 최적화 24
기업 간 거래 89
기업 간 마케팅 209
기업의 미션 31
기업의 성패 25
기업 전략 144
기업 평판 89
끼워주기 18

ㄴ

나이키 178

나일론 23
내부지향적 73
내재된 욕구 70
네트워크 196
노령화 136
노인용 기저귀 293
뇌공학 67
누구(who) 33

ㄷ

다양한 제품 25
다양한 차종 101
다이슨 85
다학제적 접근법 240
대량 고객 맞춤 249
대량 고객맞춤 방식 21
대량생산 25
대량생산 방식 21
델 37, 249
독일 9, 43, 259
독일 제조업 전략 247
독특한 판매 명제 169
독특함 172, 173
돋보기 290
돌봄 292
동류화 98
동물사회학 75
듀퐁 166
드비어스 165
디스플레이 266
디지털 트윈 21, 232
디지털 트윈 고객 233
딜로이트 261
딥 데이터 265

ㄹ

라면 69
라이트 형제 23
럭셔리 제품 17
로봇 45
루이비통 96
리더십 47
리차드 도킨스 80

ㅁ

마음속의 창문 170
마이크로소프트 52, 300
마일리지 제공 18
마케터 22, 25, 234
마케터의 주요 과업 104
마케팅 4, 62
마케팅 믹스 141, 185
마케팅 원리 13
마케팅 조사원 234
만족 9, 90
맛 테스트 172
맞춤형 52
매력성 34
매일 최저가 32
매출액 116
맥도날드 178
메타버스 294
명확한 위치화 170
모다모다 172, 292
모바일 마케팅 62
모바일 폰 226
모터롤러 226
목표고객 16, 18, 33
목표시장 19, 142, 149, 153, 155

무엇 35
미충족된 욕구 68
미투 9
민주주의 11
밈(MEME) 81

ㅂ

바람직함 174
반품 교환 18
방향성 6, 20, 66
배달의 민족 165
배송 185
보관기간 32
보청기 290
복합제품 84
부가가치 점유율 14, 16
부족민 개념 277
부품과 소재 14
불만족 89, 90
브랜드 17
브랜드 가치 284
브랜드 사용 경험 287
브랜드 연상 287
브랜드 자산 257, 284
브랜드 파워 21
브랜딩 17
블라인드 조사 172
블랙박스 67
비메모리 반도체 266
비용 103
비용 절감 27
비전 229
비즈니스 18, 30
비즈니스 모델 28
비즈니스 예상 분석 230
비즈니스 지원 45
비행기 23
빌 게이츠 300

ㅅ

사기 마케팅 61
사업화 45
사용 경험 286
사용방법 교육 90
사용자 그룹 211
사용 편의성 97
사우스웨스트 172
사전행동 239
사전행동적 237
사회적 교환 66
사회적 비용 44
사회적 시장 경제 체제 247
사회적 약자 79, 301
사회주의 정책 43
사회학 67
산업시장 181
산업재 209
산업재 제품 17
산업혁명 43, 60
산출 32
산출/투입의 비율 32
삶의 목적 54
삶의 질 301
삼성 200
상상력 10
상업자본주 43
상위의 의사결정자 278
상품의 훼손율 32

상호 이해 28
새로운 가치 네트워크 158
새로운 기회 모색 139
생산 126
생산 시스템 21
생존의 욕구 76
생활의 질 50
선도 기업 239
선순환 49, 131
선주문 후생산 250
선주문 후제조 방식 39
선택과 집중 35
선택 기준 252
선행적 기술 20
성장 90
성장 가능성 34
성장방식 120
세계화 136
세분시장 34, 142
세분화 142
세상에서 가장 맛있는 음식 94
세일즈 6
세컨드카 69
센서 45
소구 165
소비 126
소비욕구 83
소비자 8
소비자연구 67
소비자 욕구 12
소비자의 욕구 125
소비자 정보 12
소비자행동론 68
소비재 26
소셜미디어 12, 218
소셜미디어마케팅 62
소재부품 199
솔루션 23, 44, 209
수단 81
수요자의 참여 261
수익률 117
수익성 9
쉬운 언어 274
스마일 커브 16
스마트 소매점 185
스마트워치 289
스마트 팩토리 246, 259
스마트 홈 295
스타트업 22
스테레오 타입 292
스티브 잡스 67
스펙 19, 87
승리 19
승진 21
시간 절약 27
시몬스 46
시장 5, 51, 125
시장경쟁력 155
시장매력성 155
시장 분석 8
시장 세분화 146
시장 정의 152
시장조사 234
시장조사 전문업체 143
시장지향적 118, 239
시장 진입 223
시장 테스트 231
신라면 165

신뢰 9, 214
신뢰성 175
신제품 개발 223
신제품 개발 과정 228
신제품 개발 도입과정 226
신제품 실패율 224
실버산업 288
실버 시장 137
실제 제품 가치 105
심리학 67
심층적 연구 68

ㅇ

아디다스 46
아마존 26, 37, 52
아이디어 26, 229
아이디어의 원천 229
애프터 서비스 18
애플 18, 52
양질의 콘텐츠 216
어떻게 36
어려움을 이해 283
언어 27
업무 효율성 20
에디슨 23
에어팟 291
에이징 289
에코시스템 115
엑스레이 23
엔지니어 13, 25, 168
역량 34
연구소 중심 44
영업 6
영향자 그룹 211
온라인 리뷰 219
온라인 비디오 219
완성품 14
외부지향적 73
요구사항 87
욕구 68
욕구단계설 71
욕구 이해 69
욕구지향 240
욕구지향적 237
우수한 인력 49
워라밸 14
워렌 버핏 300
원가 107
원격의료 294
원자재 공급업체 14
원하는 것 70
월마트 26
웹사이트 216
위대한 발명 23
위치 165
위험회피 139
유사 마케팅 61
유연하게 대응 158
유지보수 18
유통 11, 185
유통결정 146
유통업 133
유튜브 219
육일약국 120
융합연구 45
의사결정 11, 31
의사결정자 211
의사결정 참여자 89

의사소통 24
이기적 동기 129
이기적인 유전자 81
이념 73
이더리움 226
이메일 뉴스레터 217
이익 34, 116
이익률 52
이익방정식 116
이익 창출 37
이익 창출 모델 37
이자율 134
이차적인 욕구 77
이해 27
이해관계자 189
인공지능 261
인더스트리 4.0 246
인류의 삶 22, 23
인류학 67
인스턴트 커피 166
인식된 가치 69, 103, 128, 190, 202, 252
인식된 가치 높이기 108
인식 차이 164
인적 자원 30
인지도 215
인텔 200
인텔 인사이드 17
일등주의 8
일회적인 거래 9
임금 21

ㅈ

자급자족 시대 60
자동차 포지셔닝 지도 167
자라 53
자본의 조달 30
자본주의 11, 43, 51
자본 축적 43
자아실현의 욕구 72
자연환경 137
자원 73, 76
자유 15
자유로운 경쟁 51
자율주행차 294
잠재고객 19
장기적 성장 34
장기적인 생존 90
장인정신 46
재고비용 32
재구매 20
재원 78
저가격 21
저비용 25
저크 버그 300
저크버그 79
적정이윤 107
전기 23
전기버스 30
전략적 계획 229
전략적 동반자 214
전략적 마케팅 141
전략적 마케팅 프로세스 142
전문성 131, 278
전문직 119
전술적 마케팅 141
점진적 혁신 48
정보 교류 19
정보 문지기들 211

정보 수집 88
정보통신기술 135
제공물 164
제공물의 가치 8
제네럴 모터스 101
제네시스 177
제로섬 189
제안 요청서 89
제조 강국 13
제조기업 18
제조업 13, 16, 43
제품 185
제품 개발 6, 36
제품 개발 로드맵 281
제품 개발 시간 20
제품 개발의 방향 69
제품 개발 프로세스 22
제품관리 146
제품 런칭 182
제품 성능 20
제품 스펙 213
제품에 충성 90
제품원형 143
제품의 동등성 171
제품의 성공 19
제품의 성능을 전달 286
제품의 우수성 171
제품의 질 286
제품 차별성 171
제품챔피언 53
제품 콘셉트 16, 26, 229
제품 포트폴리오 203
제품 프로토타입 231
종족 보존 75
좋은 품질 25
중간 유통 업체 14
중견기업 18
중요도 174
증폭된 제품 가치 106
지멘스 46
지불 가능성 125
지속 가능성 79, 300
지속적인 경쟁우위 184
지식 공유 197
지식창고 229
지역 발전 49
지위 78
진짜 마케팅 61, 117

ㅊ

차별적 경쟁력 179
차별적 우월성 170
차별화 142, 163, 183
창의력 10
챔피언 197, 225, 278
척도 기반 238
총가치 18
최고가치의 창출 및 전달 272
최고경영자 과정 기업인 13
최고 성능의 제품 25
최고의 가치 7, 14, 51
최고의 품질 21
최적인 마케팅 믹스 조합 186
최종 구매자 18
최종 수요자 136

ㅋ

카메라 113

카폰 226
캐논 113
캘리포니아 우유 가공 위원회 165
커뮤니케이션 12, 185
커뮤니케이션 전략 수립 146
컴퓨터 38
코카콜라 165, 179, 262
퀴리 23
크레스트 172

ㅌ

탄소배출권 297
테슬라 171
테크플랫폼 280
테플론 166
텔 23
통신 수단 23
통찰력 8, 67, 272
통합적 판매 95
투입 32
투자 수익률 236
틈새시장 46
틈새시장의 파괴 247

ㅍ

파괴적 가치 51, 84, 140
파괴적 가치의 전달 52
파괴적 기술 51
파괴적인 가치 194
파괴적 혁신 52
파트너 214
판매 4, 60
판매에 이르는 과정 93
판매자 9
판매조직 212
판매 촉진 18
판매 촉진 활동 89
판매팀 209
판촉 10
팬데믹 134
페이스 북 52, 79
편의성 97
편의점 97
포드 23
포지셔닝 142, 163, 184
포지셔닝 지도 166
포지셔닝 진술문 177
폭스바겐 298
표적화된 메시지 129
푸쉬 89
프로세스 143
프로슈머 256
프로젝트 팀 277
프로파일 35, 149
프리미엄 가격 52, 158, 287
피엔지 32
피터 드러크 223

ㅎ

하이닉스 200
하이테크 20
하이텍 10
학습하는 조직 138
핵심 고객 가치 104
핵심역량 9, 52, 112, 118
햇반 165
행복 276
헌신 9, 214

헨리 포드 101
협력 19
협력업체 18, 197
협력적 관계 197
협업 27, 34
혜택 103
호모사피언스 75, 126
혼다 113
환경 변화 133
환경 분석 8
환경의 변화 31
환경친화적인 구매자 137
환경친화적 제품 138
환불 18
효과성 31
효율성 6, 32
효율적 25
효율적인 실행 11
효율적인 팀 275
효율적인 협업 63
히든챔피언 46, 158

A

achievers 74
aging 136, 289
AI 45, 62, 135
Amazon 178
app 53
Apple 178
AS 97
ASML 200
Attitude & Usage 240
Avis 177

B

B2B 마케터 88
B2B 마케팅 14, 209
B2C 마케팅 14
Believability 175
believers 82
Big champion 47
Big data 45, 62, 67, 135
big succesors 118
big things 241
black box 67
buying center 210

C

CMO 274
Consumer Reports 176
context 282
CRM 234
CTO 274
Customer-Based Brand Equity 286
customer-focused 237
customerization 263

D

data-driven 280
deep data 135, 261
Dell 249
Deloitte 261
destructive value 84
differentiation 142
digital marketing 215
digital transformation 45
DNA 76

dreamers 118

E
effectiveness 31
efficiency 32
ESG 경영 131, 137
Every Day Low Price 32

F
fast fashion 53
feedback 274
Focus Group Interview 238

G
gatekeepers 211
GENE 81
GM 101
Go 31

H
hierarchy of needs 71
hot buttons 175
How 36
HP 37

I
IBM 38, 249
industry4.0 45
insights 53, 67
Intel inside 17
i-tunes 53

J
J. D. Power 176
Jingles 165
journey 281

K
Keller 285
Koren 248

L
laddering 기법 166
lead 215
lead companies 239
LVMH 96

M
marketing 5, 62
Maslow 71
mass customization 249
Mass-customized 248
maximizers 118
measurement-based 237
MEME 81
Mercedes-Benz 171
Mottos 165

N
need-oriented 237
needs 68
next big thing 271

O
offering 164

optimizers 118

P
Pay-Per-Click 217
PC 38
personalization 142
personalized production system 246
perspective 279
Peter Drucker 223
P & G 32
positioning 142, 163
positioning map 166
positioning statement 177
proactive 237
product champion 53, 278
prosumer 256
prototypes 143

R
R&D 95, 223
Reconfiguable Manufacturing System 248
Request for Proposal 89

S
SAP 46
segmentation 142
segments 142
Share a Coke 262
Simons 46
SNS 18
social market economy 247
start-up 296
STP 182
suppliers 198

T
target market 142
tech-platform 280
techy 39
Teflon 166
thinkers 82
Toms 298
total value 18
TSMC 200
T모델 101

U
Uniqueness 173
Unique Selling Proposition 169

V
VALS 73
VALS2 73
value networks 190
Value of American Lifestyles 73
value proposition 35
viral 마케팅 219

W
want 81
wants 70
webMD 294
What 35
Who 33
Wind 263
winner takes all 194

win-win 61, 189

Z

zero sum 189

1인당 수출액 45
3D프린터 84
3M 53, 90
4차 산업혁명 43, 134
5G 45

저자소개

현재 카이스트 경영대학 기술경영학부 교수이다. 서울대학교에서 경영학 전공으로 학석사를 마치고 미국 조지아 주립대학교에서 마케팅 박사학위를 취득하였다. 경영학 전공자로서 자부심을 가지고 생활을 오래 했으나, 한국정보통신대학교와 카이스트에서 주로 엔지니어 전공자들을 대상으로 마케팅을 가르치면서, 기존 마케팅 교과서로는 엔지니어들이 필요로 하는 마케팅 관련 지식과 정보 제공에 적절하게 제공하기 어려움을 경험을 통해 알게 되었다.

현장에 있는 엔지니어 대상으로 기업 강연을 많이 하였고, 특히 제조업 최고경영자 과정을 20여 회 책임교수로서 과정을 구성하고 교육하면서, 현장에서의 엔지니어를 위한 "스마트"한 마케팅이 필요하다는 요구를 많이 받았다.

이러한 강의 및 연구, 교육, 그리고 엔지니어와의 접촉 경험을 망라하여 엔지니어들이 꼭 필요로 하는 마케팅을 정리하여 이 책을 저술하였다. 이 책은 엔지니어들을 마케터로 전환시키는 것 보다는 엔지니어 본연의 과업을 더 잘하게 하는 것을 주목표로 한다. 물론 기술이 중요한 분야에서는 엔지니어들이 "뛰어난" 마케터가 되어야 할 경우도 발생한다. 이 경우에도 도움이 될 수 있도록 책을 구성하였다.

엔지니어와 개발자의 가치를 높여 주는 **스마트 마케팅**

2023년 2월 20일 1판 1쇄 인쇄
2023년 2월 28일 1판 1쇄 발행

저 자 이의훈
발행인 김사설
발행처 도서출판 **창명**
12946 경기도 하남시 미사대로 540 AA동 8층 33호(한강미사2차)
전화 (031)795-1214
팩스 (031)5175-8033
이메일 kimsaseol@hanmail.net
출판등록 2016년 5월 20일
등록번호 제131-93-14552호

정가 23,000원 ISBN 979-11-88109-27-2